Euro Atlas

1:800.000
1:4.500.000

1 : 800.000 • 1 : 4.500.000

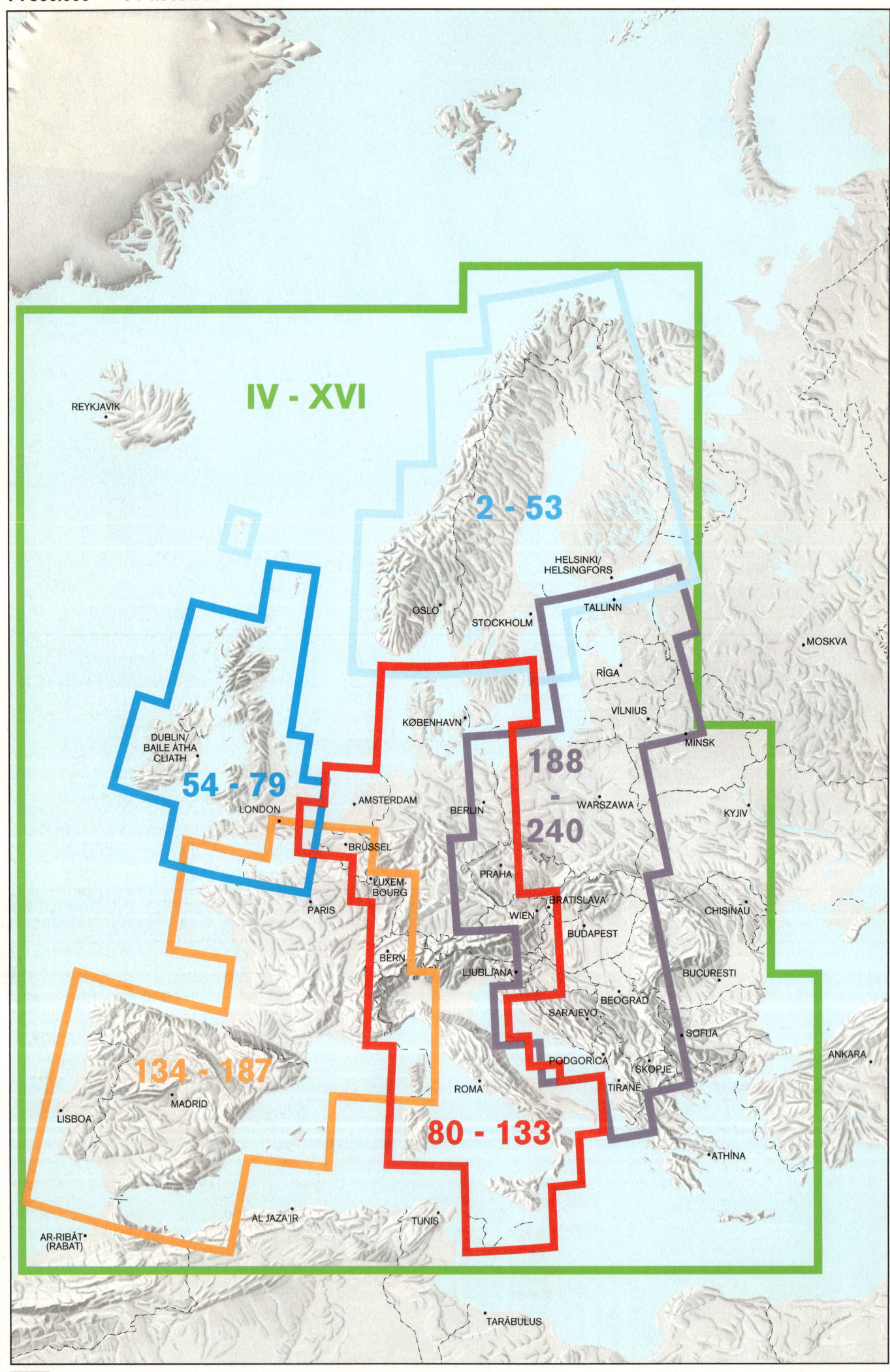

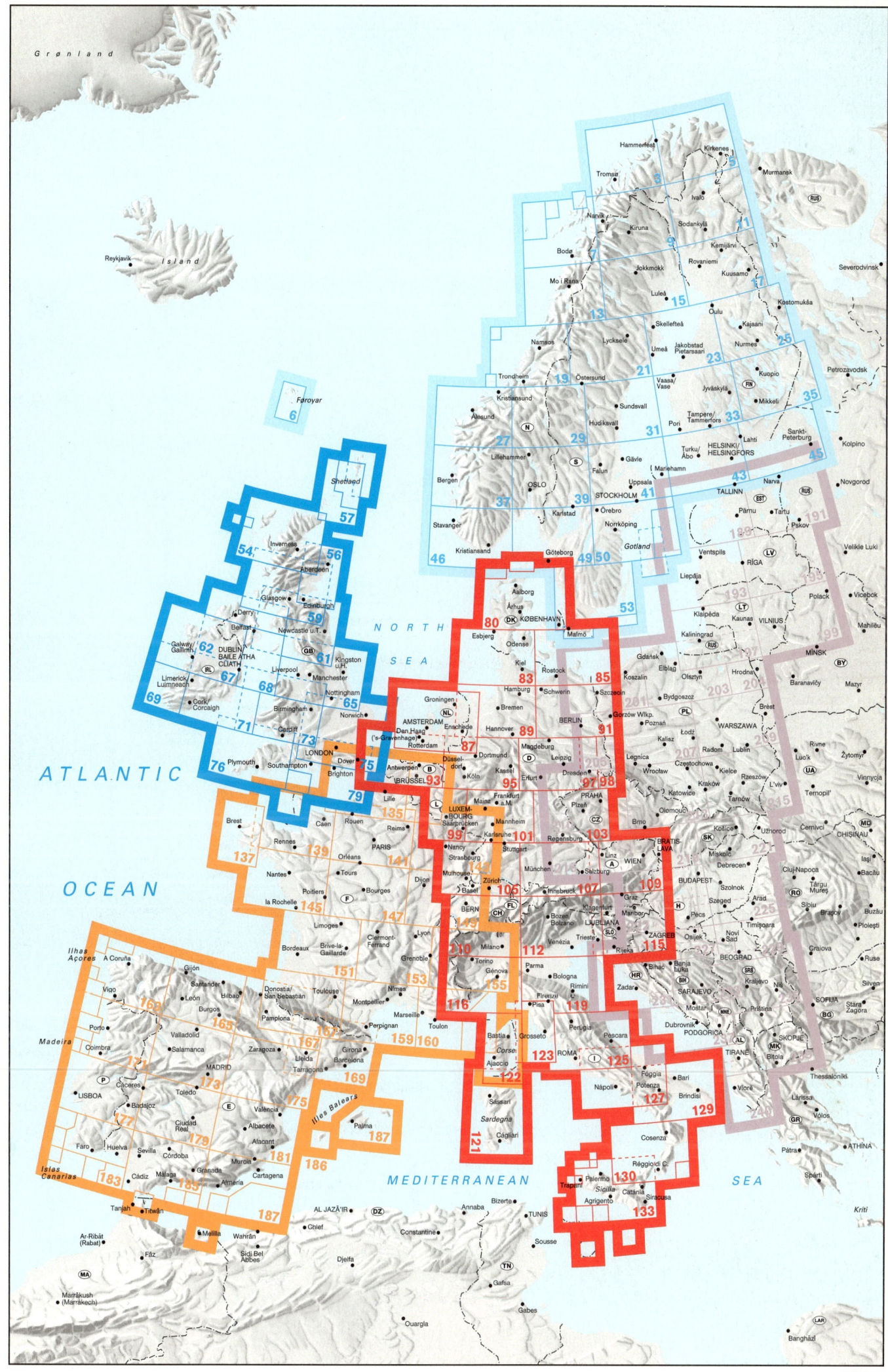

1 : 4.500.000

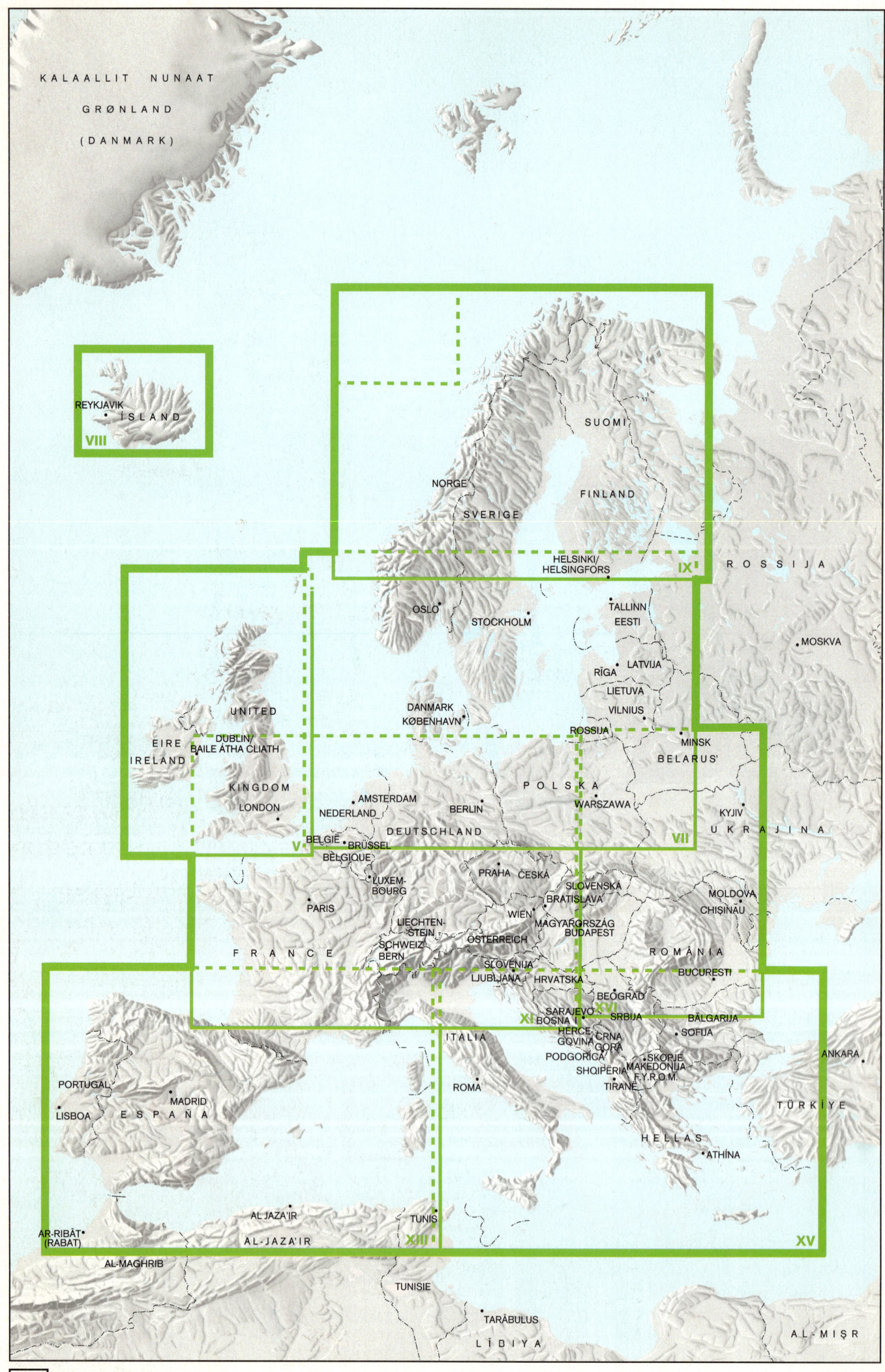

IV

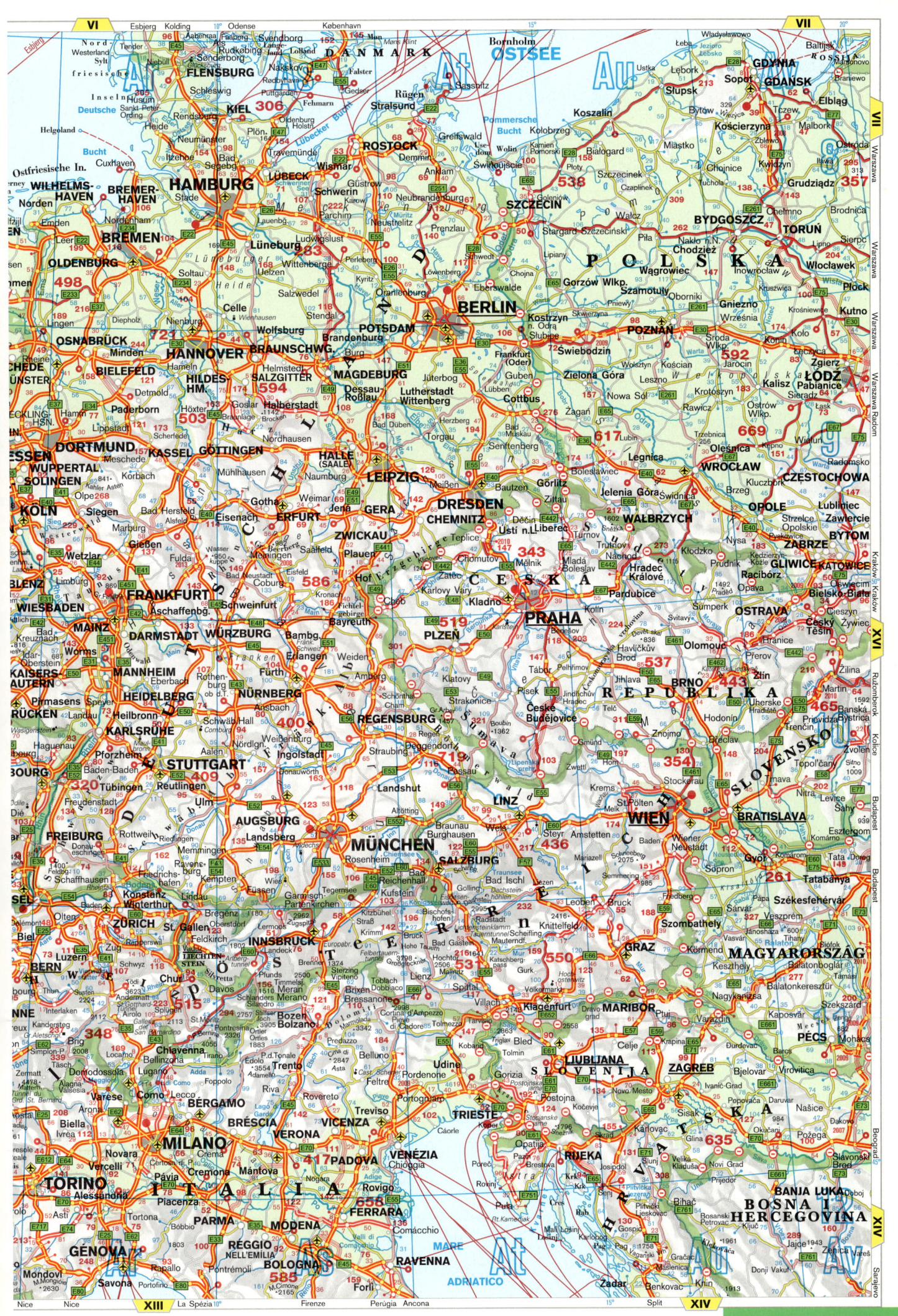

Europe

Europa
Europe
Európa
Evropa

1:800.000

NORWEGIAN SEA

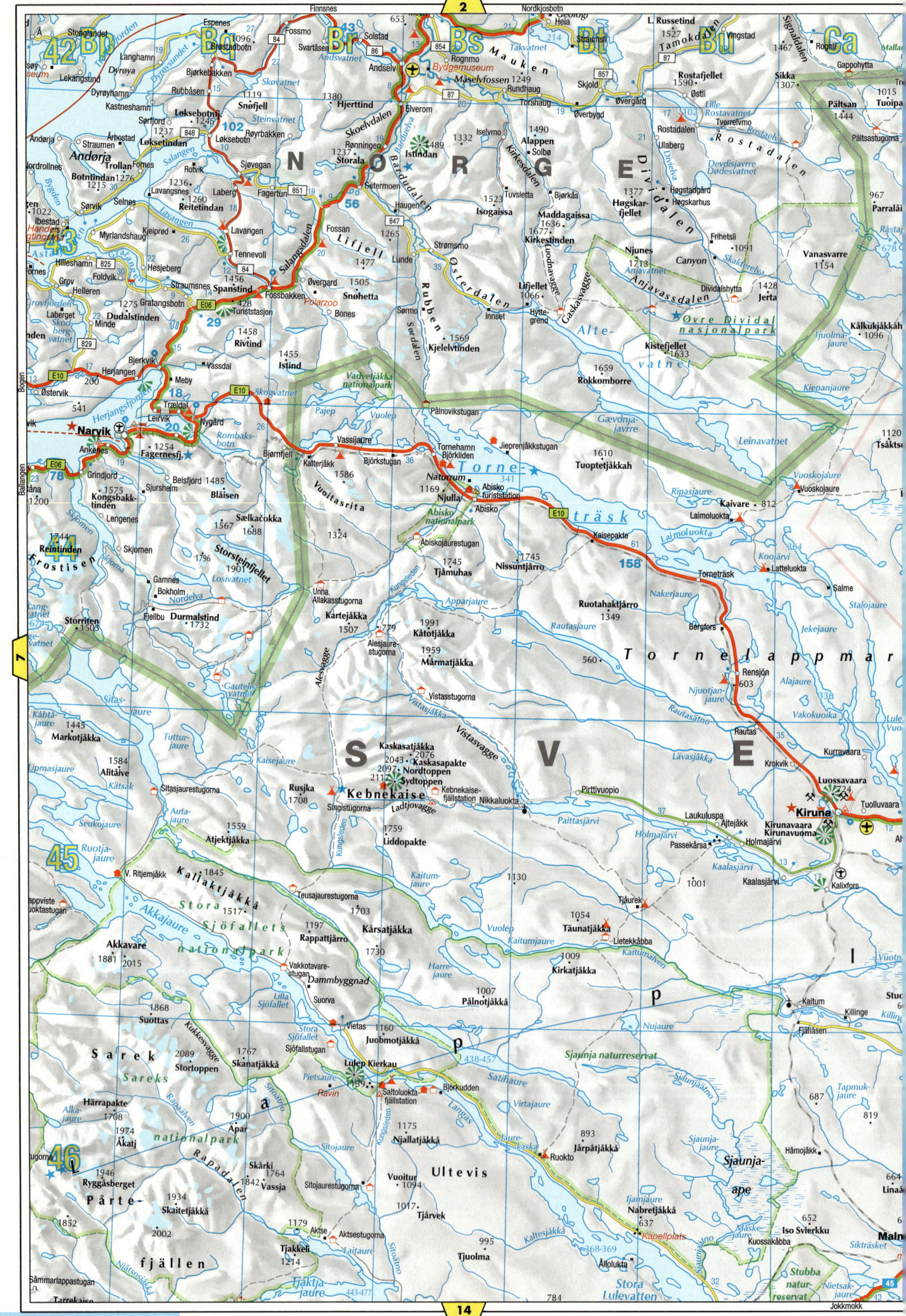

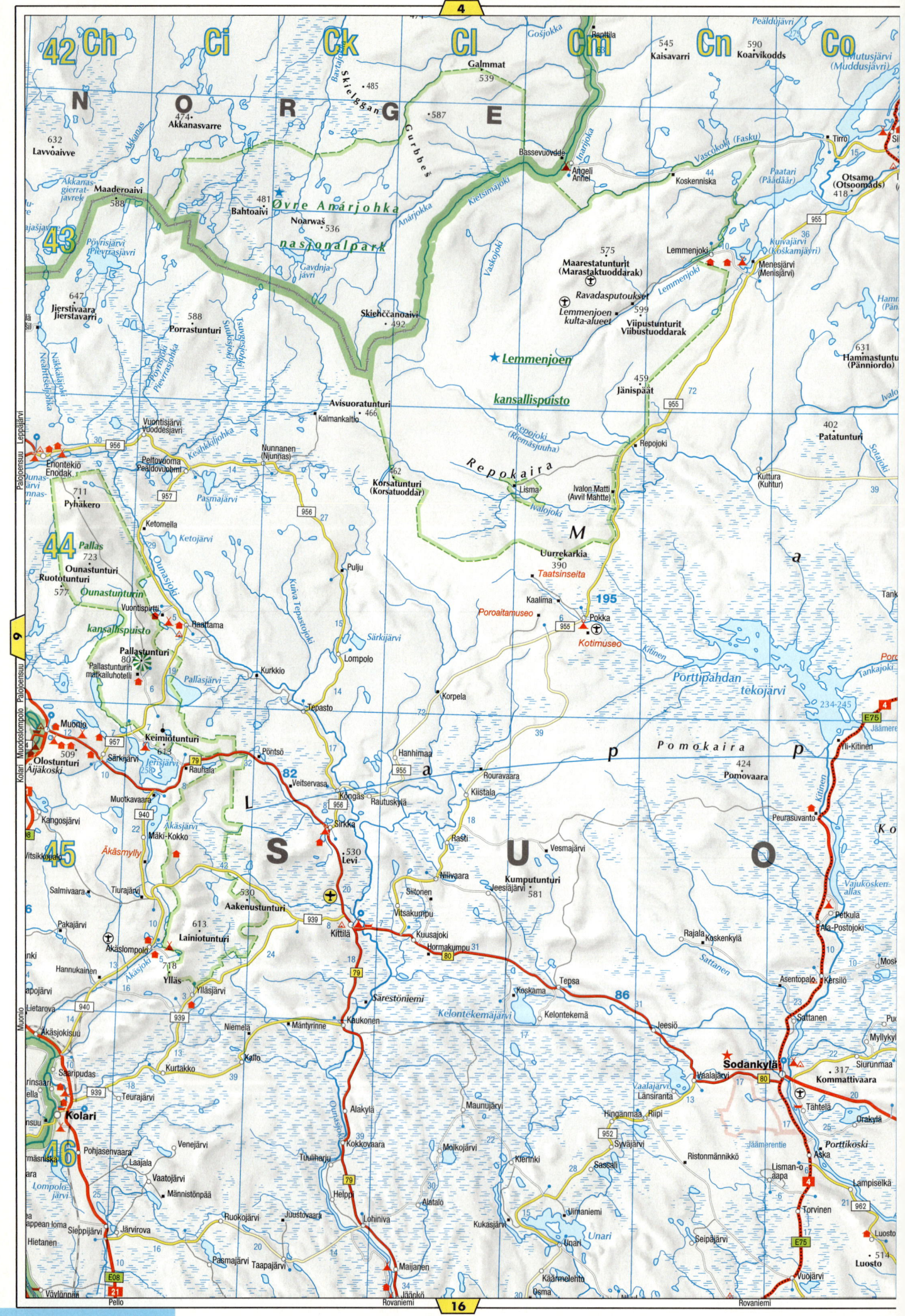

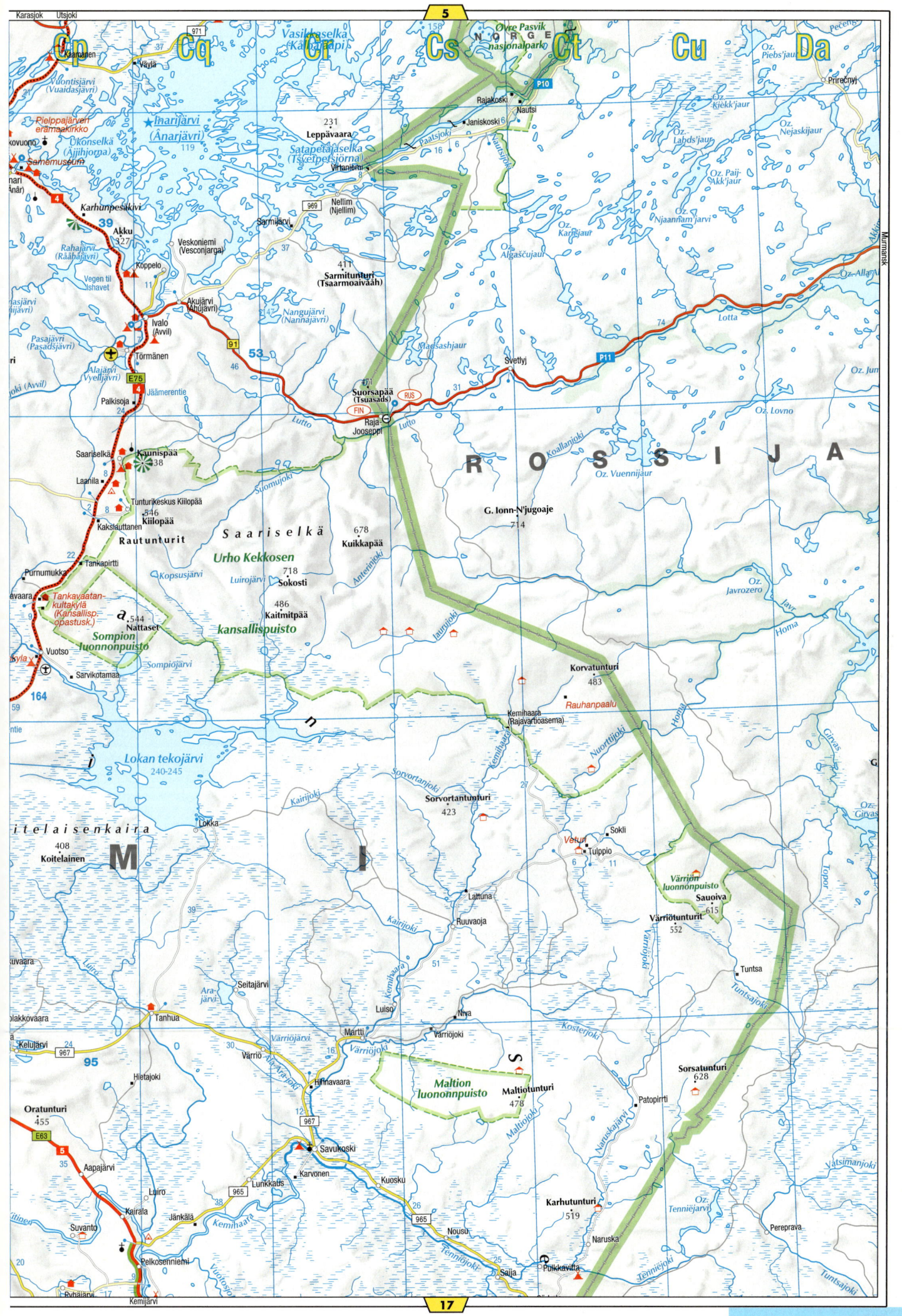

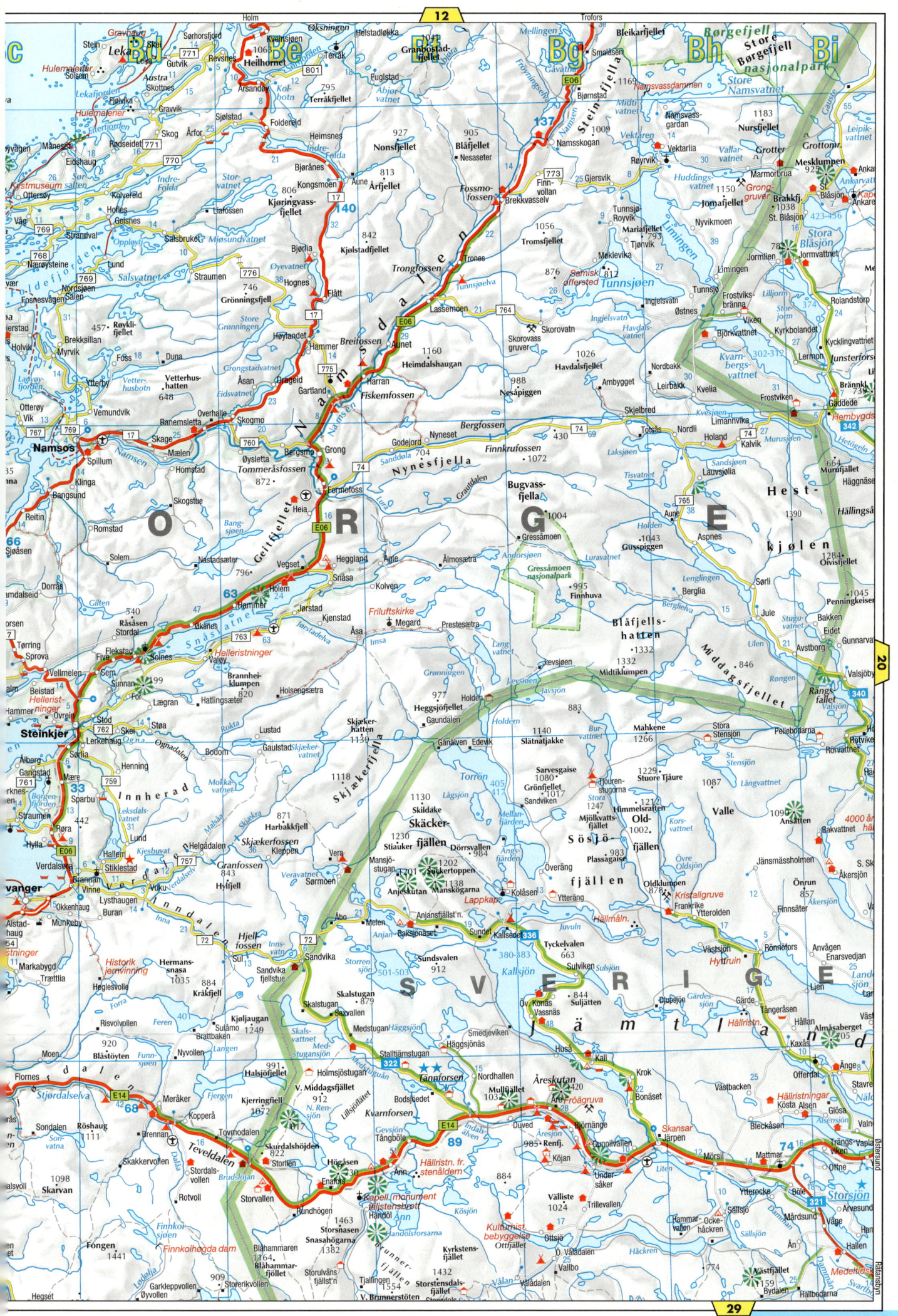

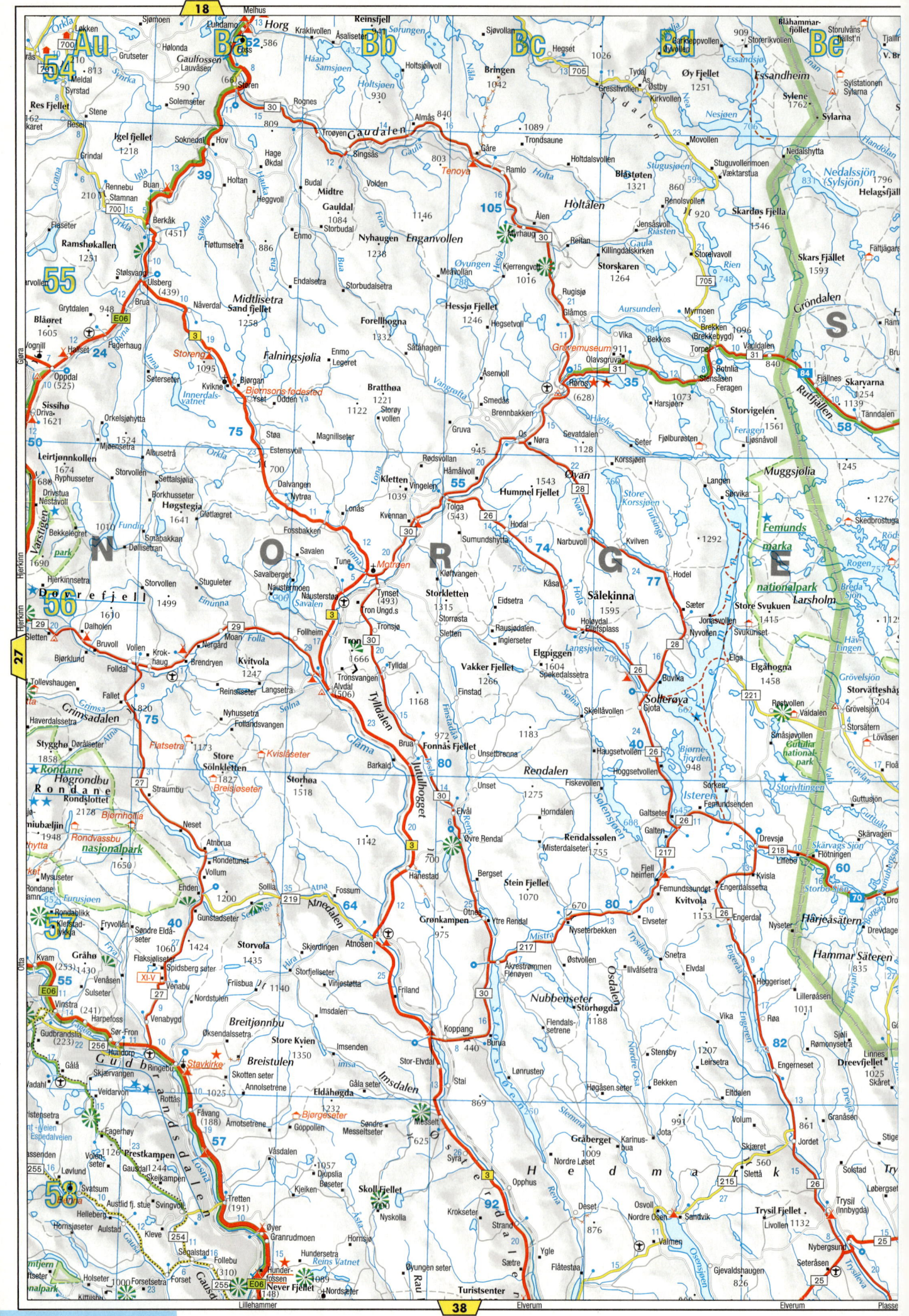

Bt **Bs** **Bt** **Bu** **Ca**

Örnsköldsvik
Köpmanholmen
Björkåbäck Näske
Skule Älgön Trysunda
Fålasjö
Östmarkum E04
Vallahöjden Skuleberget
Skuleskogens nationalpark
418 427 Nyland 338
Almsjönäs 293 Sveriges högsta ö
Styrnäs Docksta N. Ulvön
Sandslån Ullånger Sjöland Värns 336 Ulvöhamn Höga
Mariebergt Mjältön Fiskeläge
Ny- Bjärtrå Ullångers-fj.
Koja Mjällom Hamnslåtten
16 Dala 333 S. Ulvön
Lugnvik Omne Nordingrå
332 Åsång Rävsön
Strömnäs Klockestrand Ske Kusten
Sandö Nora Gaviks- Bönhamn
ogberg 13 90 Nensjö 20 fjärden Högbonden
Ramvik Nyadal Sandvarp Fällsvikhamnen
Högsjö Lövvik
Utansjö Nordfjärden

Berge Rö Hemsö
22
ndsbro Utansjö
Norrstig Gånsvik Härnösand
E04 Friluftsmuseum
75 Härnön
Solumshamn
Häggdånger
Bärsviken

Åkerö
Åstholmsudde

en
öj
Brämön

Gulf of Bothnia

Bottenhavet

Selkämeri

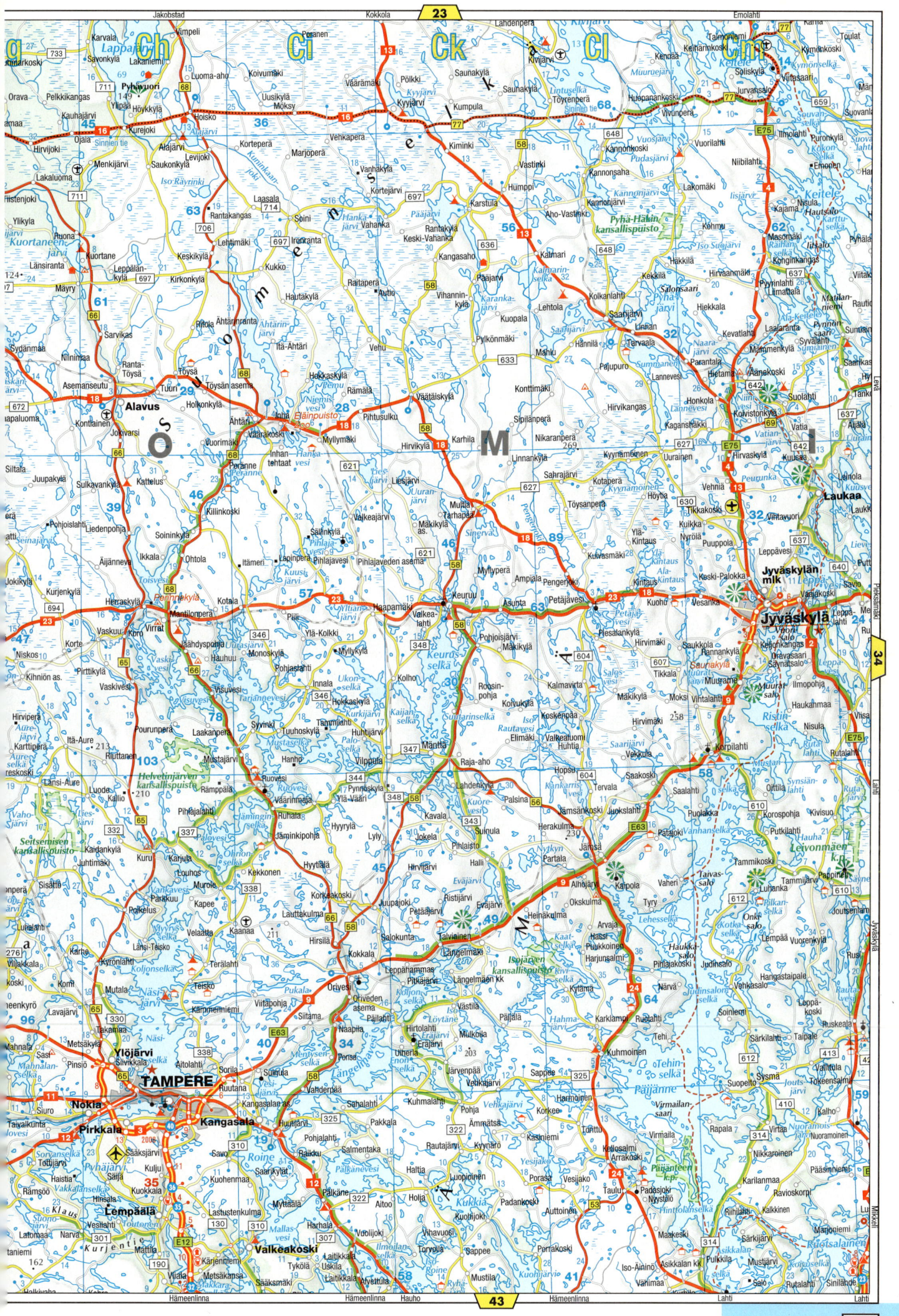

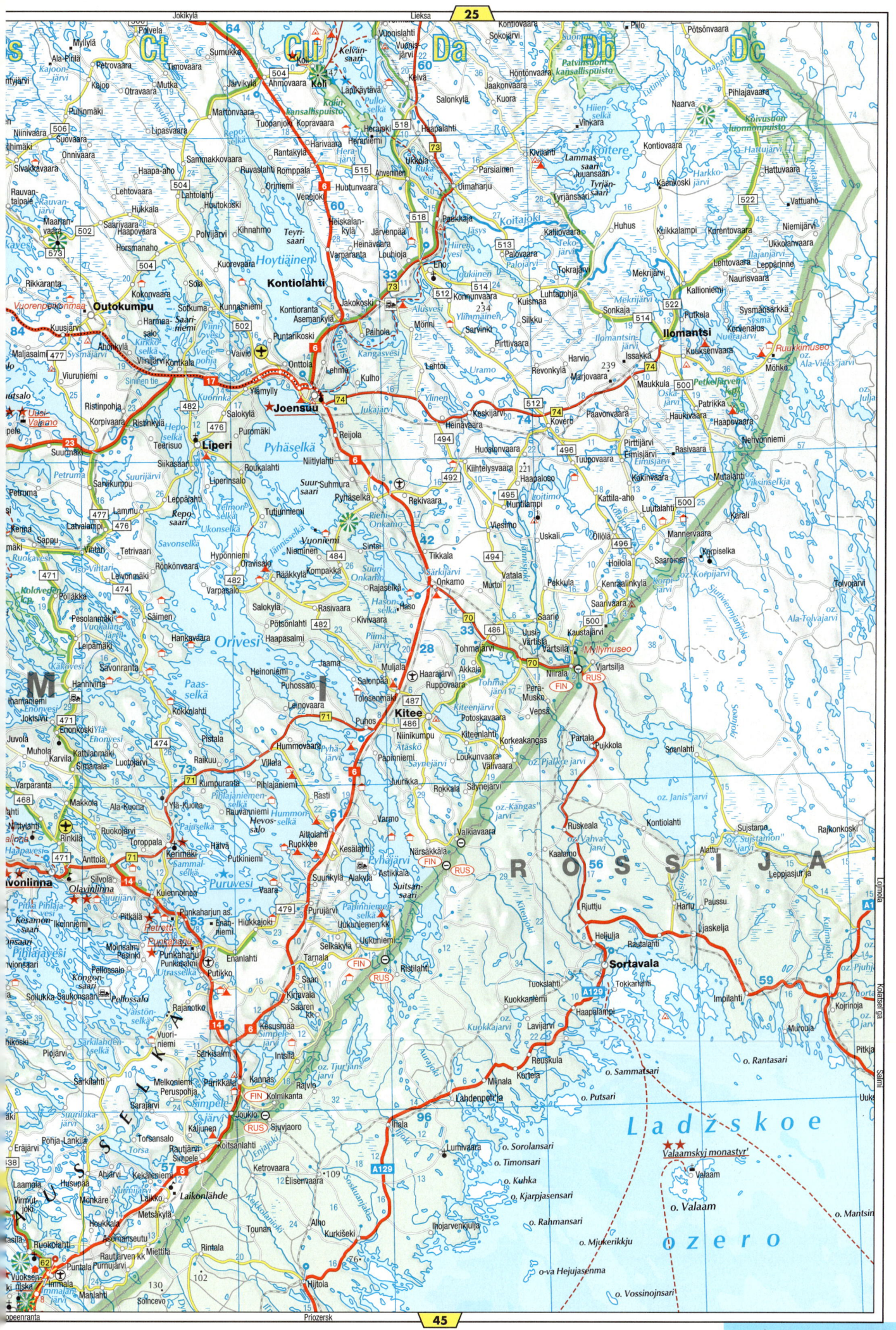

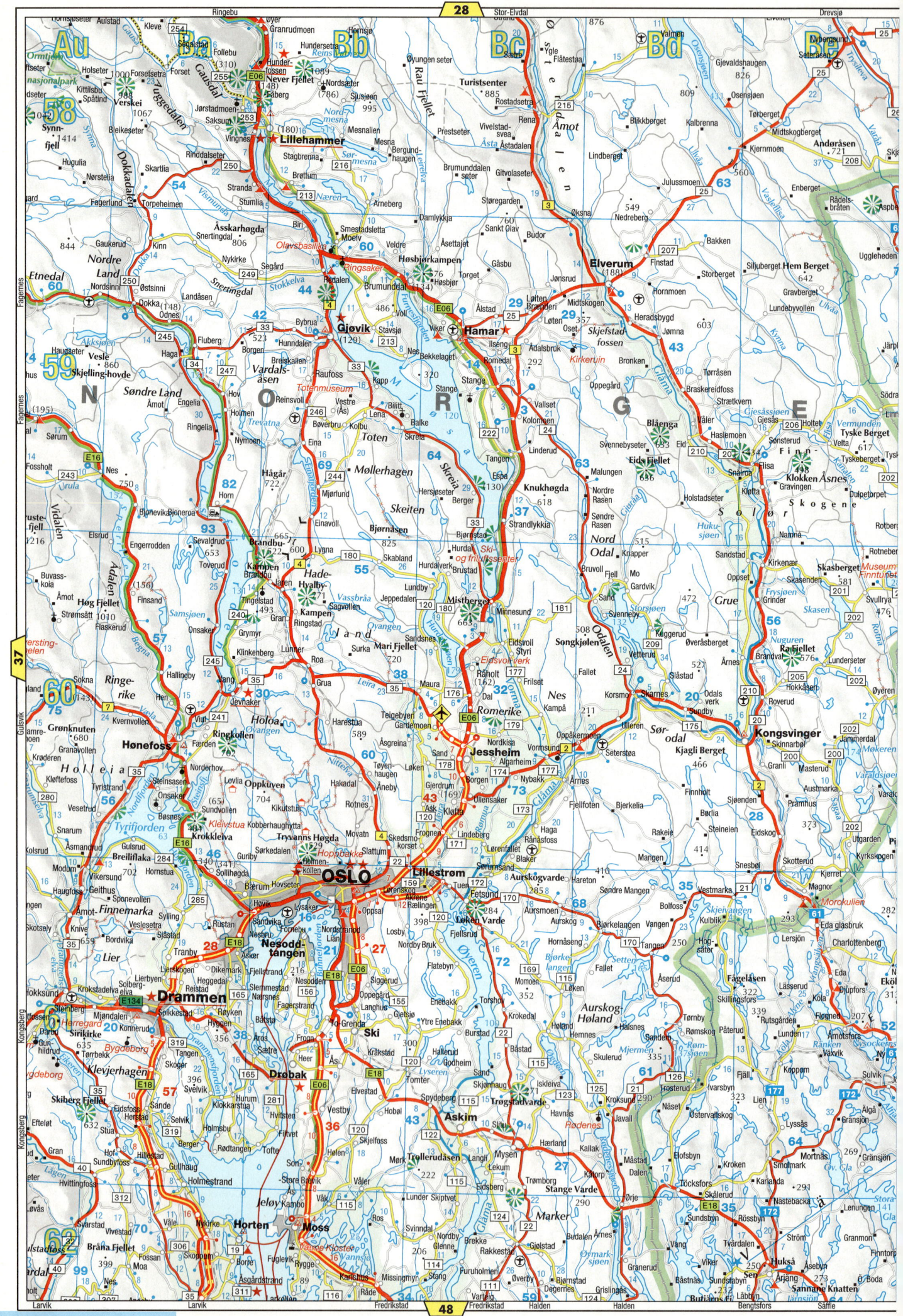

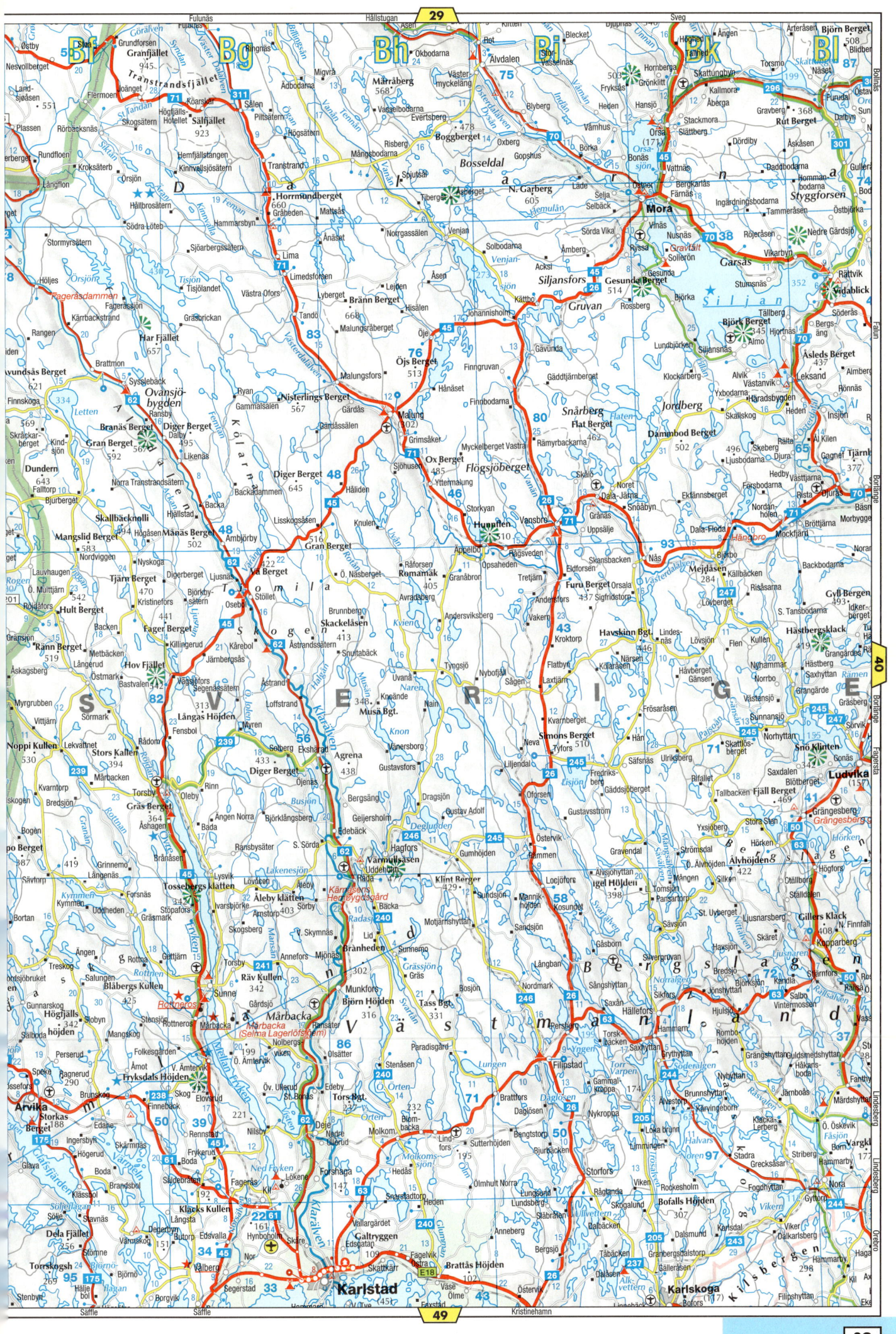

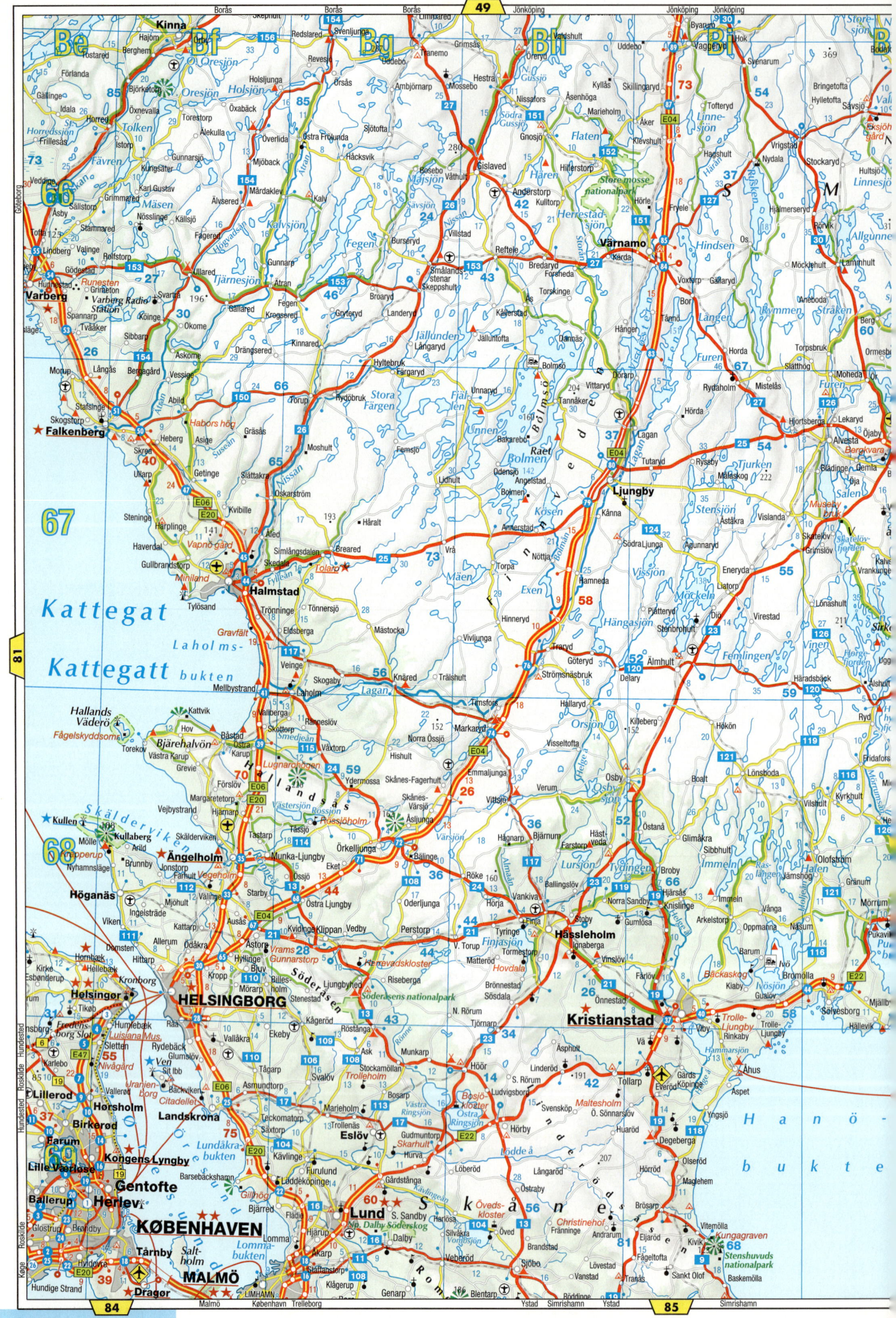

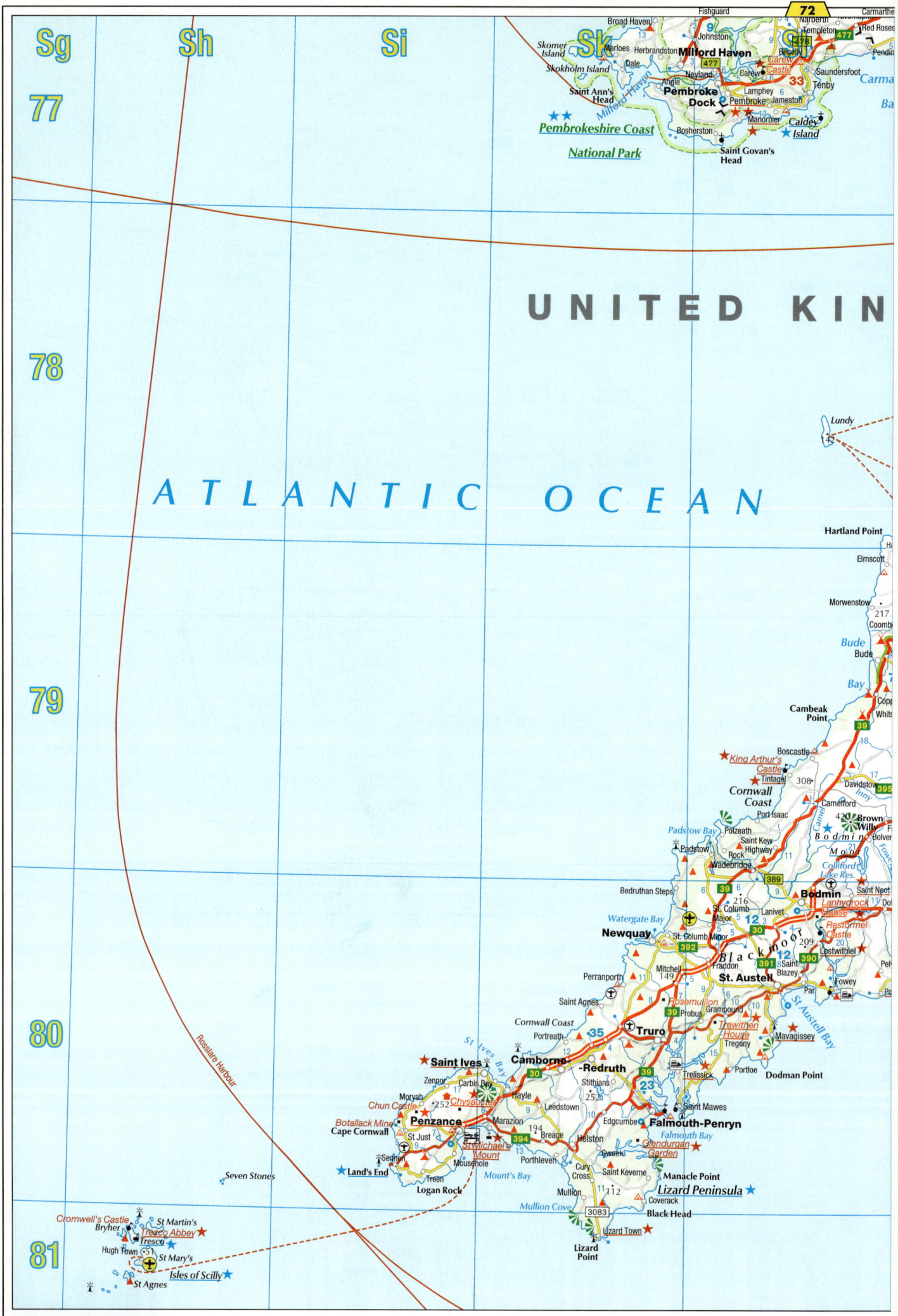

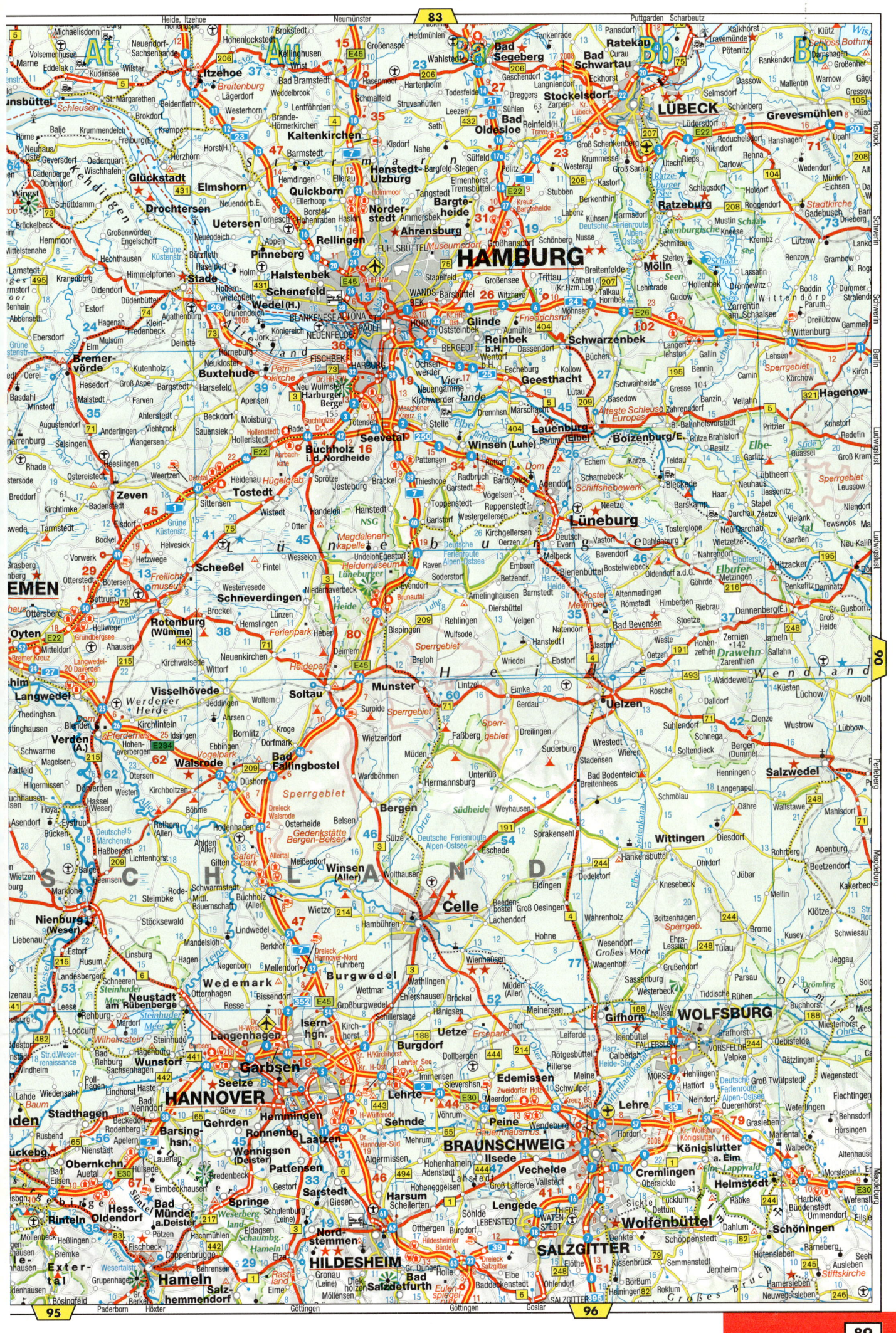

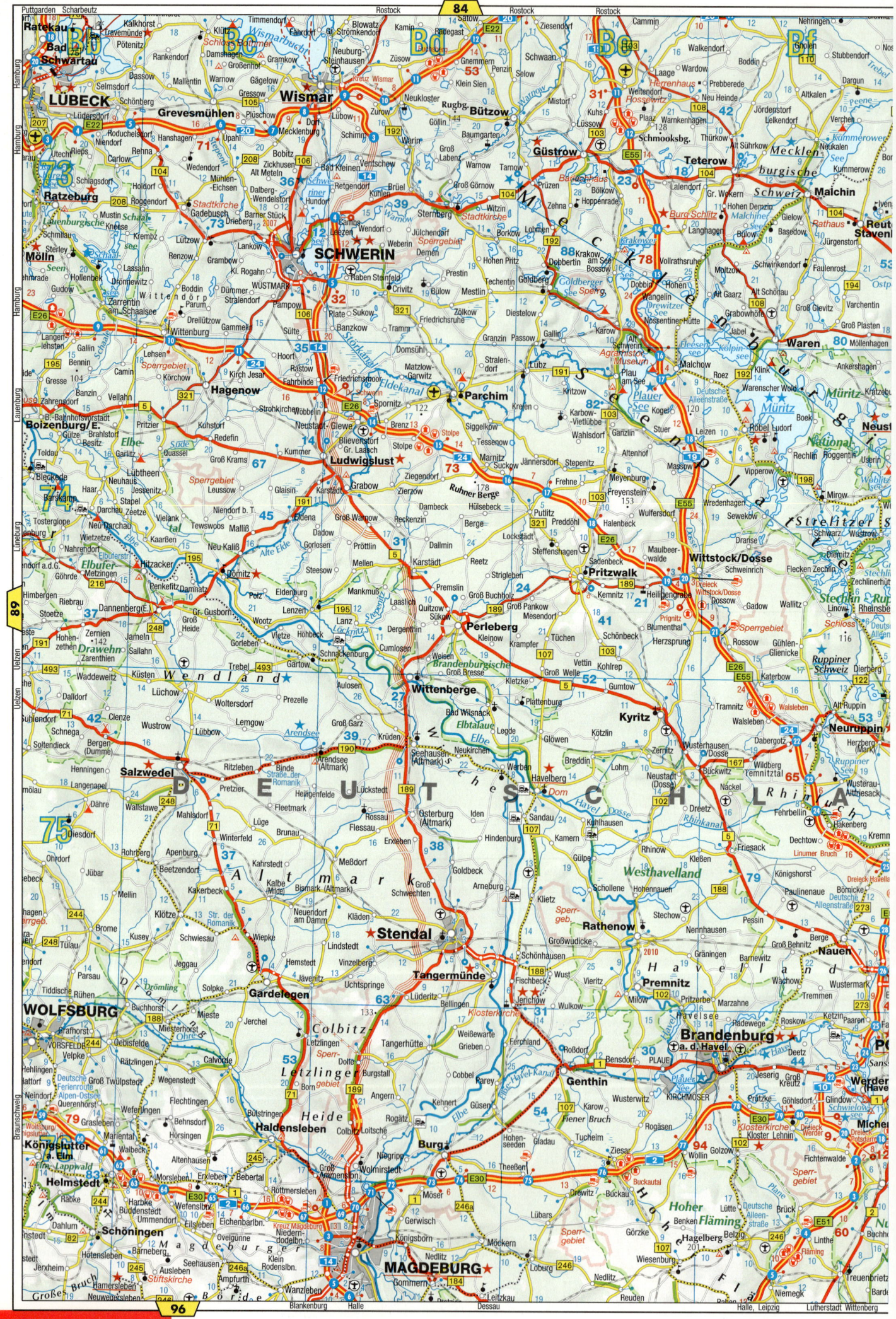

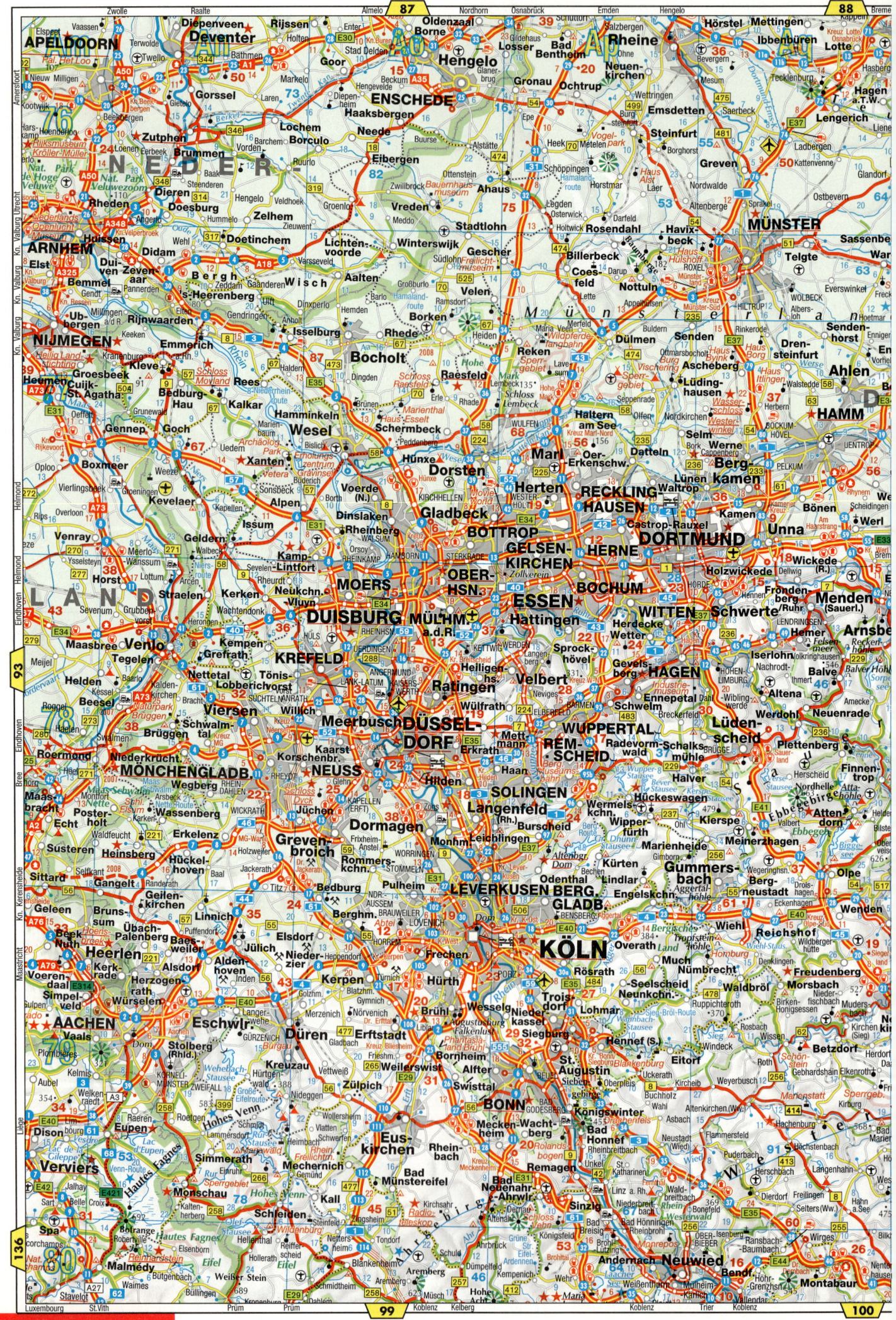

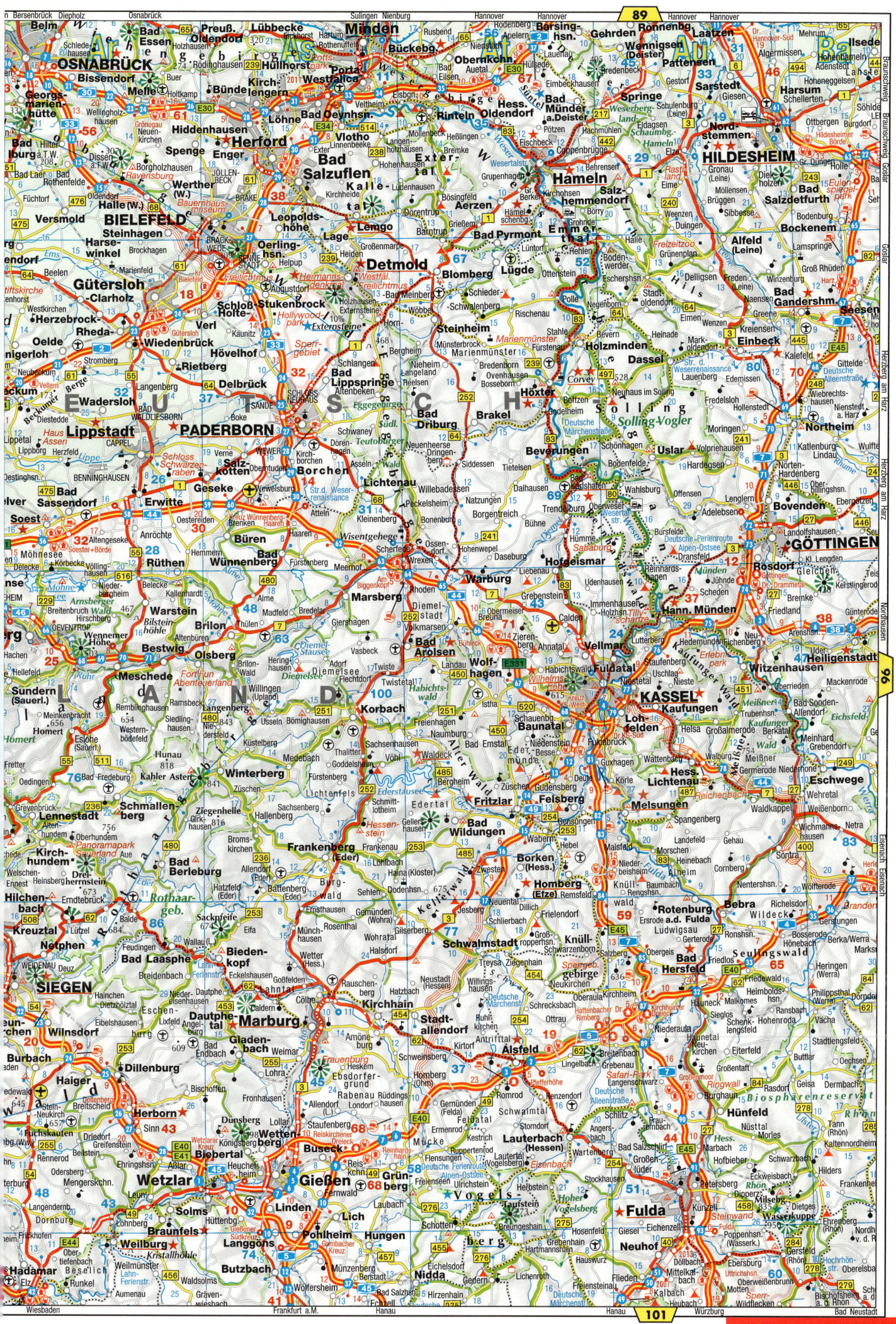

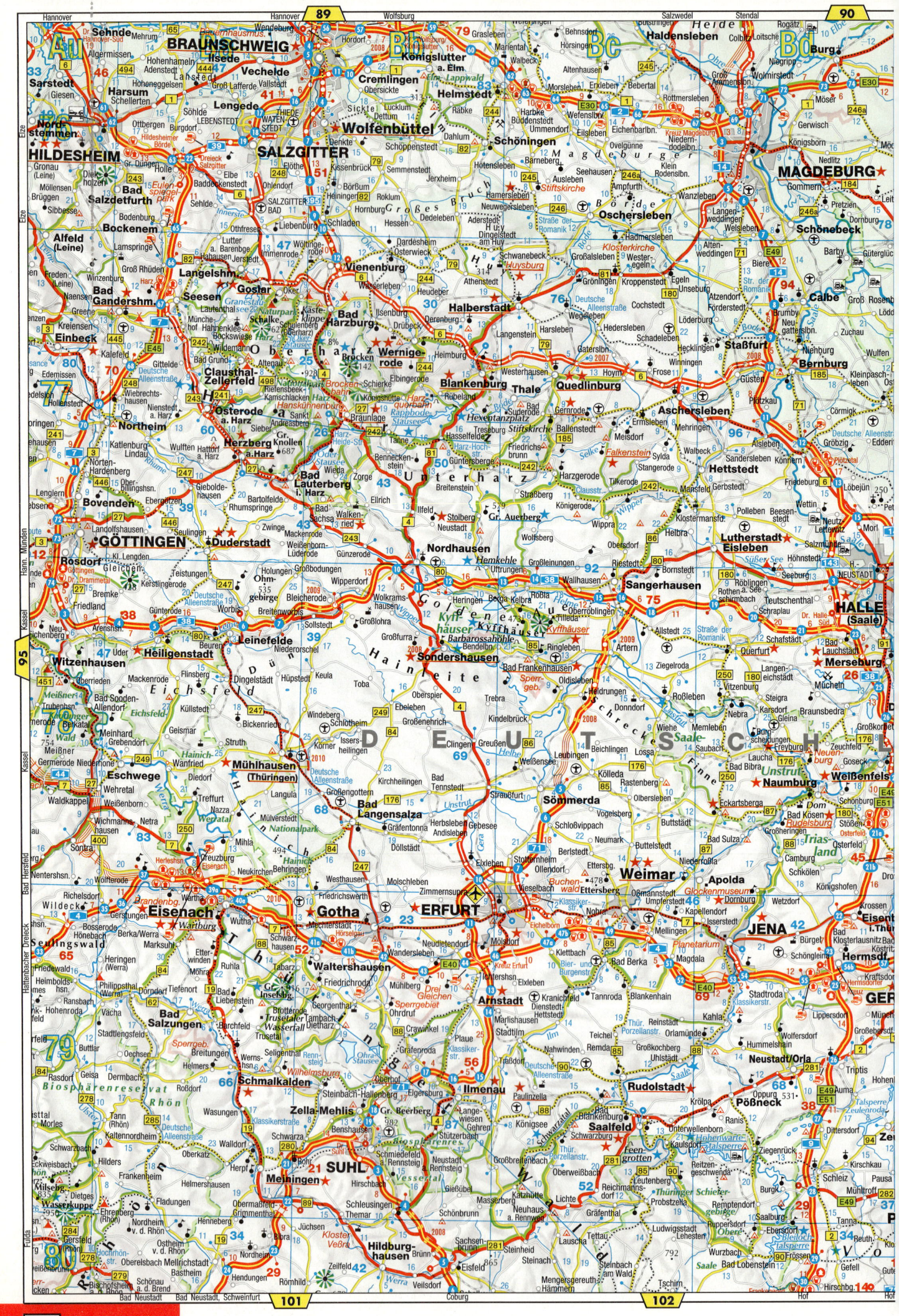

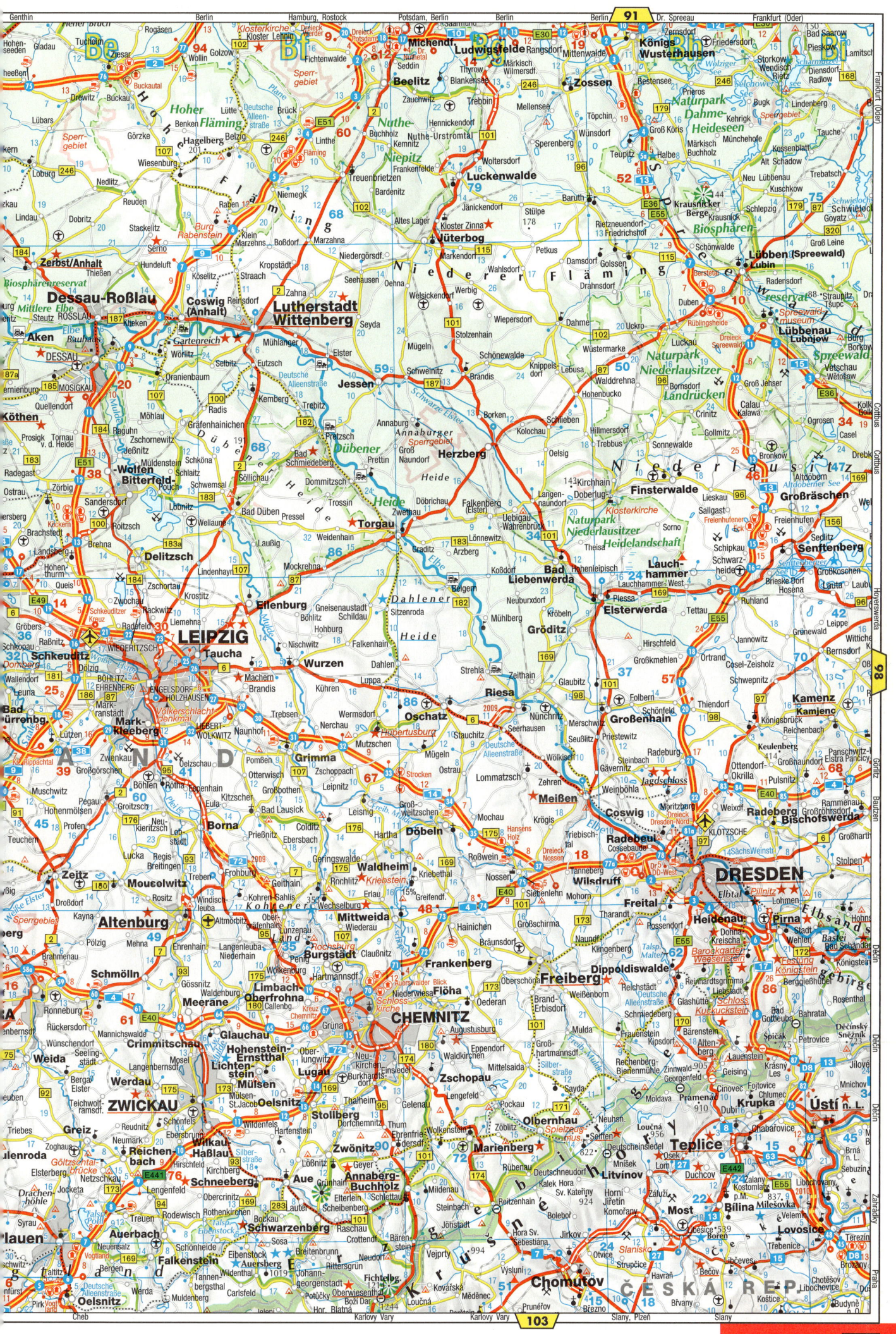

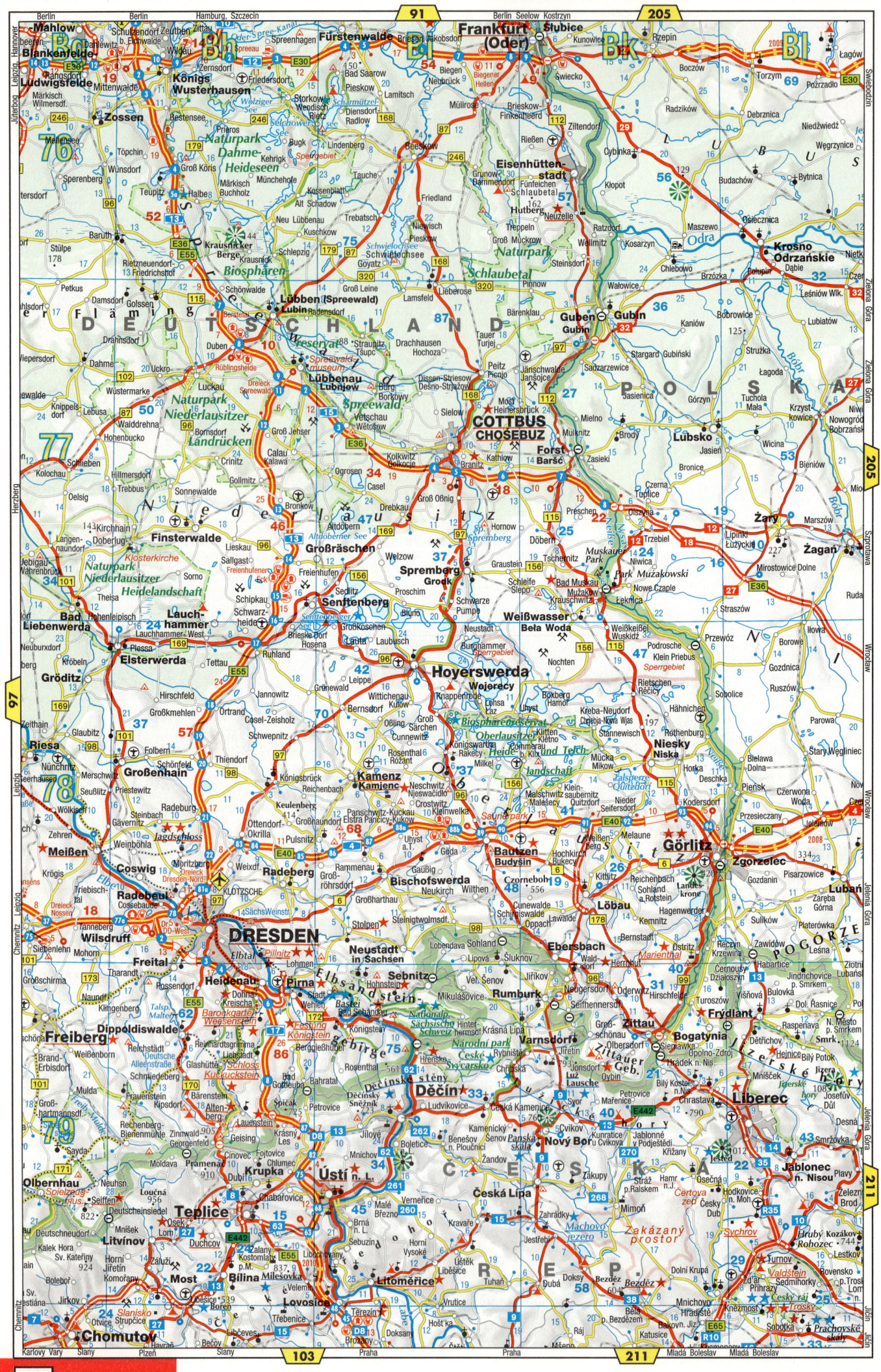

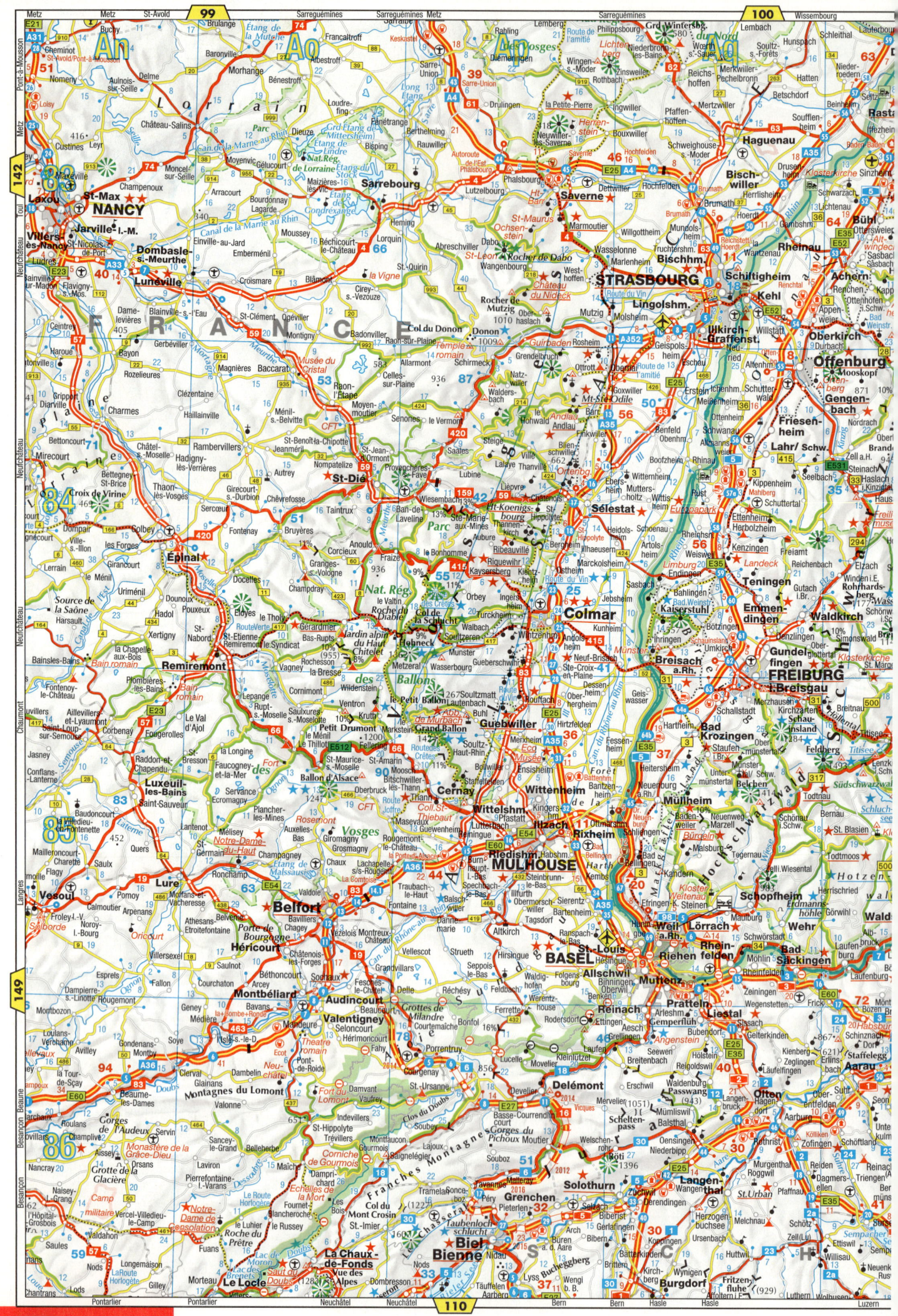

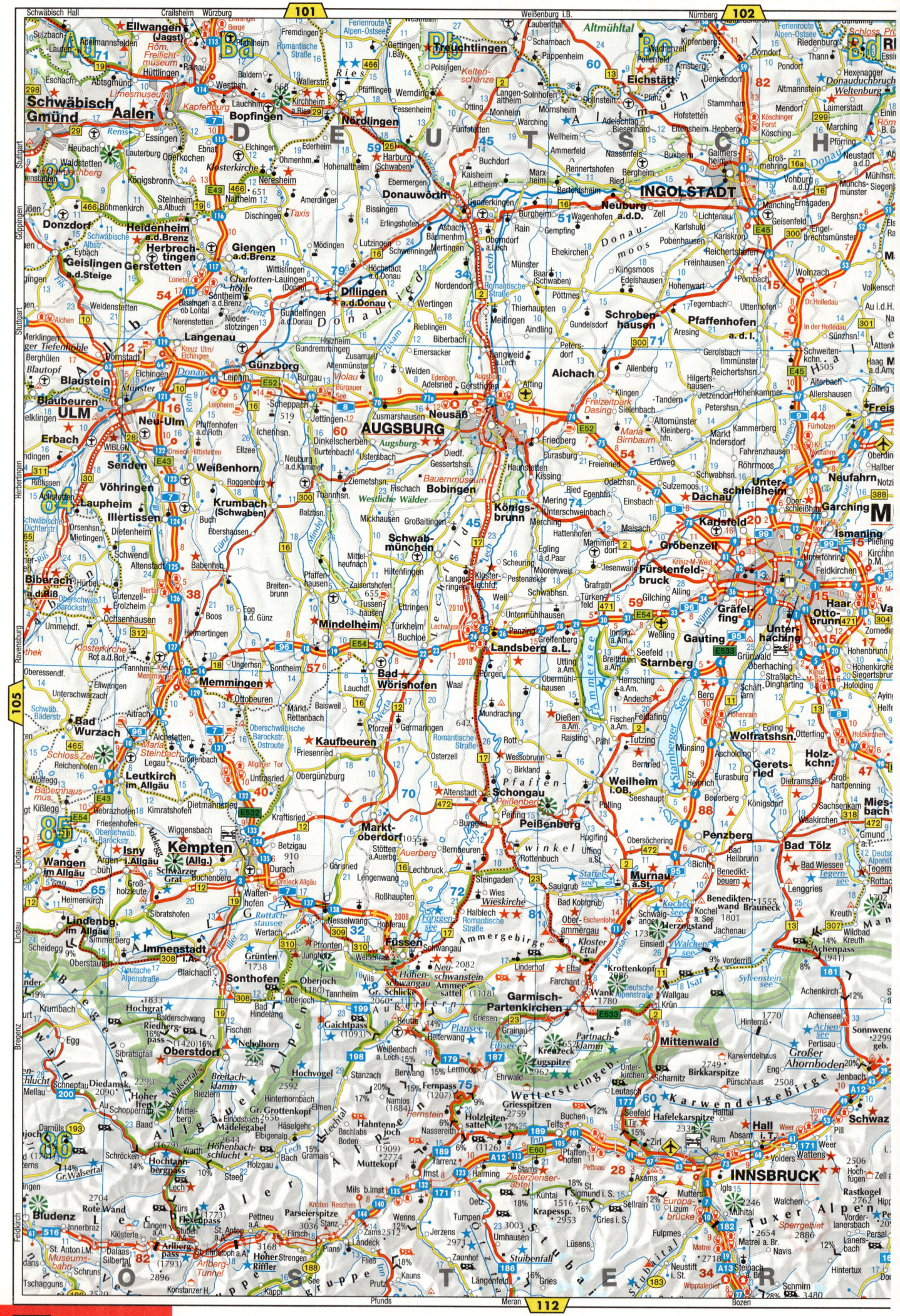

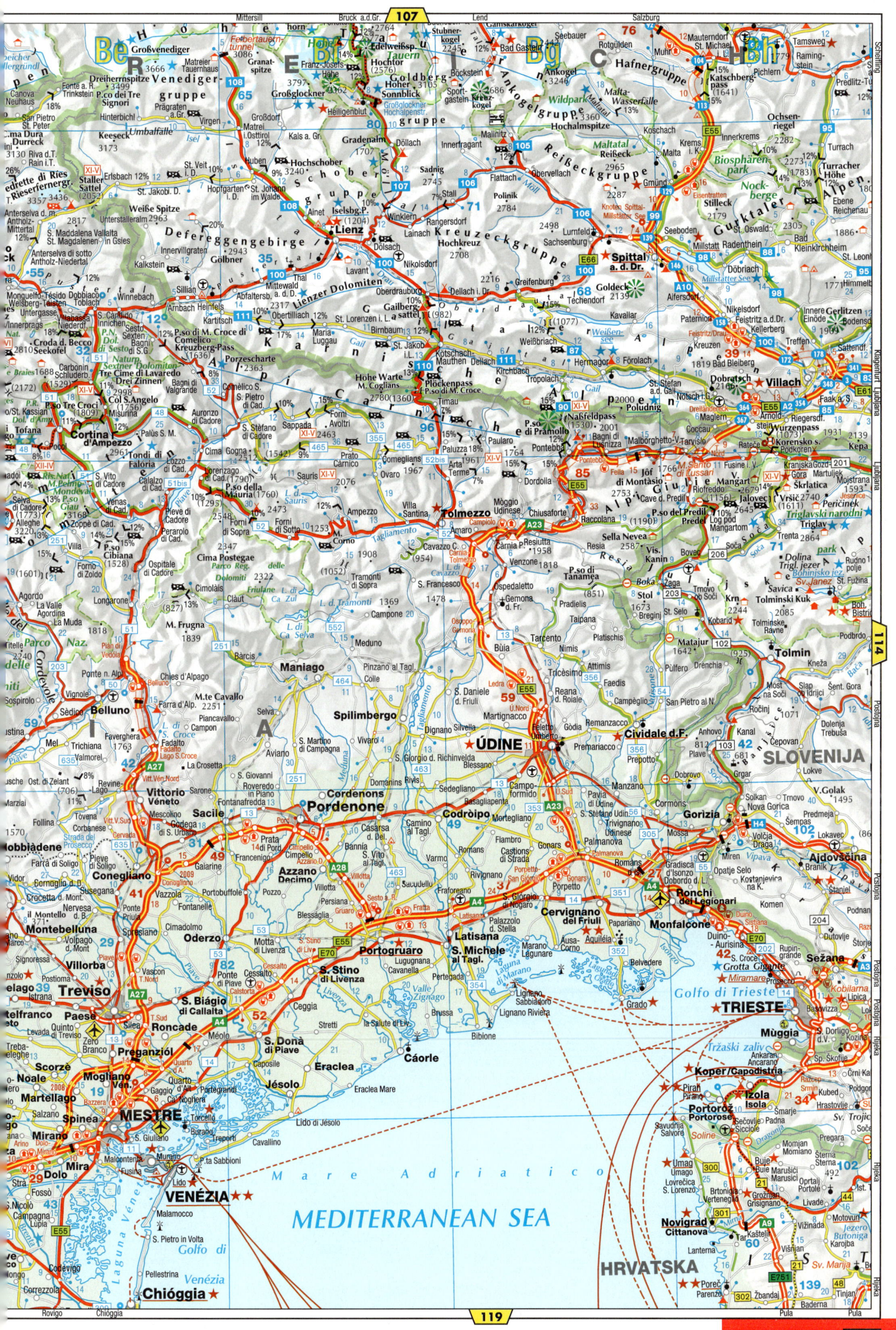

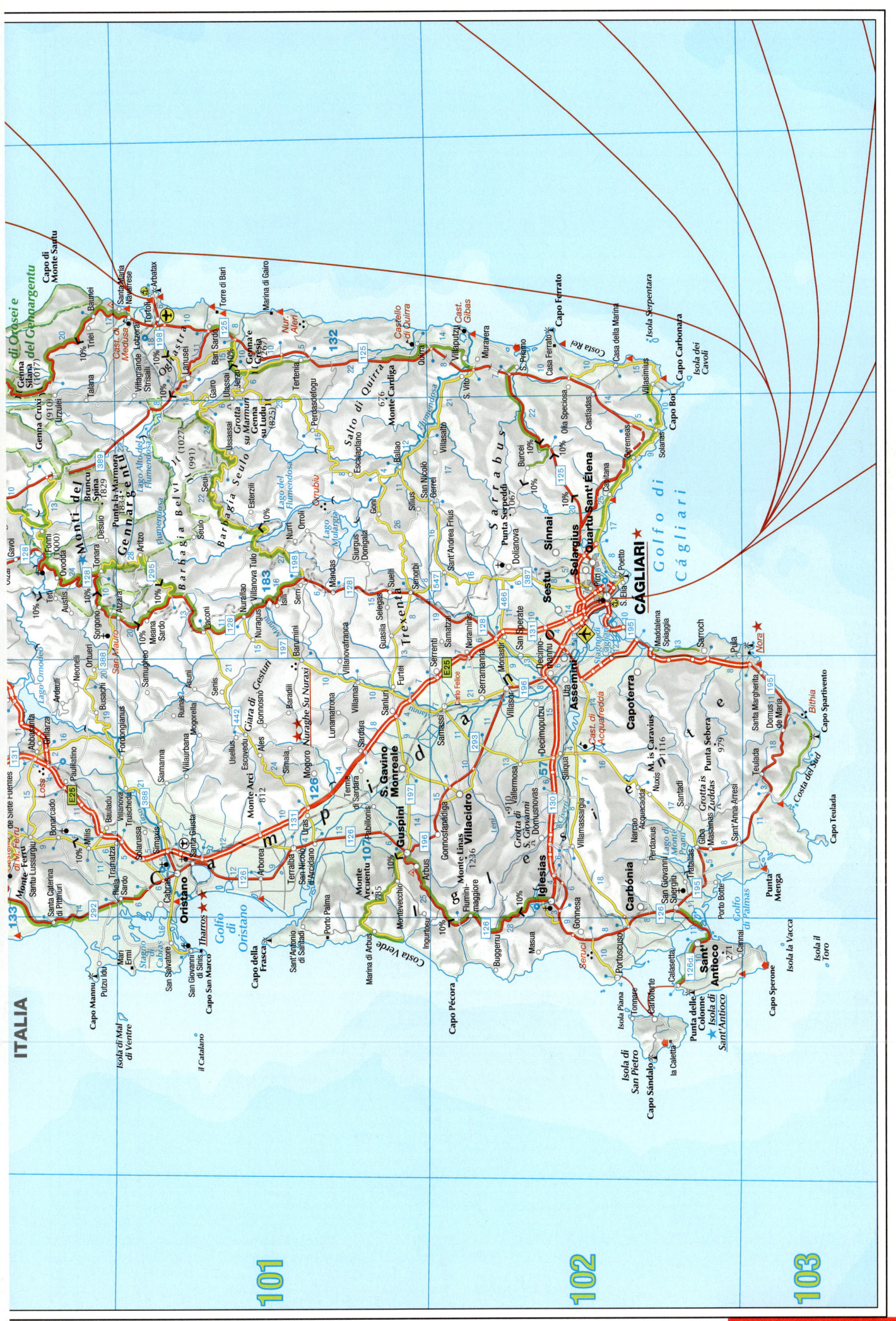

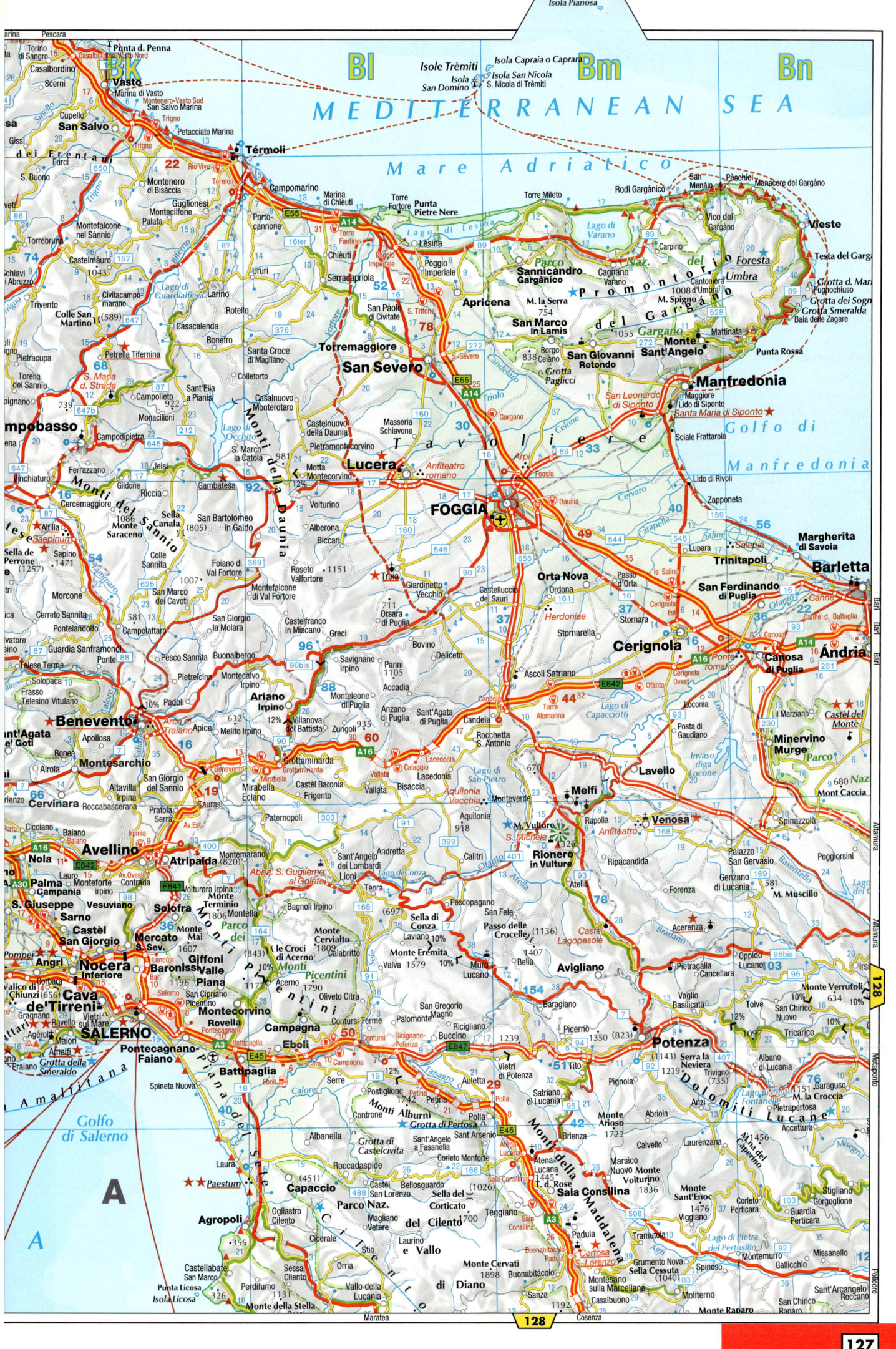

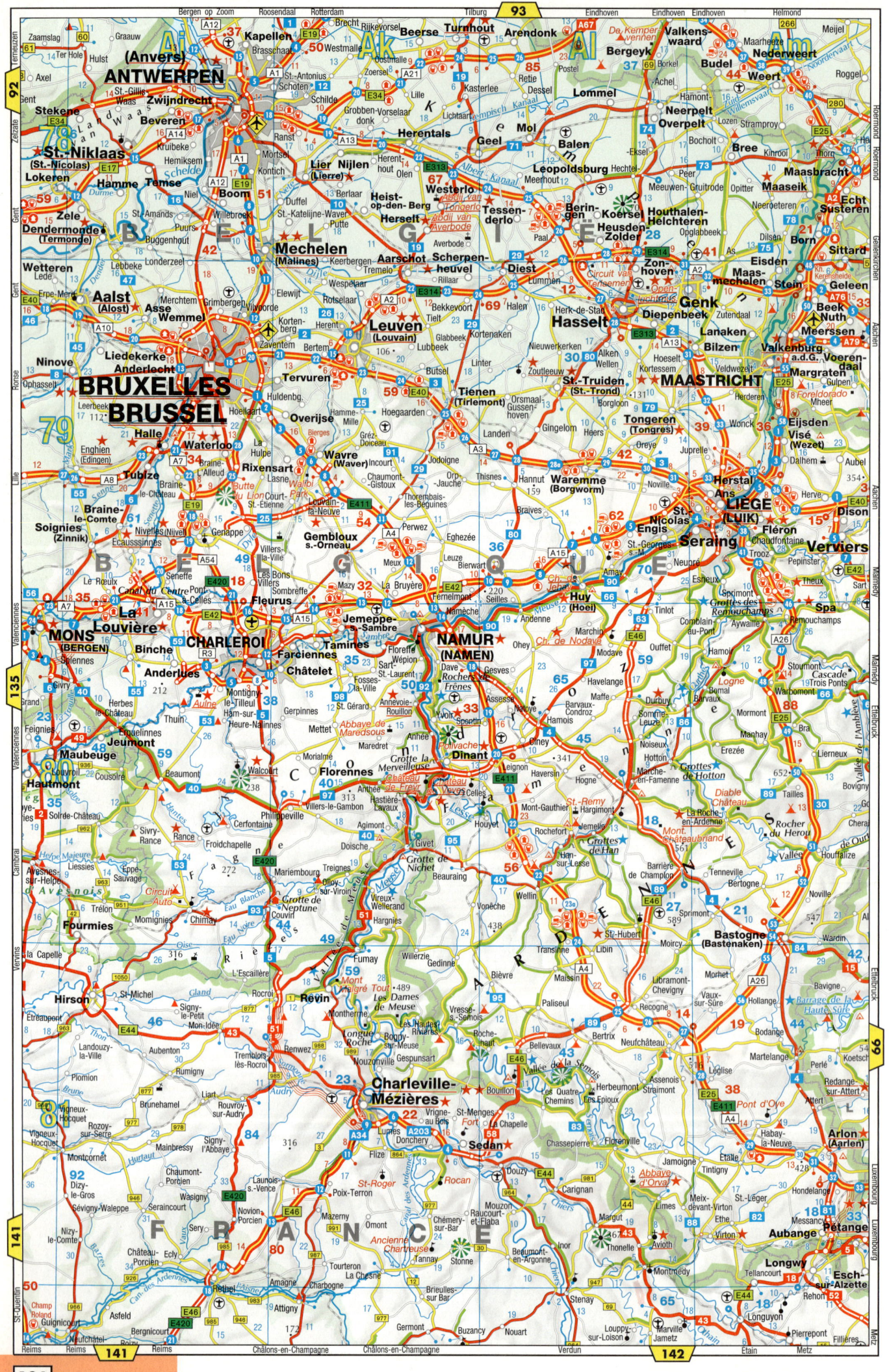

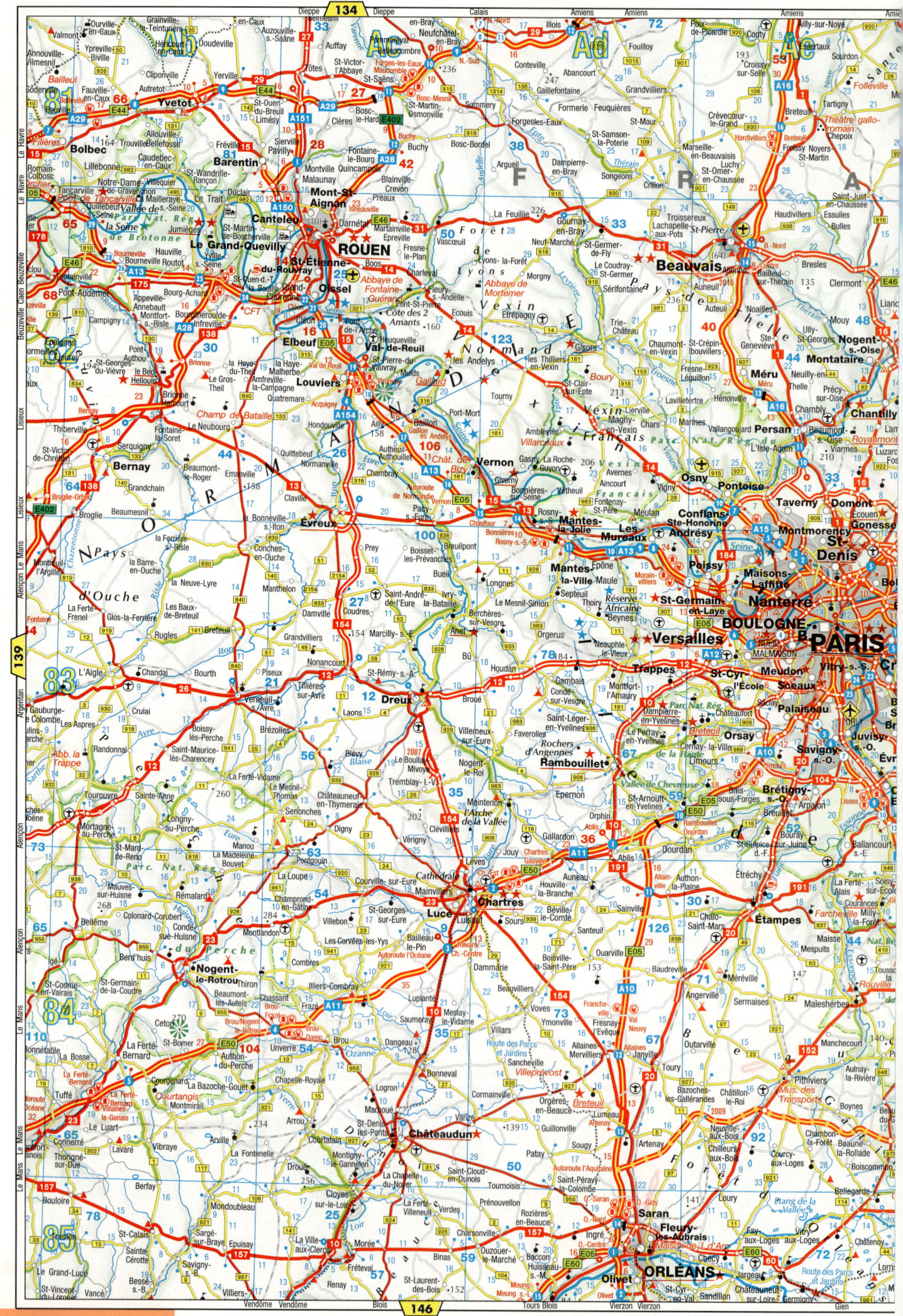

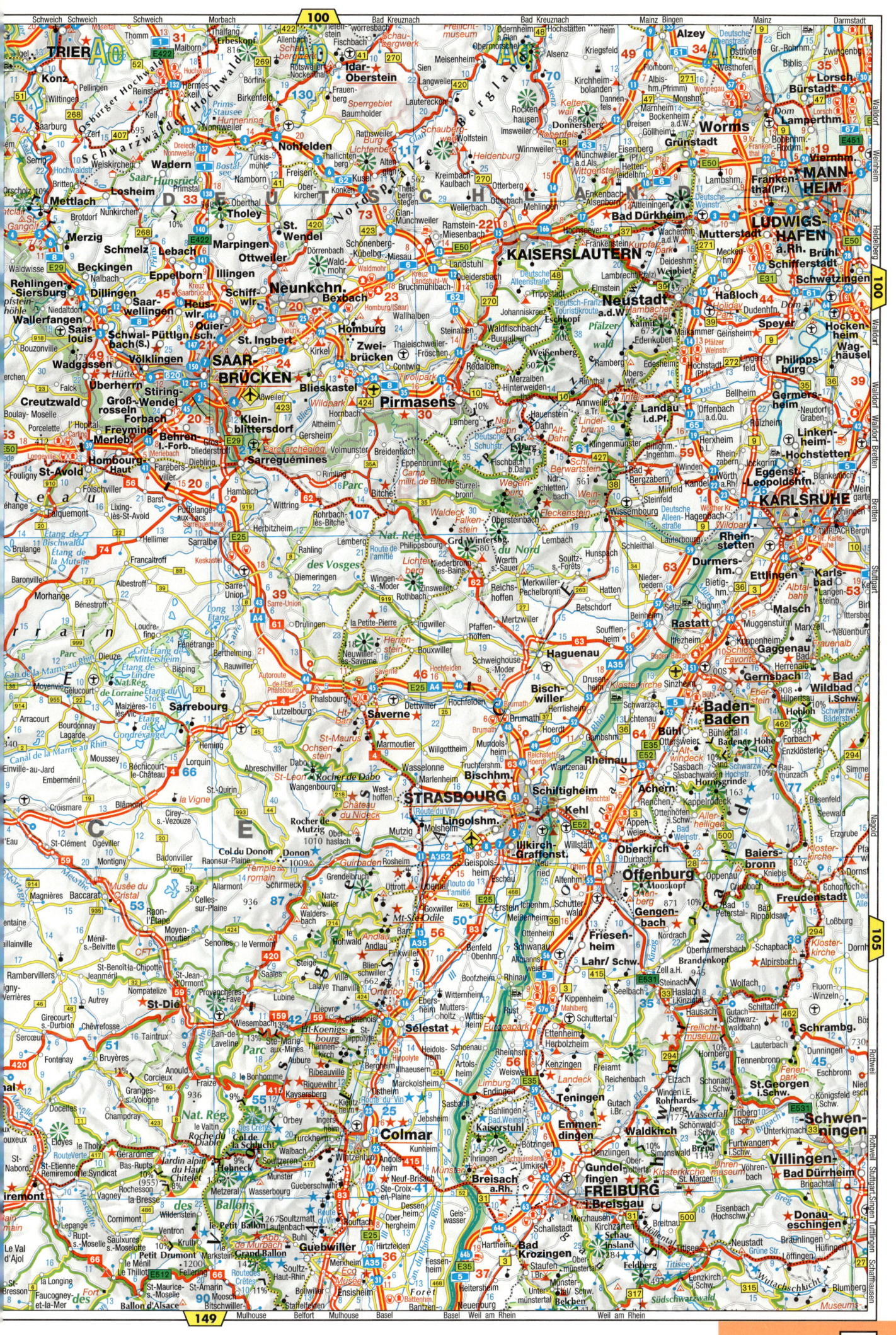

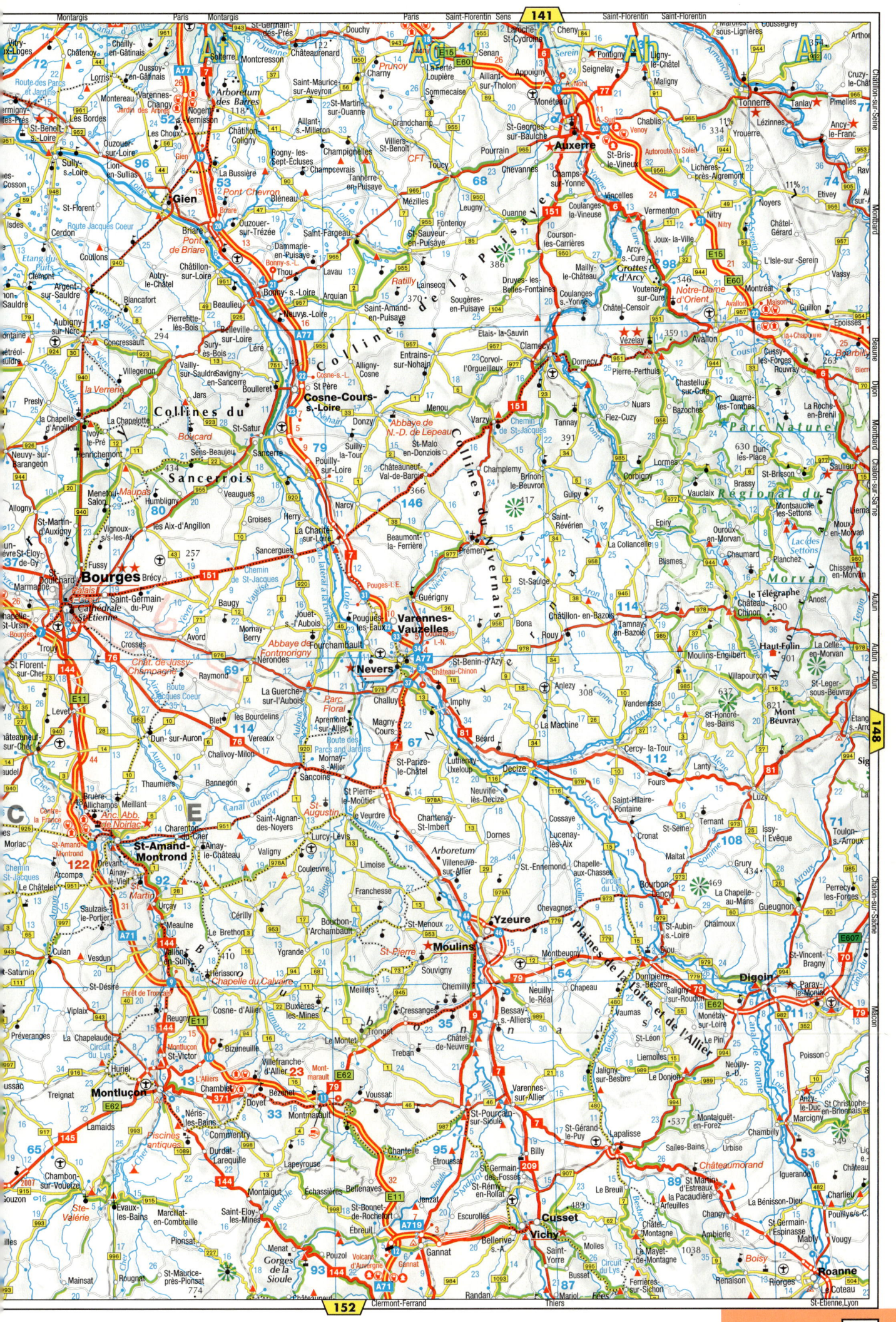

SAINTES

Limousin

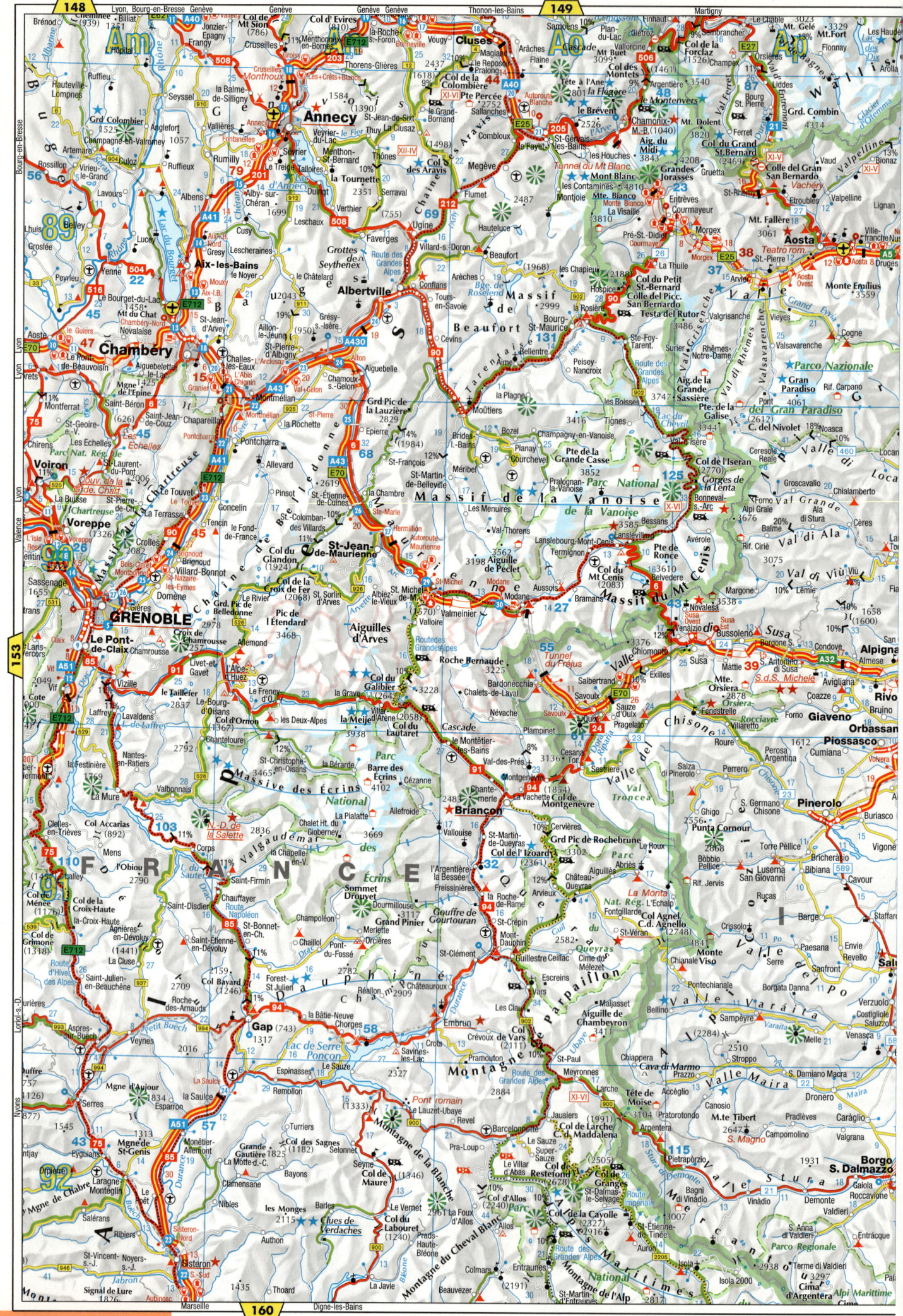

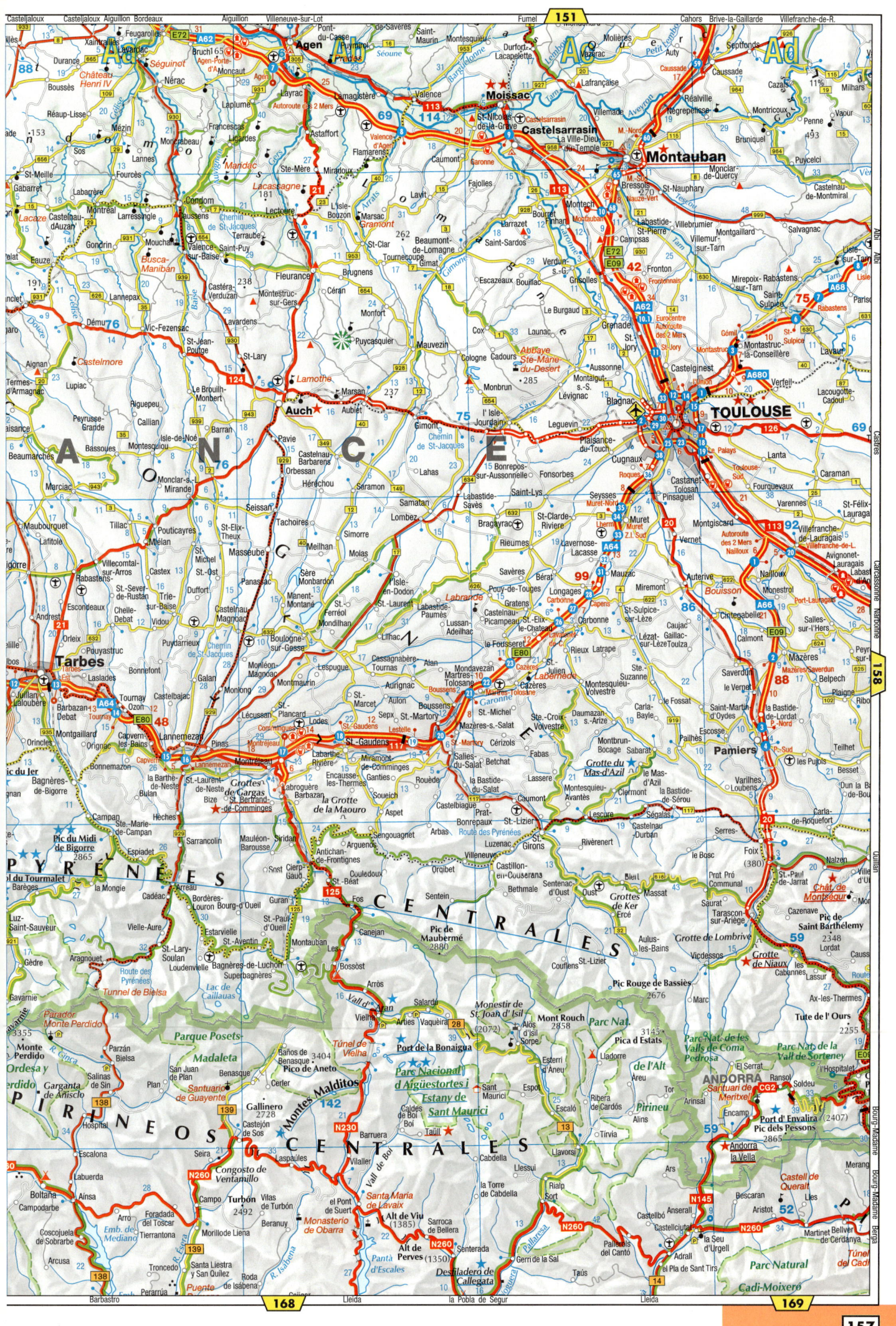

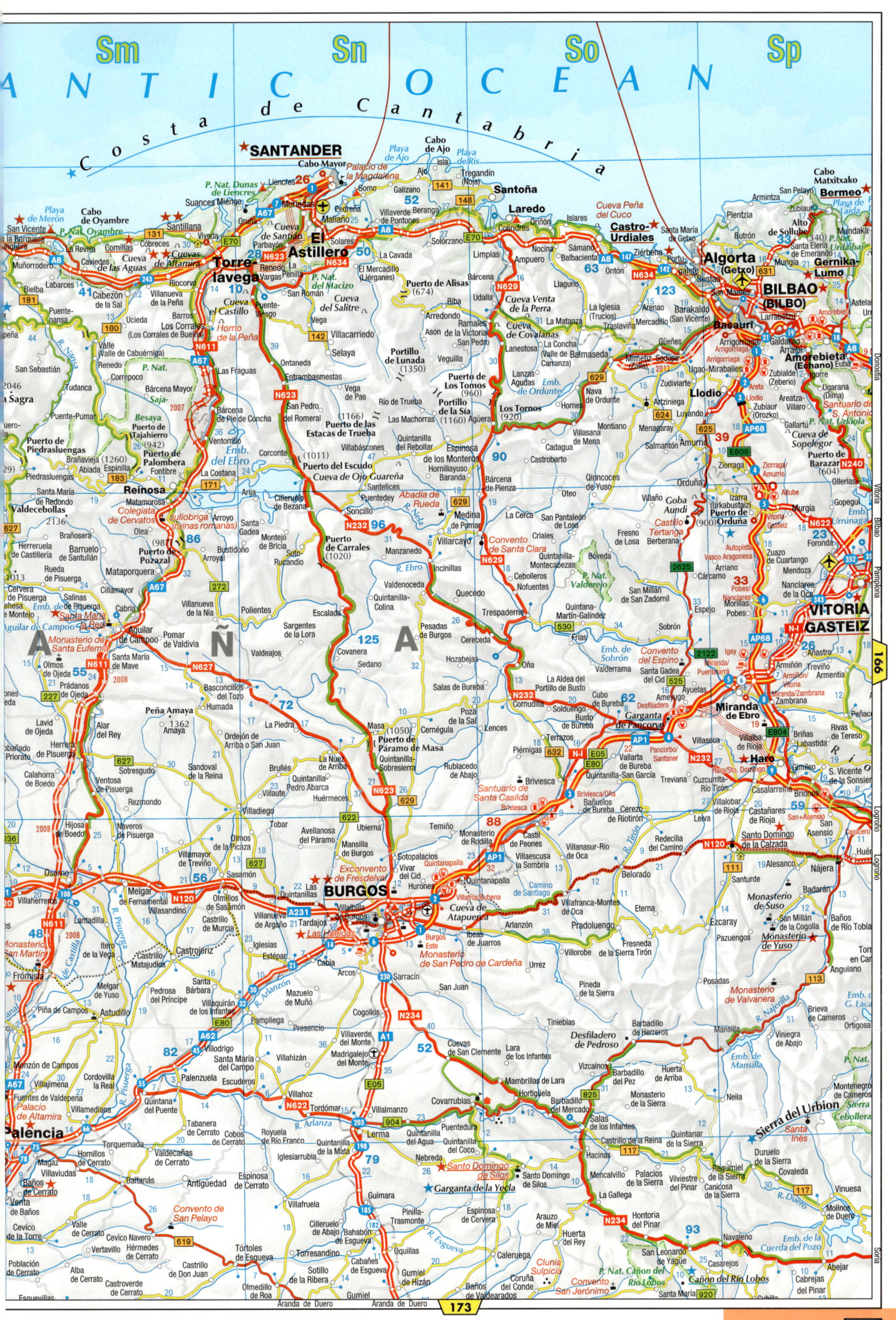

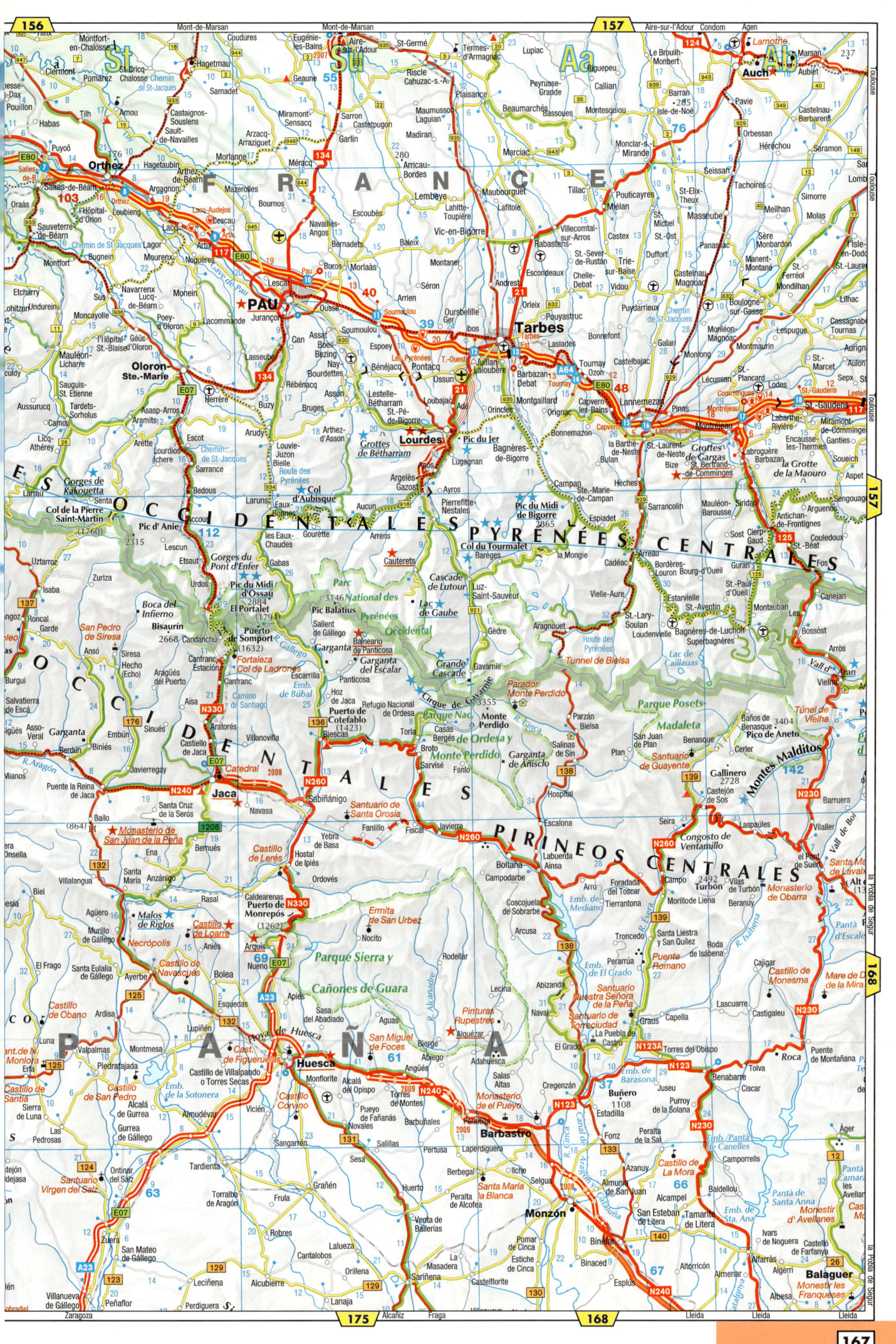

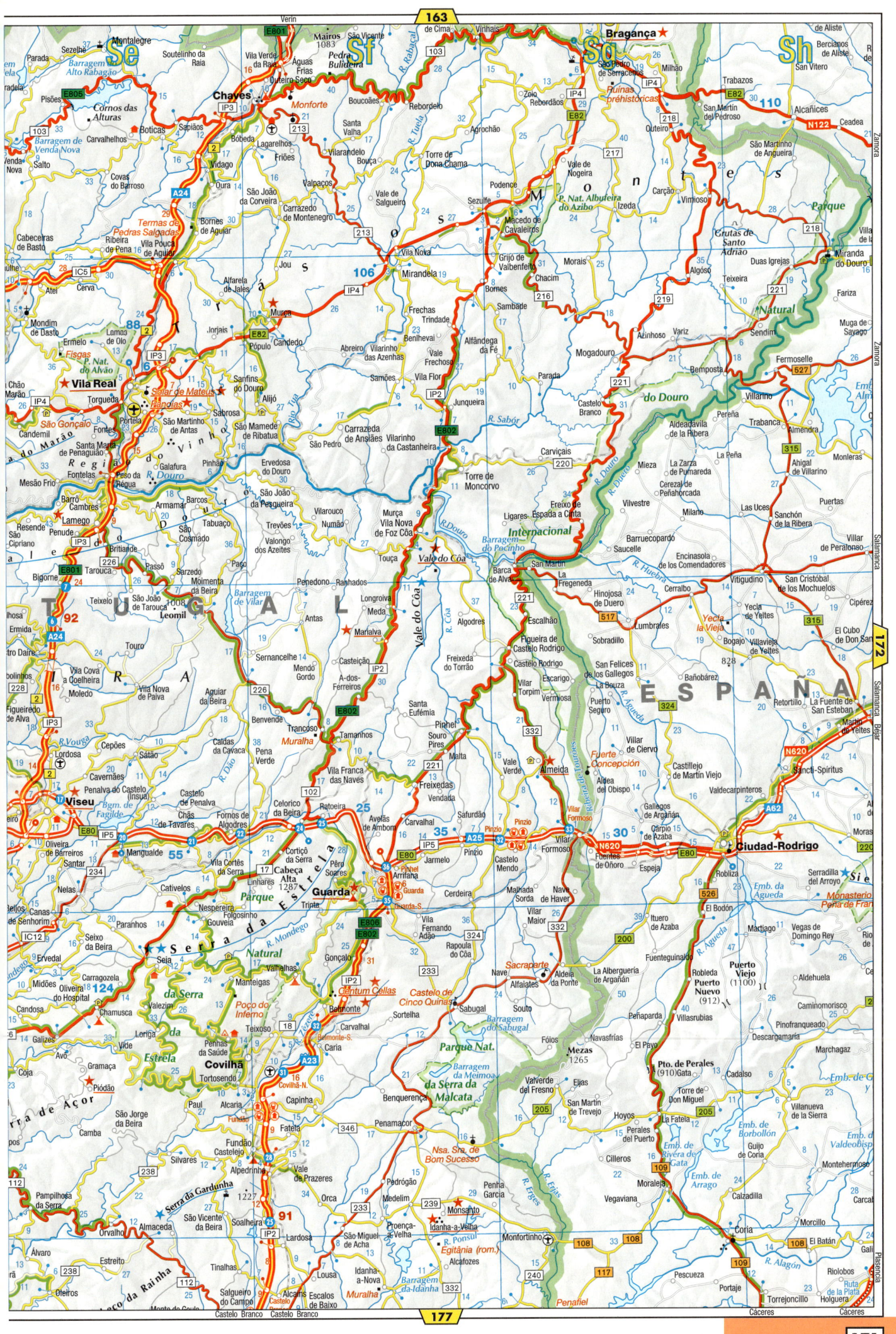

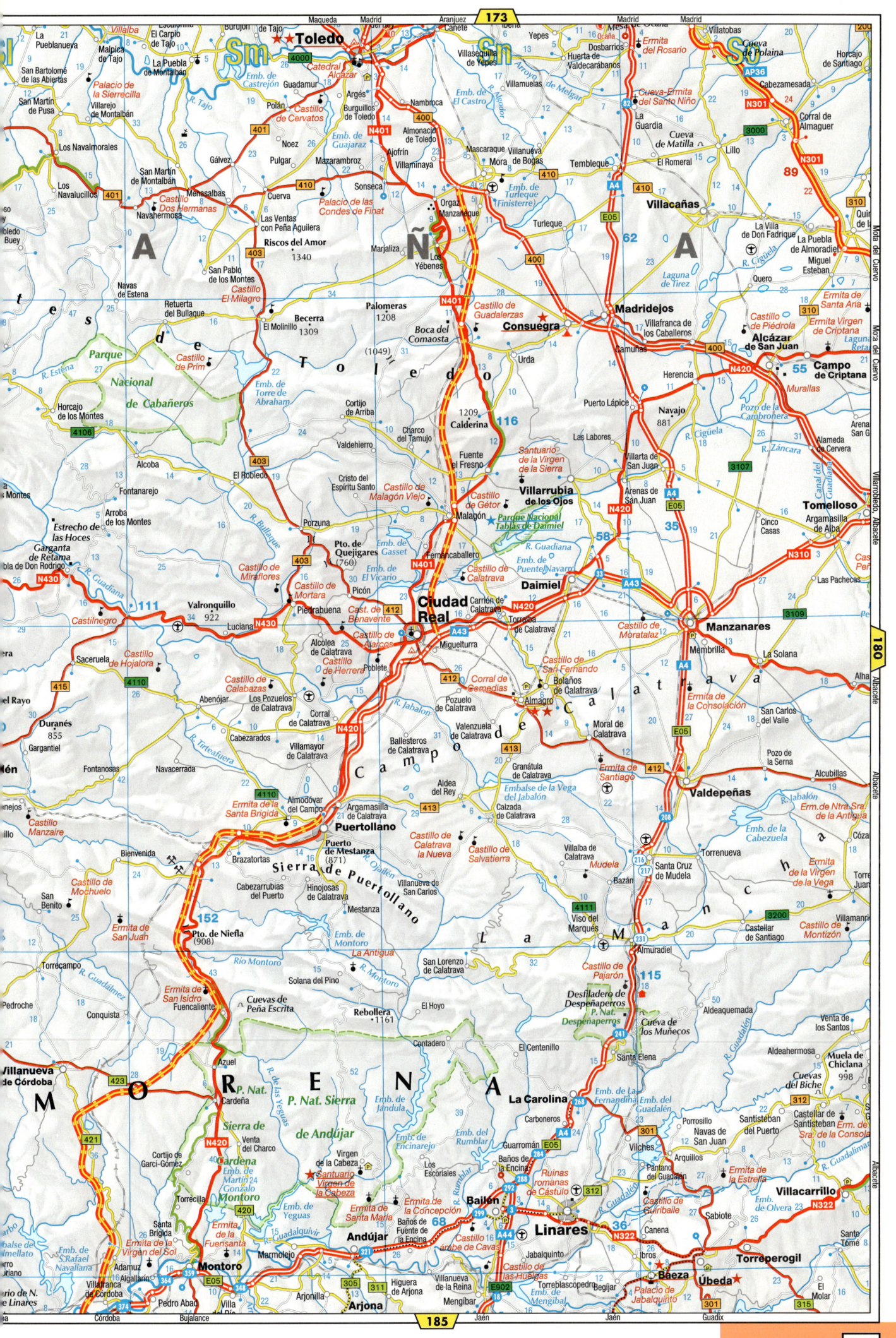

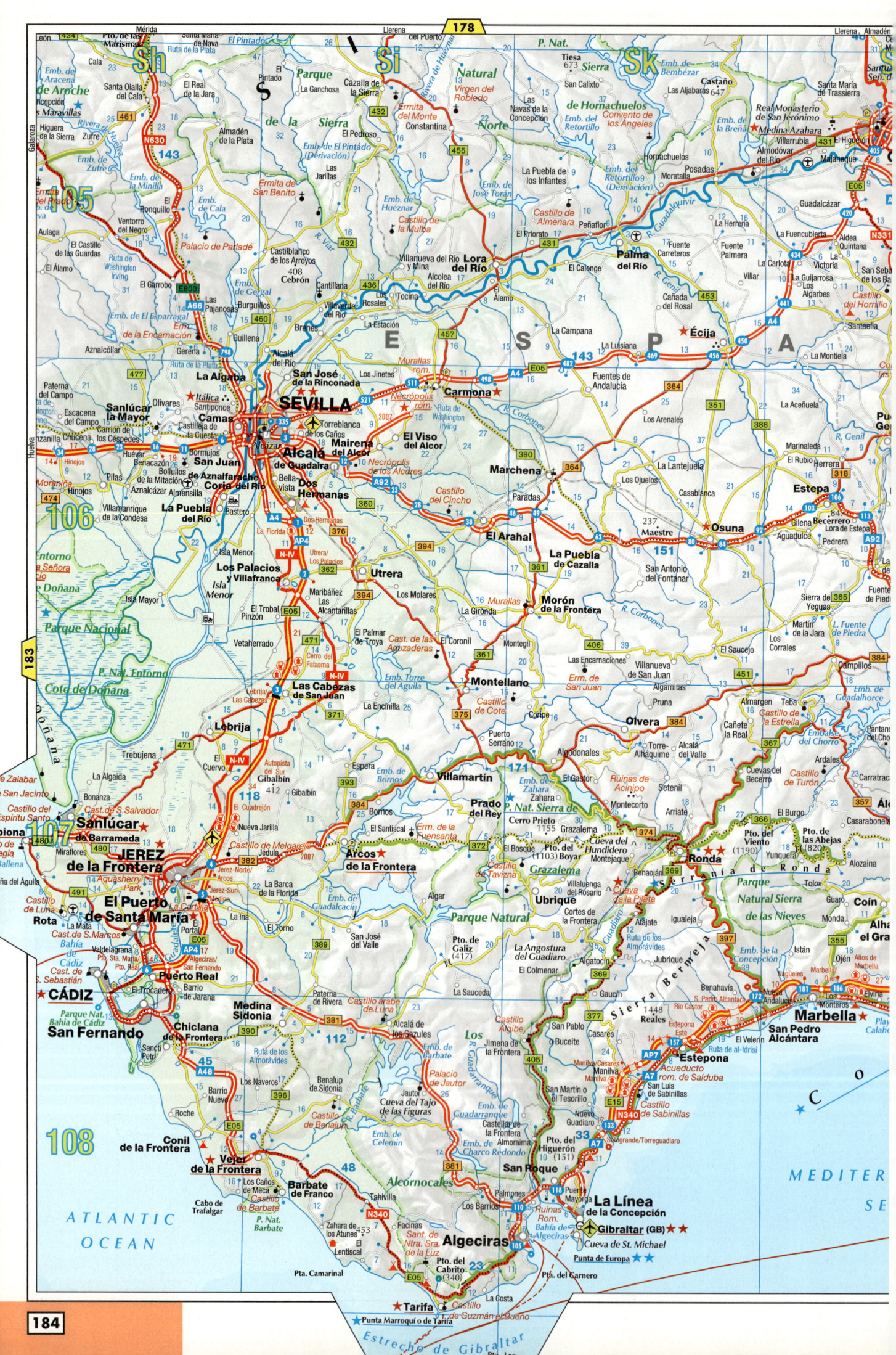

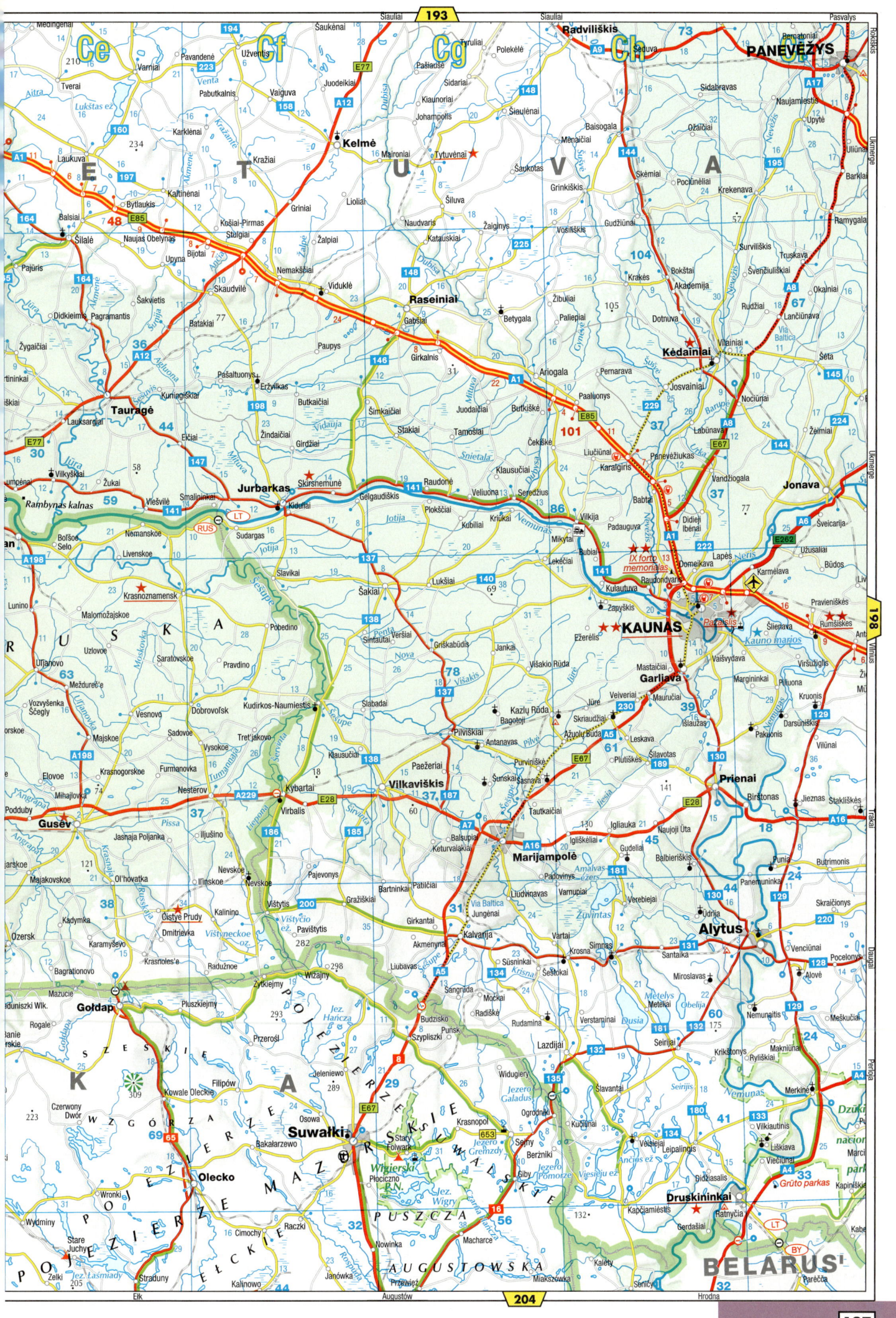

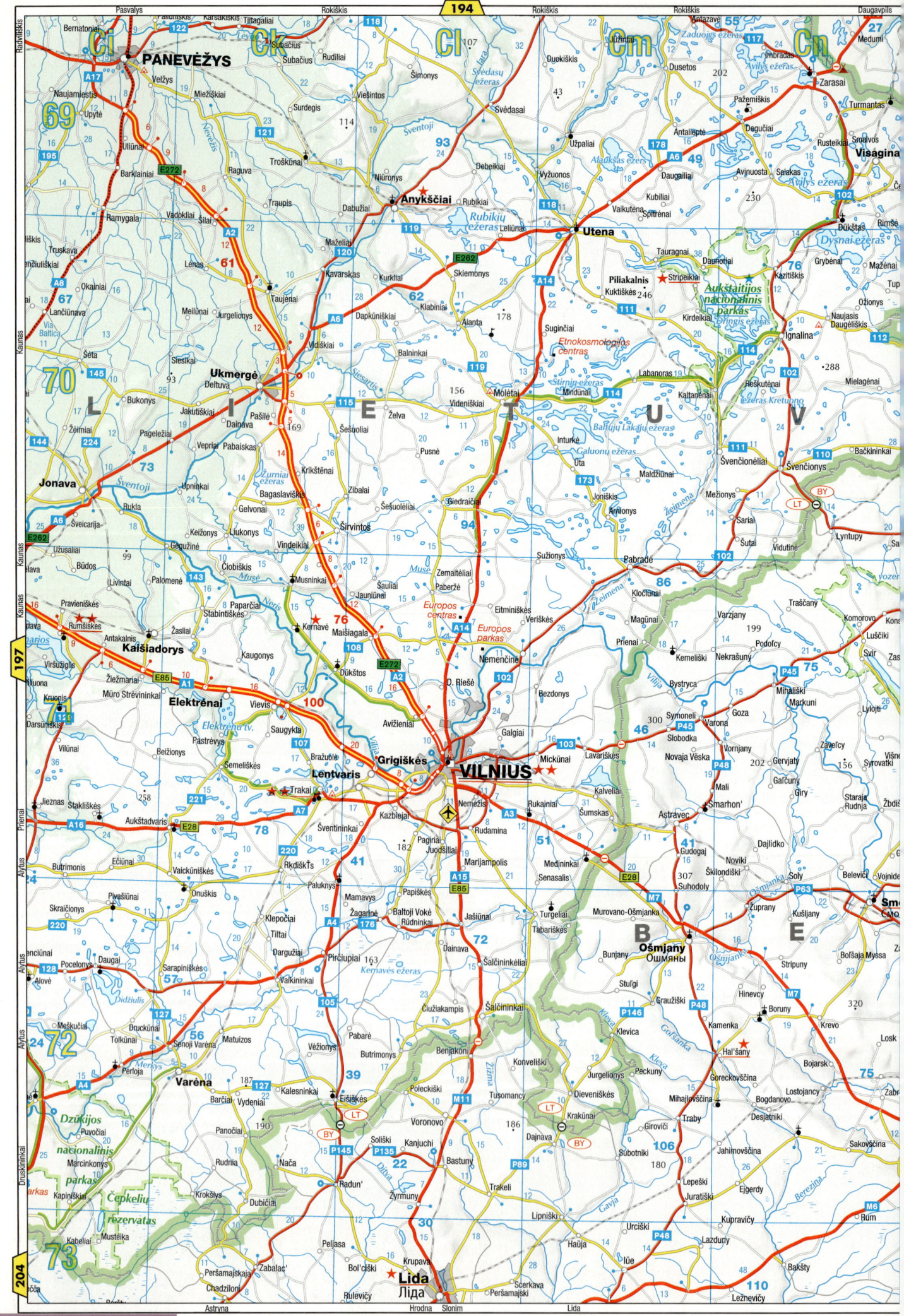

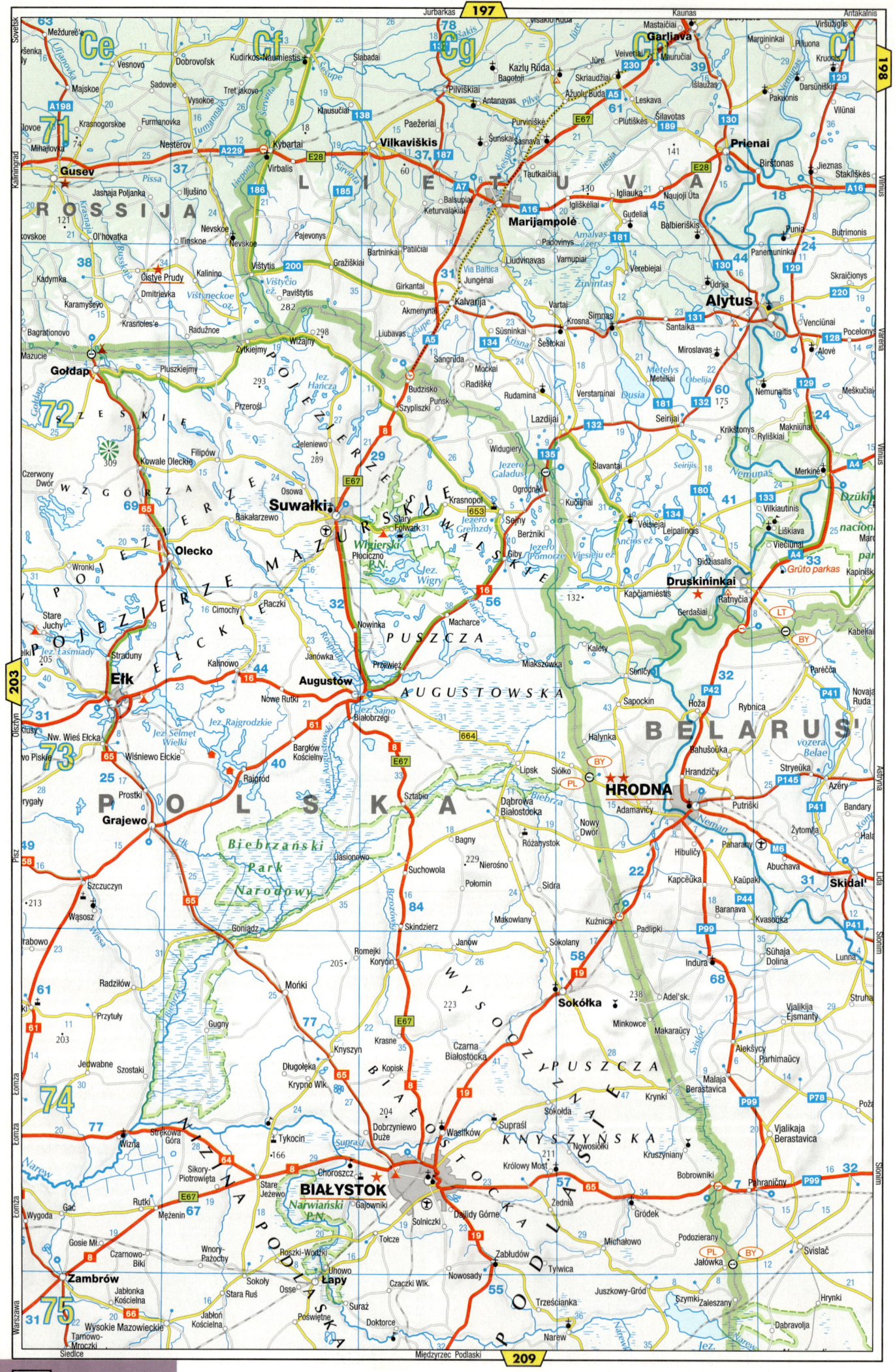

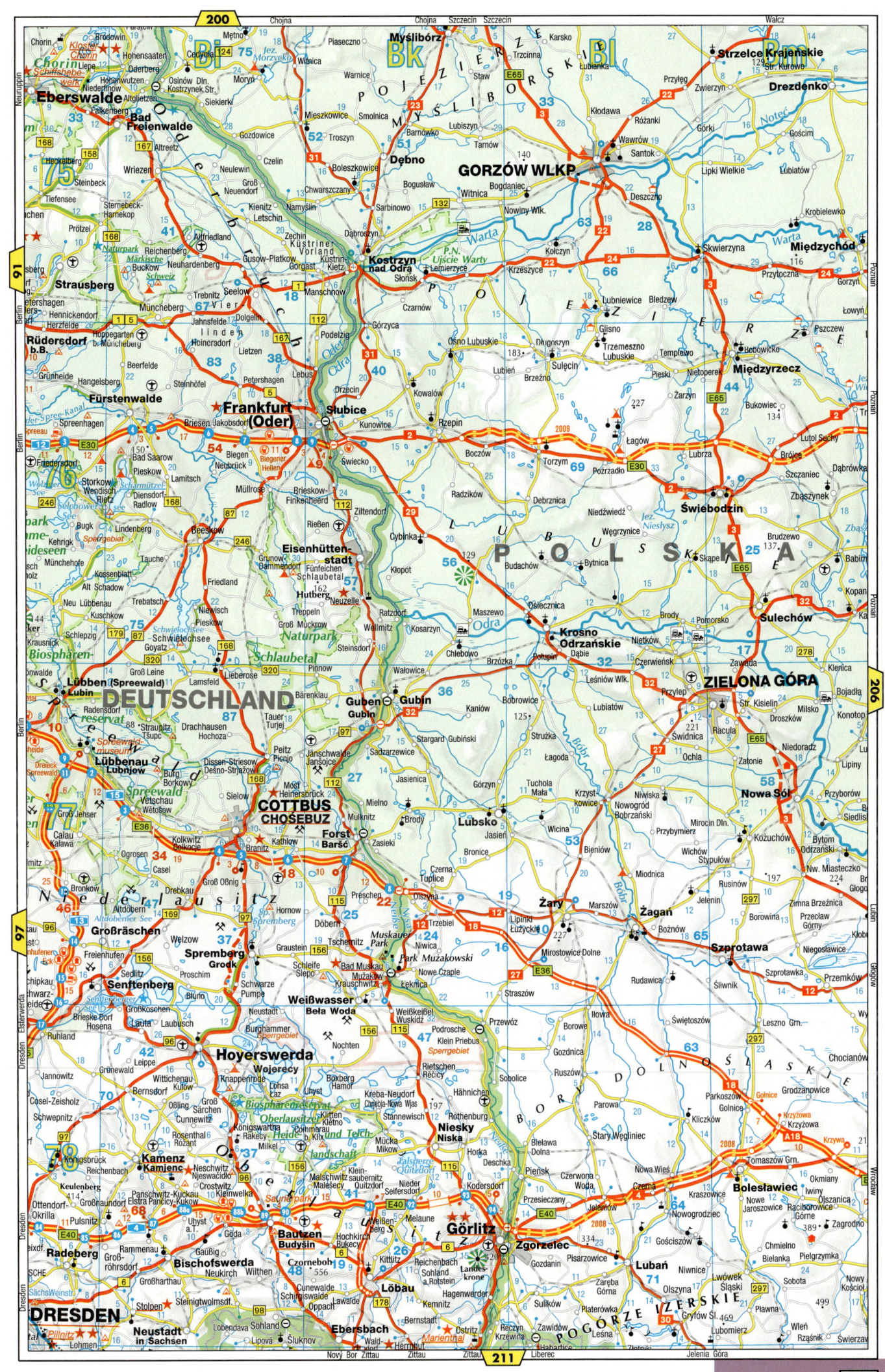

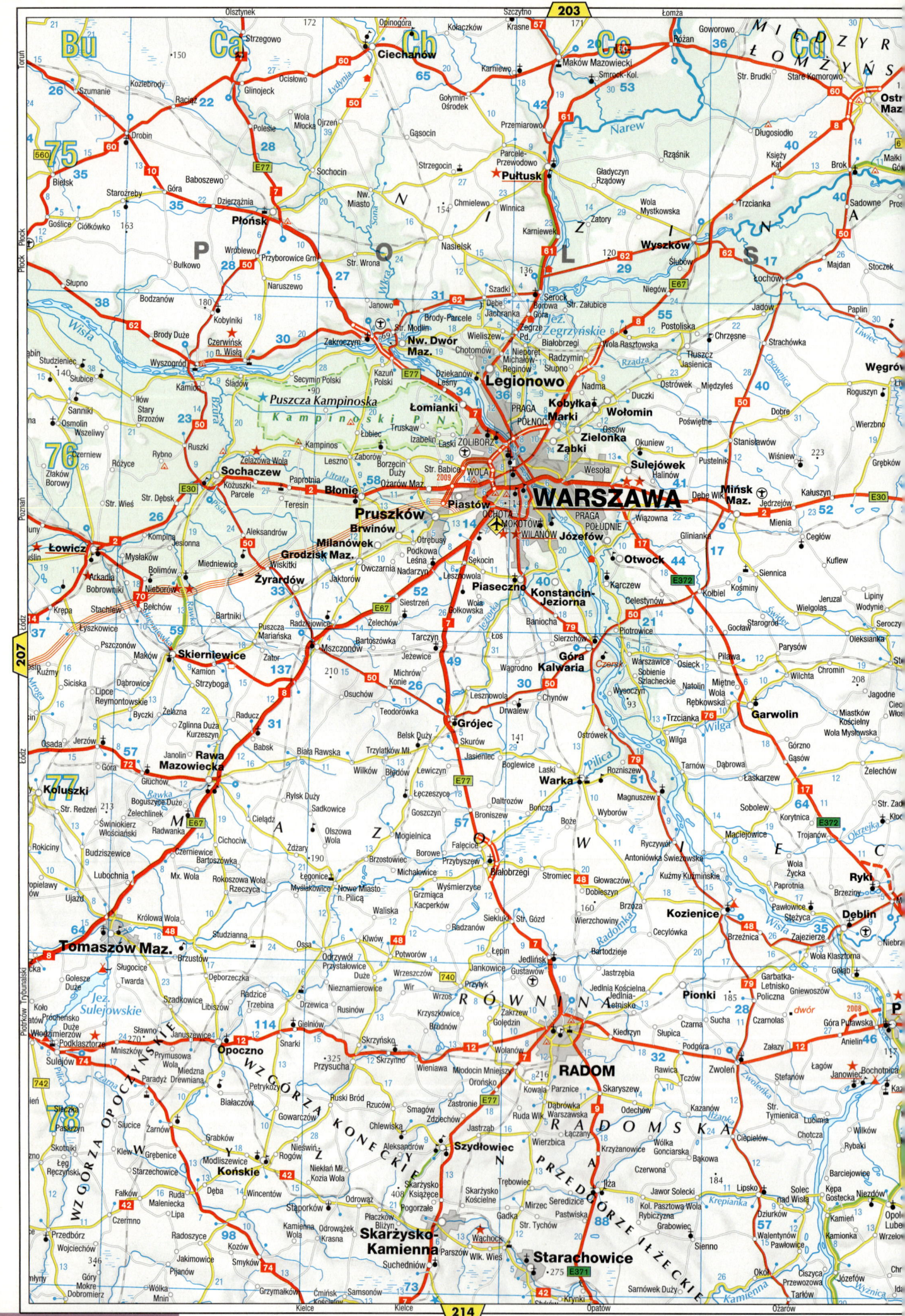

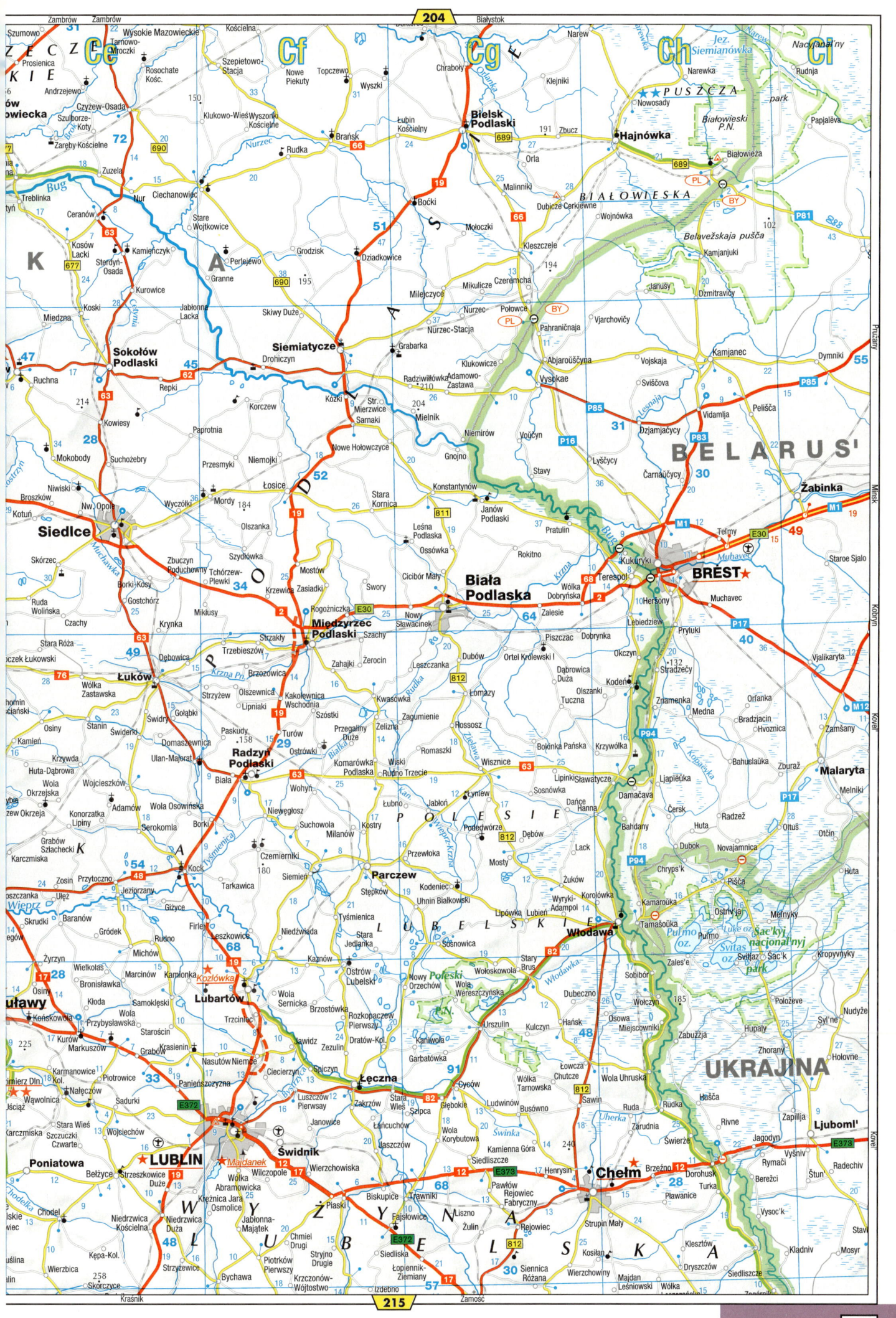

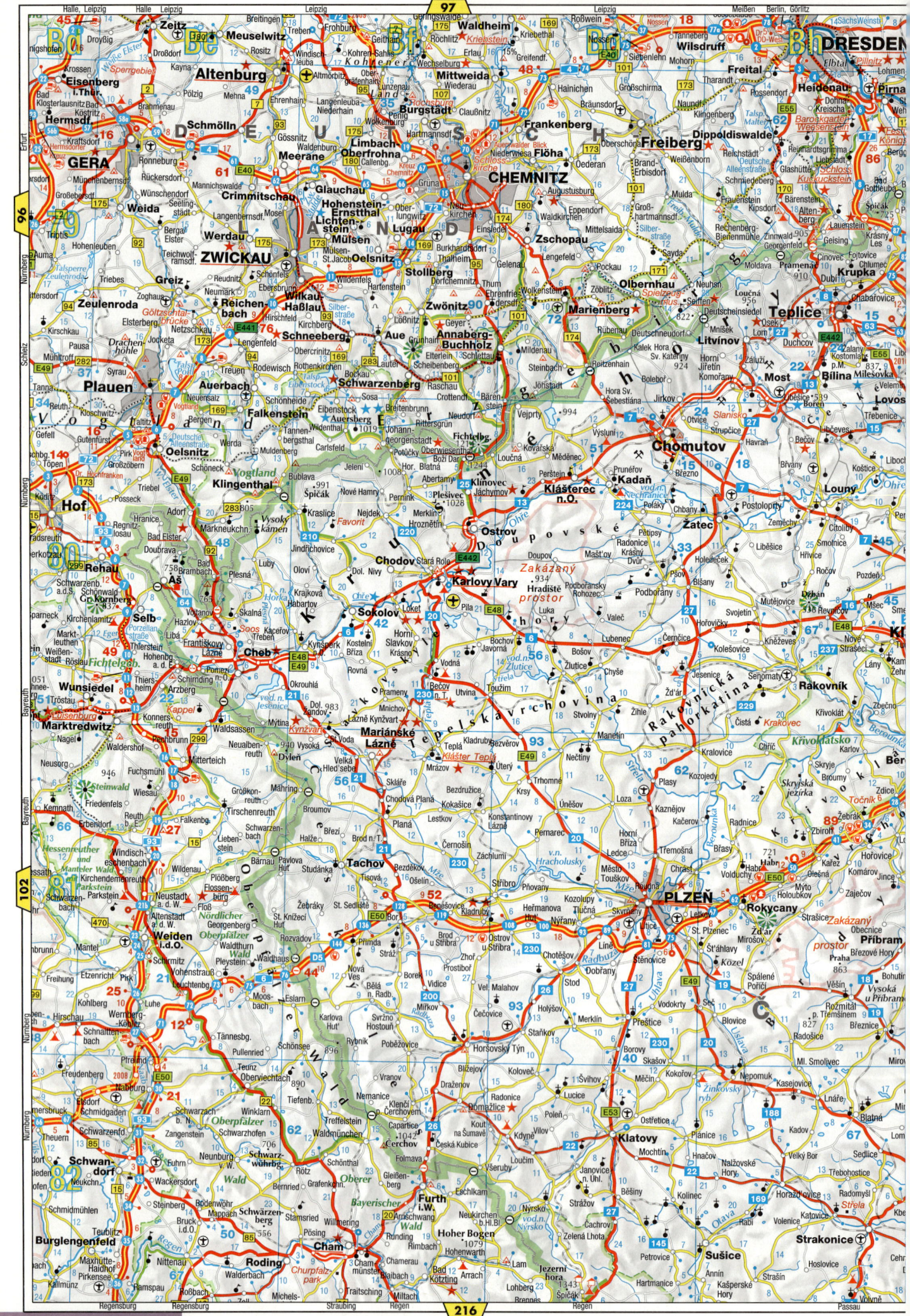

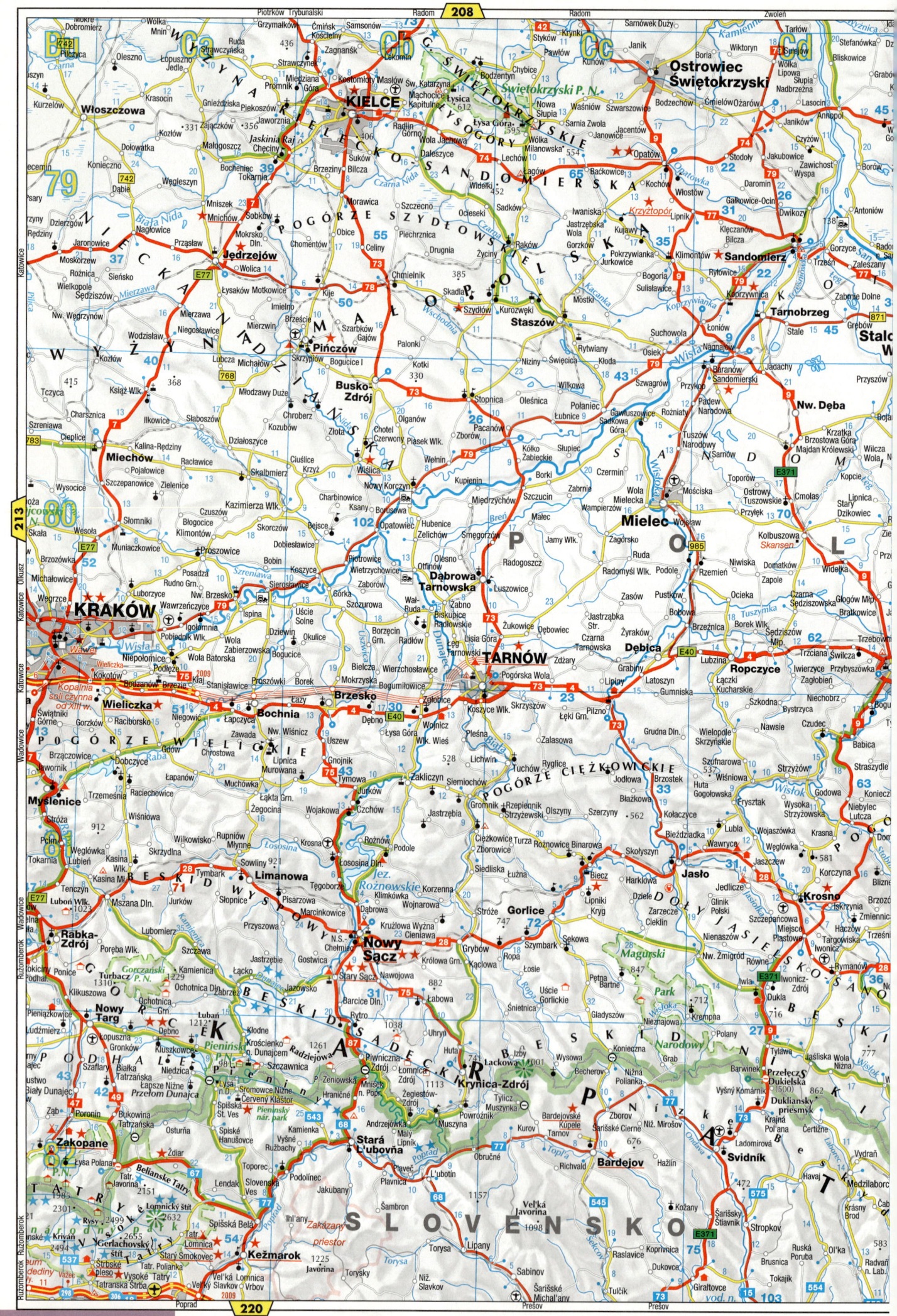

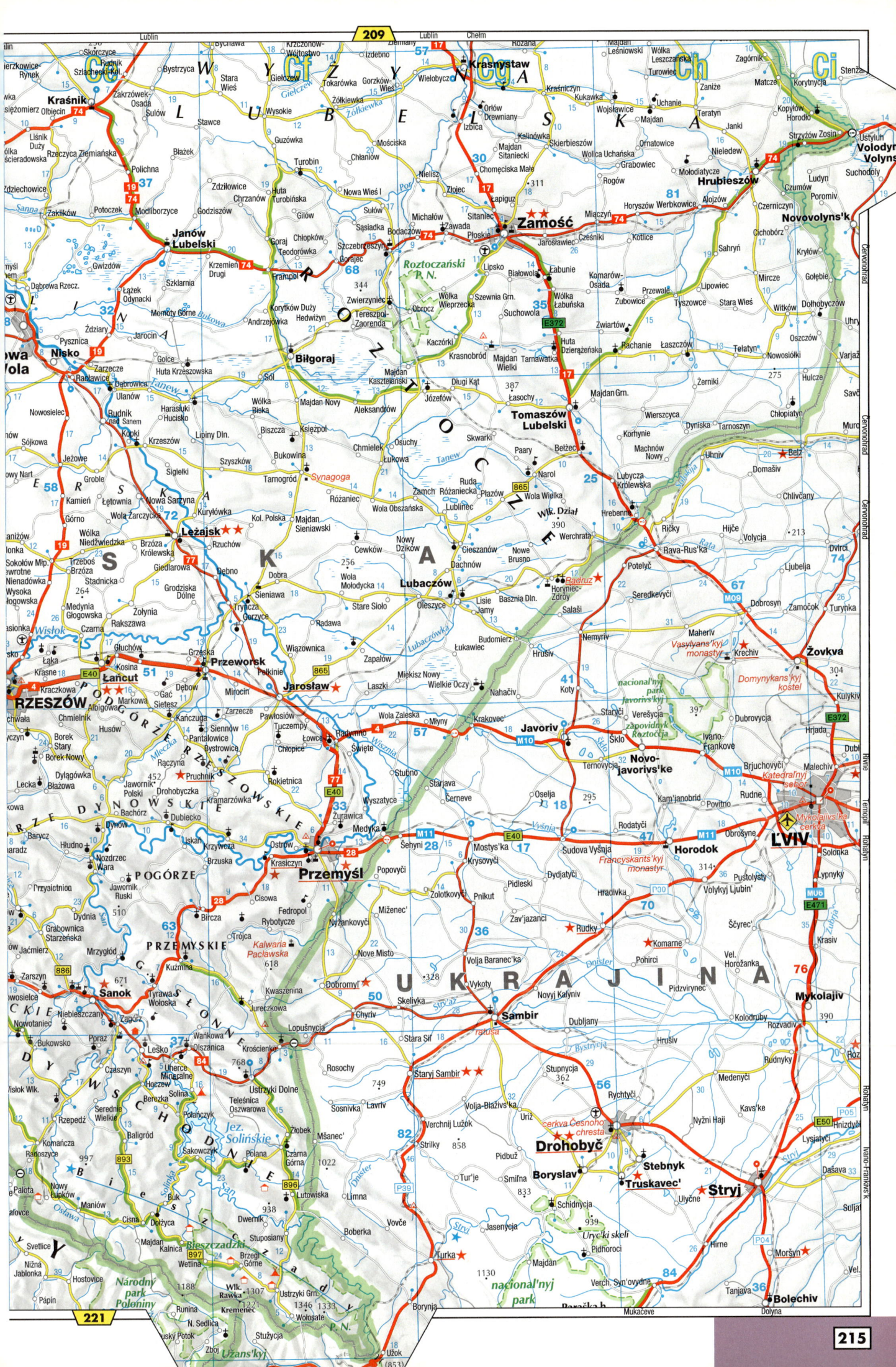

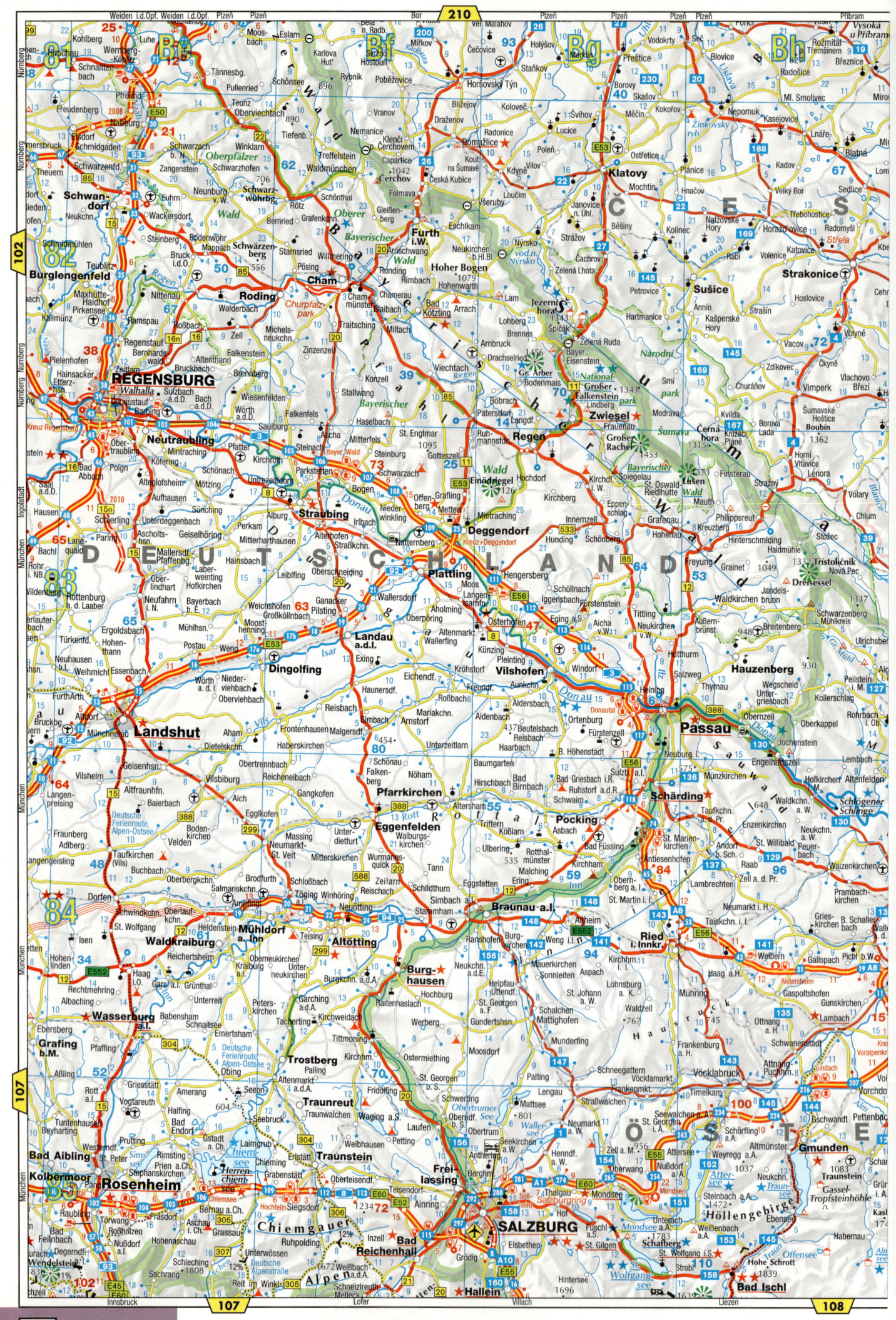

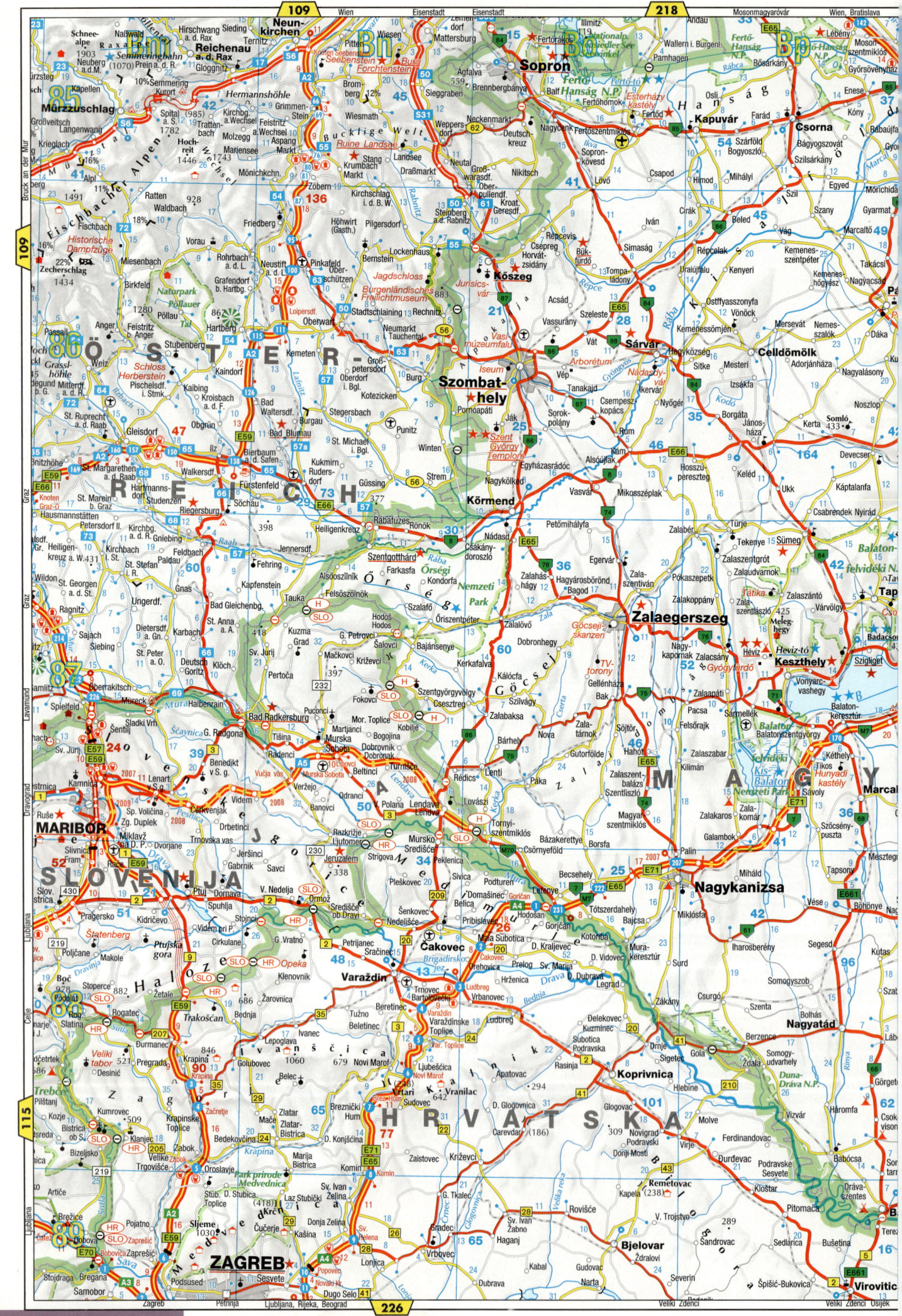

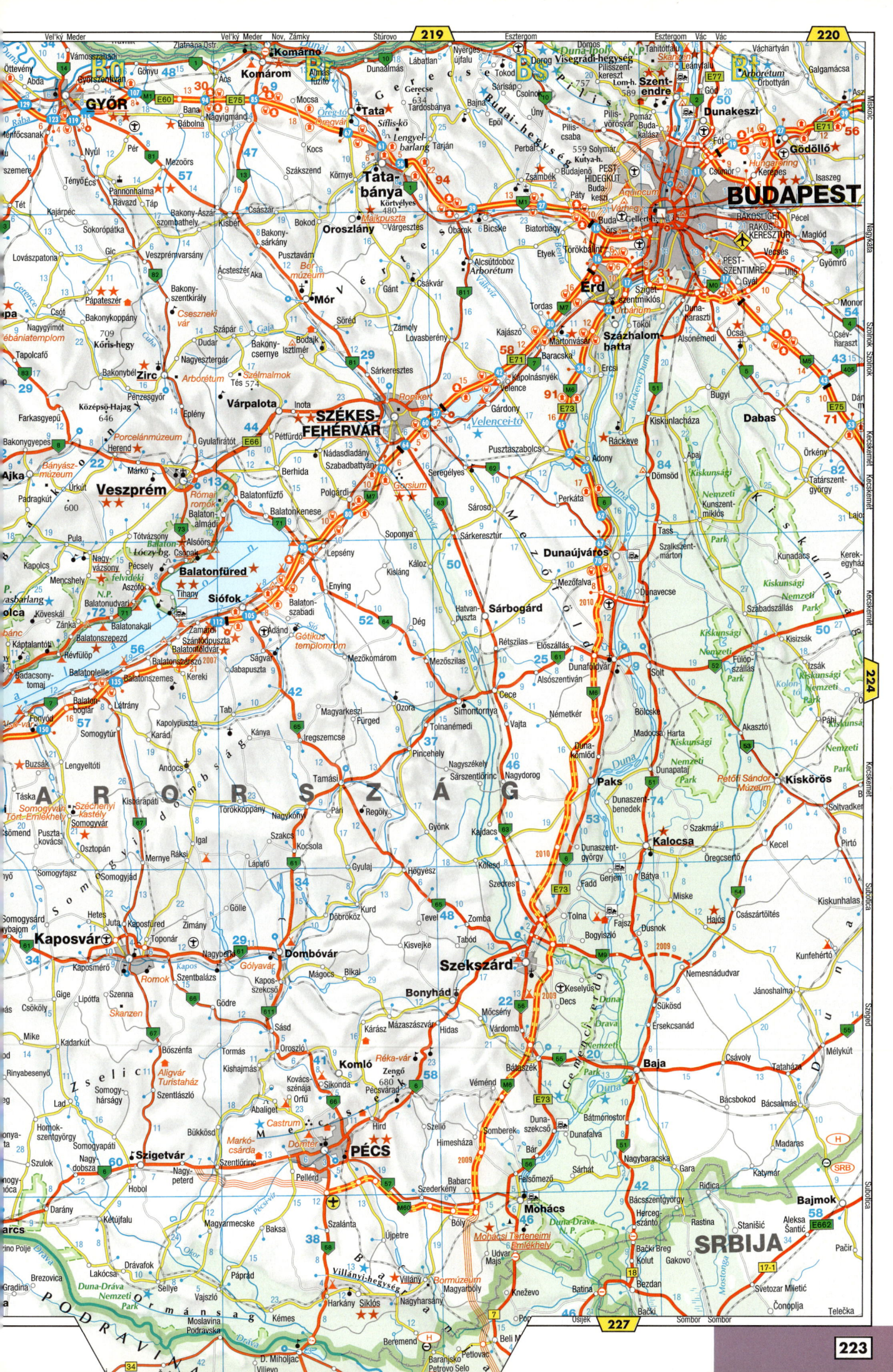

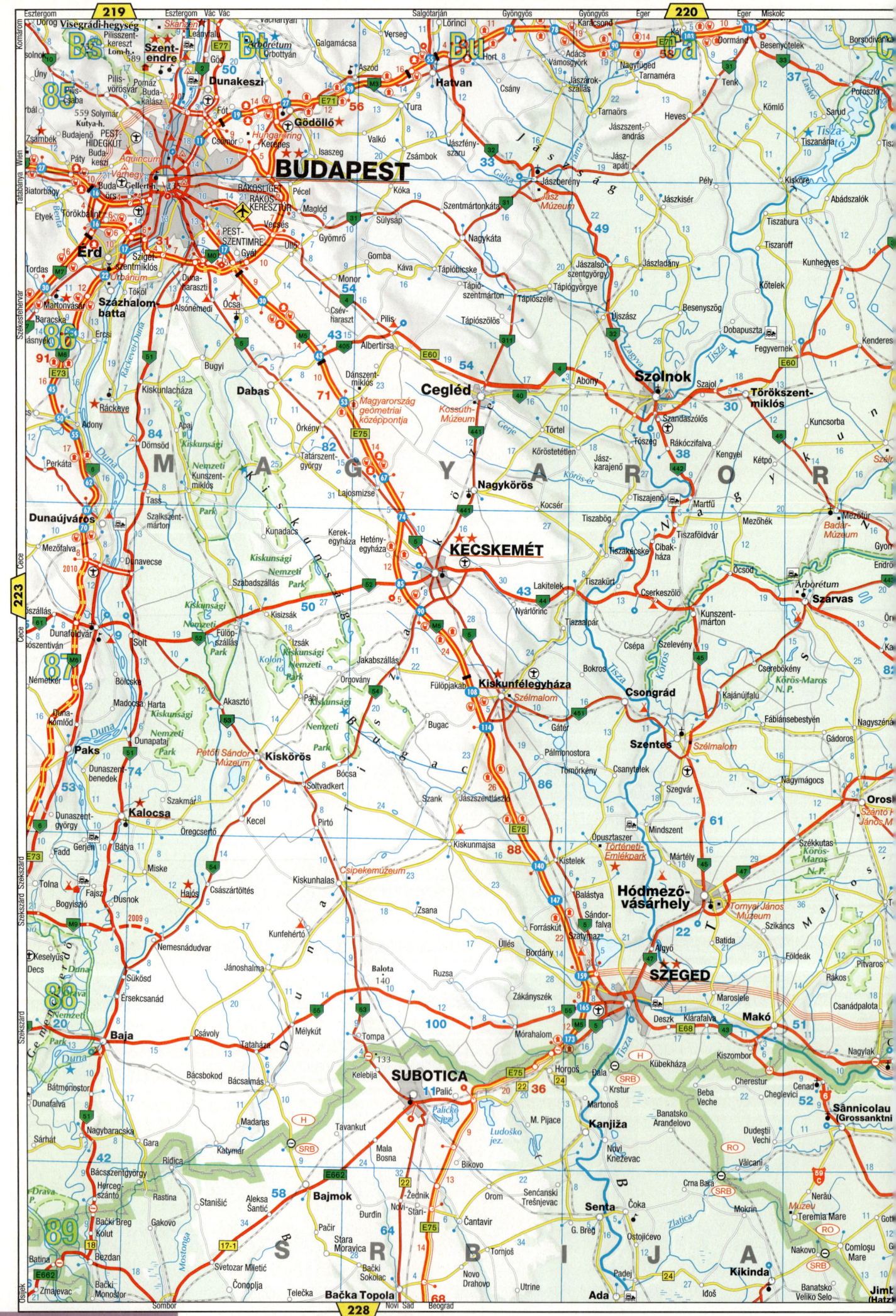

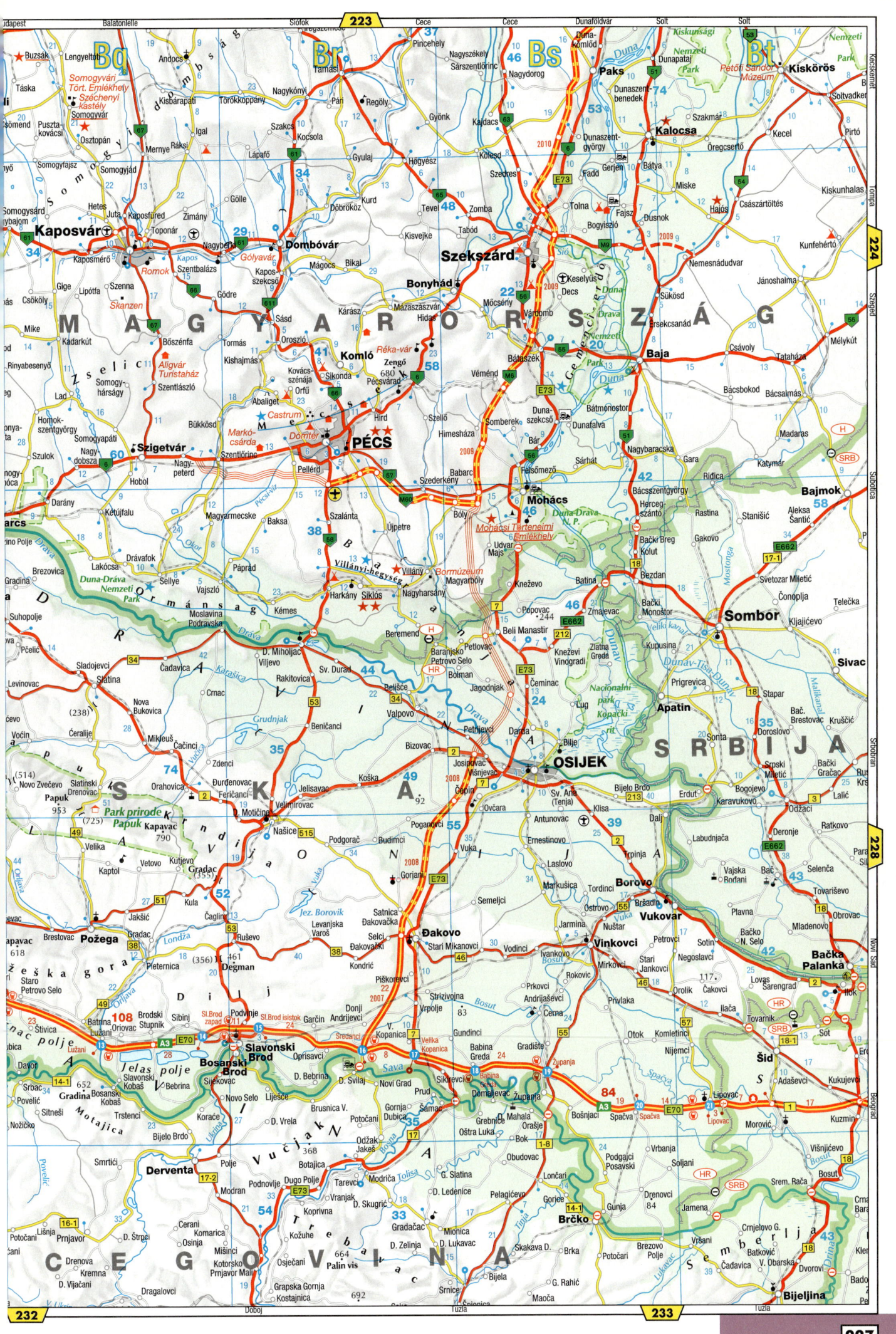

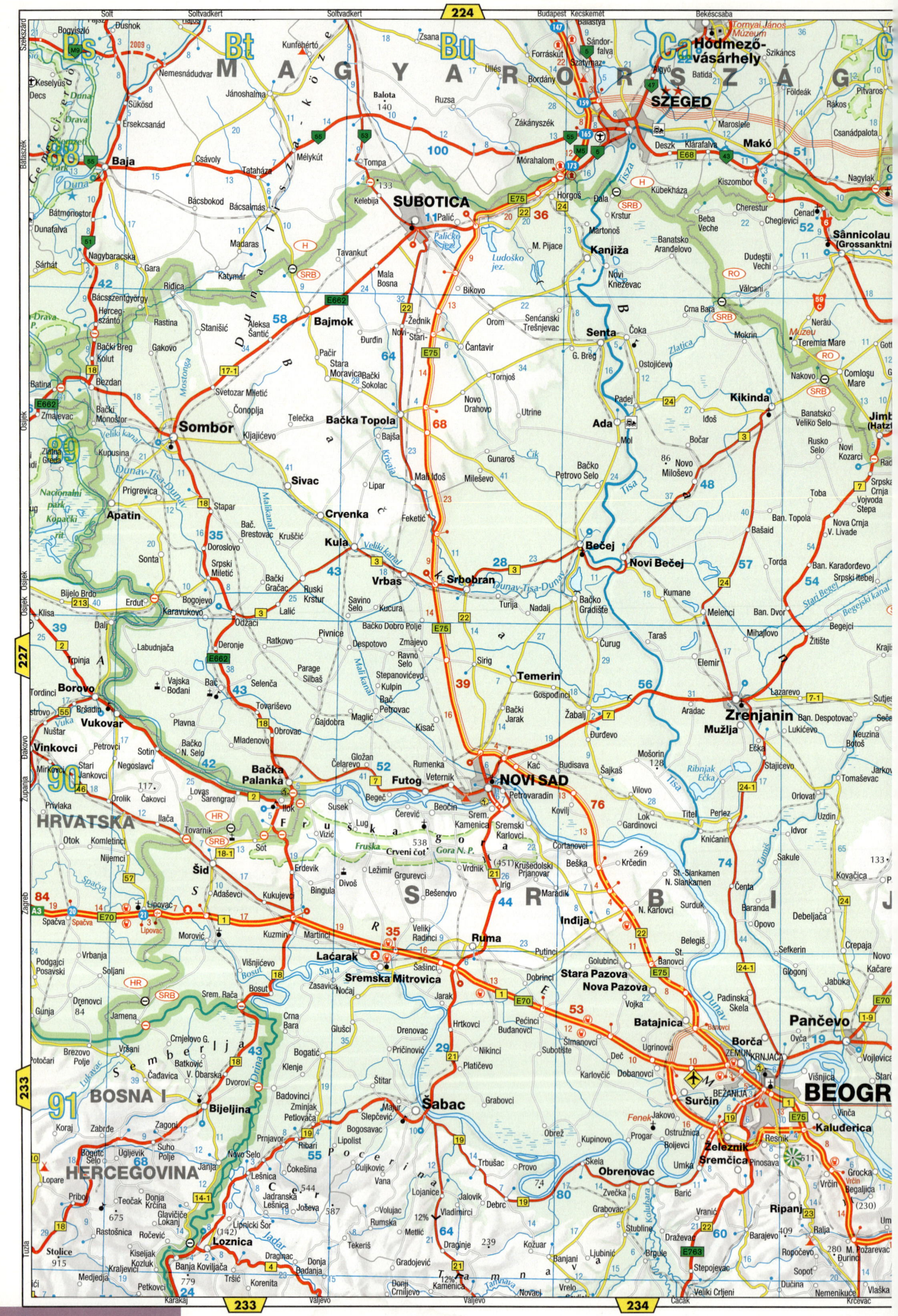

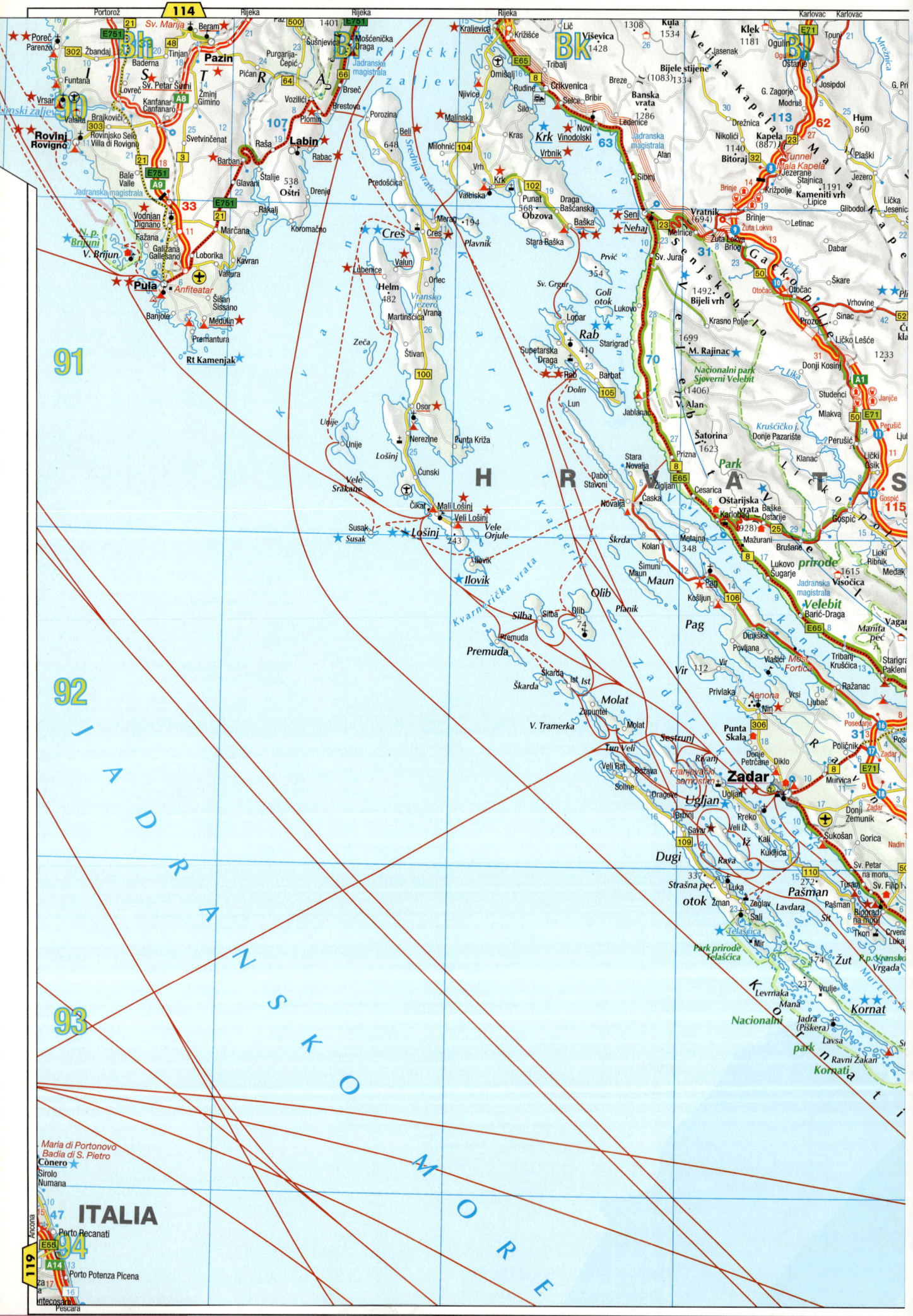

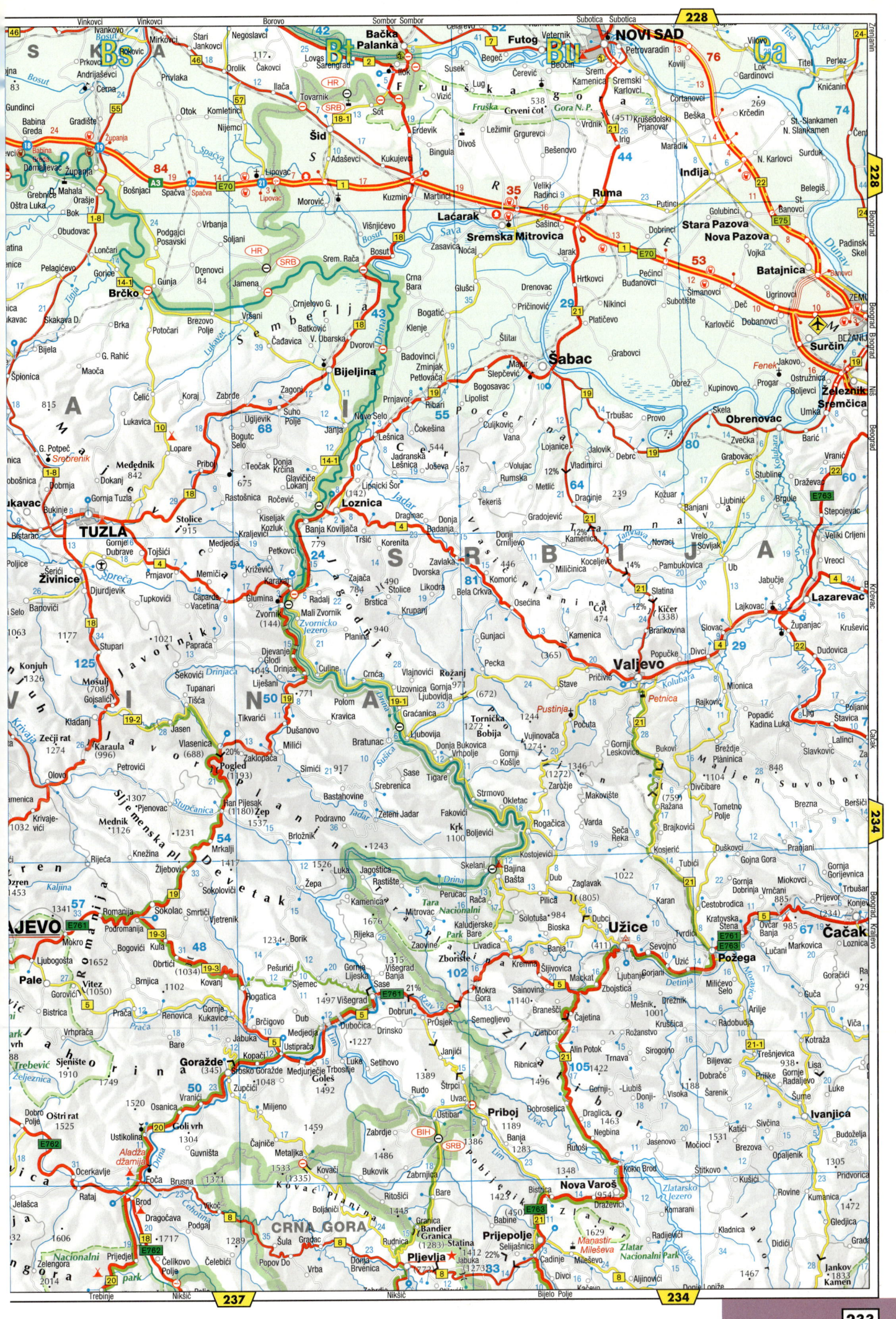

   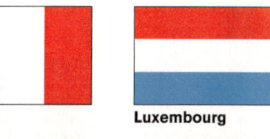

Deutschland Österreich United Kingdom Malta France Luxembourg

   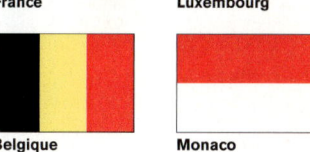

Liechtenstein Schweiz Republic of Ireland Belgique Monaco

Suisse

Zeichenerklärung | Legend | Légende

Deutsch	English		Français
Autobahn mit Anschlussstellen	Motorway with junctions		Autoroute avec points de jonction
Mautstelle - Tankstelle - Raststätte - Rasthaus mit Übernachtung - Autohof	Toll station - Filling-station - Road-side restaurant - Road-side restaurant and hotel - Truckstop		Gare de péage - Poste d'essence - Restaurant - Motel - Relais routier
Autobahn in Bau - Autobahn in Planung	Motorway under construction - Motorway projected		Autoroute en construction - Autoroute en projet
Autobahnähnliche Schnellstraße - in Bau	Dual carriageway with motorway characteristics - under construction		Chaussée double de type autoroutier - en construction
Straße mit getrennten Fahrbahnen - Durchgangsstraße	Dual carriageway - Thoroughfare		Route à chaussées séparées - Route de transit
Wichtige Hauptstraße - Hauptstraße - Nebenstraße	Important main road - Main road - Secondary road		Route principale importante - Route principale - Route secondaire
Straßen in Bau	Roads under construction		Routes en construction
Fahrweg (nur bedingt befahrbar) - Fußweg	Carriageway (use restricted) - Footpath		Chemin carrossable (praticabilité non assurée) - Sentier
Straße für Kraftfahrzeuge gesperrt - Steigung	Road closed for motor vehicles - Gradient		Route interdite aux véhicules à moteur - Montée
Pass - Wintersperre	Pass - Closure in winter		Col - Fermeture en hiver
Für Wohnanhänger nicht empfehlenswert - gesperrt - Autozug-Terminal	Not recommended - closed for caravans - Car-loading terminal		Non recommandée - interdite pour caravanes - Gare auto-train
Straßennummern	Road numbers		Numéros des routes
Kilometrierung an Autobahnen	Distances in km on motorways		Distances en km sur autoroutes
Kilometrierung an übrigen Straßen	Distances in km on other roads		Distances en km sur autres routes
In Großbritannien und Nordirland Entfernungen in Meilen	In Great Britain and Northern Ireland distances in miles		En Grande-Bretagne et Irlande du Nord distances en milles
Fernverkehrsbahn - Sonstige Eisenbahn	Main line railway - Secondary line railway		Chemin de fer: ligne à grand trafic - Chemin de fer: ligne à trafic secondaire
Zahnradbahn - Luftseilbahn	Rack-railway - Aerial cableway		Chemin de fer à crémaillère - Téléférique
Autofähre - Autofähre an Flüssen	Car ferry - Car ferry on river		Bac pour automobiles - Bac fluvial pour automobiles
Schifffahrtslinie - Eisenbahnfähre	Shipping route - Railway ferry		Ligne de navigation - Ferry-boat
Verkehrsflughafen - Regionalflughafen - Flugplatz	Airport - Regional airport - Airfield		Aéroport - Aéroport régional - Aérodrome
Kultur: Eine Reise wert	Culture: Worth a journey		Culture: Vaut le voyage
Kultur: Lohnt einen Umweg	Culture: Worth a detour		Culture: Mérite un détour
Landschaft: Eine Reise wert	Landscape: Worth a journey	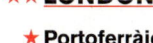	Paysage: Vaut le voyage
Landschaft: Lohnt einen Umweg	Landscape: Worth a detour	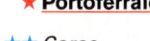	Paysage: Mérite un détour
Landschaftlich schöne Strecke - Touristenstraße	Route with beautiful scenery - Tourist route		Parcours pittoresque - Route touristique
Kirche - Kloster - Burg, Schloss - Moschee - Ruinen	Church - Monastery - Castle, palace - Mosque - Ruins		Église - Monastère - Château fort, château - Mosquée - Ruines
Ausgrabungs- oder Ruinenstätte - Turm - Leuchtturm	Archaeological excavation or ruins - Tower - Lighthouse		Site archéologique ou ruines - Tour - Phare
Denkmal - Höhle - Wasserfall - Sonstiges Objekt	Monument - Cave - Waterfall - Other object		Monument - Grotte - Cascade - Autre objet
Nationalpark, Naturpark	National park, nature park		Parc national, parc naturel
Aussichtspunkt	Point of view		Point de vue
Jugendherberge - Campingplatz	Youth hostel - Camping site		Auberge de jeunesse - Terrain de camping
Berghütte - Allein stehendes Hotel	Refuge - Isolated hotel		Refuge - Hôtel isolée
Sperrgebiet	Prohibited area		Zone interdite
Staatsgrenze - Grenzkontrollstelle - Grenzkontrollstelle mit Beschränkung	National boundary - Check-point - Check-point with restrictions	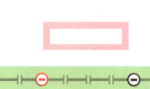	Frontière d'État - Point de contrôle - Point de contrôle avec restrictions
Hauptstadt	Capital	**PARIS**	Capitale

241

Italia

San Marino

España

Nederland

Città del Vaticano

Svizzera

Andorra

België

 I

 E

 NL

Legenda

Leyenda

Verklaring der tekens

Italiano	Español	Nederlands
Autostrada con svincoli	Autopista con accesos	Autosnelweg met aansluitingen
Stazione a barriera - Area di servizio - Area di ristoro in autostrada - Motel - Parco automobilistico	Estación de peaje - Estación de servicio - Albergue - Motel - Área de servicio y descanso	Tolkantoor - Tankstation - Restaurant - Motel - Truckstop
Autostrada in costruzione - Autostrada in progetto	Autopista en construcción - Autopista en proyecto	Autosnelweg in aanleg - Autosnelweg in ontwerp
Doppia carreggiata di tipo autostradale - in costruzione	Autovía - en construcción	Autoweg met gescheiden rijbanen - in aanleg
Strada a due carreggiate - Strada di attraversamento	Doble calzada - Carretera de tránsito	Weg met gescheiden rijbanen - Weg voor doorgaand verkeer
Strada principale importante - Strada principale - Strada secondaria	Carretera principal importante - Carretera principal - Carretera secundaria	Belangrijke hoofdweg - Hoofdweg - Secundaire weg
Strade in costruzione	Carreteras en construcción	Wegen in aanleg
Sentiero carrabile (traffico ristretto) - Sentiero	Camino carretero (tránsito restringido) - Senda	Rijweg (beperkt berijdbaar) - Voetpad
Strada vietata ai veicoli a motore - Pendenza	Carretera cerrada para automóviles - Pendiente	Gesloten voor motorvoertuigen - Stijging
Passo - Chiusura invernale	Puerto de montaña - Cerrado en invierno	Bergpas - Winterafsluiting
Non consigliata - vietata al transito di caravan - Terminal auto al seguito	No recomendada - cerrada para caravanes - Terminal autoexpreso	Voor caravans niet aan te bevelen - verboden - Autotrein-terminal
Numeri di strade	Números de carreteras	Wegnummers
Distanze in km su autostrade	Distancias en km en autopistas	Kilometering op autosnelwegen
Distanze in km su altre strade	Distancias en km en otras carreteras	Kilometering op overige wegen
In Gran Bretagna e Irlanda del Nord distanze in miglia	En Gran Bretaña y Irlanda del Norte distancias en leguas	In Groot-Brittannië en Noord-Ierland afstanden in mijlen
Ferrovia principale - Ferrovia secondaria	Línea principal de ferrocarril - Línea secundaria de ferrocarril	Belangrijke spoorweg - Andere spoorweg
Ferrovia a cremagliera - Funivia	Ferrocarril de cremallera - Teleférico	Tandradbaan - Kabelbaan
Traghetto auto - Trasporto auto fluviale	Ferry - Paso de automóviles en barca	Autoveer - Autoveer over rivieren
Linea marittima - Traghetto ferroviario	Ruta marítima - Transbordador para ferrocarriles	Scheepvaartroute - Spoorwegveer
Aeroporto - Aeroporto regionale - Aerodromo	Aeropuerto - Aeropuerto regional - Aeródromo	Luchthaven - Regionaal luchthaven - Vliegveld
Cultura: Merita un viaggio	Cultura: Merece ser visitado	Cultuur: Een reis waard
Cultura: Merita una deviazione	Cultura: Merece hacer un rodeo	Cultuur: Is een omweg waard
Paesaggio: Merita un viaggio	Paisaje: Merece ser visitado	Landschap: Een reis waard
Paesaggio: Merita una deviazione	Paisaje: Merece hacer un rodeo	Landschap: Is een omweg waard
Percorso pittoresco - Strada turistica	Ruta pintoresca - Ruta turística	Landschappelijk mooie route - Toeristische route
Chiesa - Monastero - Fortezza, castello - Moschea - Rovine	Iglesia - Monasterio - Castillo, palacio - Mezquita - Ruinas	Kerk - Klooster - Burcht, kasteel - Moskee - Ruïnes
Scavo o rovine - Torre - Faro	Escavación o ruinas historicas - Torre - Faro	Uitgraving of ruïne - Toren - Vuurtoren
Monumento - Grotta - Cascata - Altro oggetto	Monumento - Cueva - Caterata - Otro objeto	Monument - Grot - Waterval - Ander object
Parco nazionale, parco naturale	Parque nacional, parque natural	Nationaalpark, natuurpark
Punto panoramico	Vista panorámica	Uitzichtpunt
Ostello della gioventù - Campeggio	Albergue juvenil - Camping	Jeugdherberg - Kampeerterrein
Rifugio - Albergo isolato	Refugio - Hotel aislado	Berghut - Afgelegen hotel
Zona vietata	Zona prohibida	Afgesloten gebied
Confine di Stato - Punto di controllo - Punto di controllo con restrizioni	Frontera nacional - Control - Control con restricciónes	Rijksgrens - Grenspost - Grenspost met restrictie
Capitale di Stato	Capital	Hoofdstad

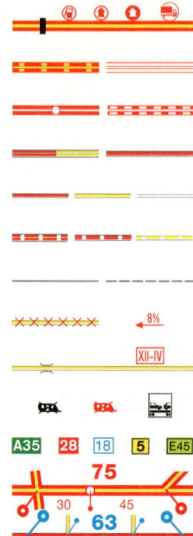
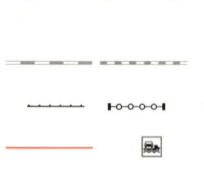

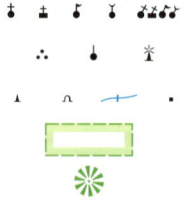

Danmark

Sverige

Finland

Polska

Tegnforklaring

Motorvej med tilkørsler
Vejafgiftsstation - Tankanlæg - Rastested - Rasteplads med overnatning - Motorvejsstation
Motorvej under opførelse - Motorvej under planlægning
Motortrafikvej med to vejbaner - under opførelse
Vej med to vejbaner - Gennemfartsvej
Vigtig hovedvej - Hovedvej - Bivej
Veje under opførelse
Mindre vej (kun begrænset farbar) - Gangsti
Vej spærret for motortrafik - Stigning
Pas - Vinterlukning
Ikke anbefalet - forbudt for campingvogne - Autotog-terminal
Vejnumre
Kilometerangivelse ved motorveje
Kilometerangivelse ved øvrige veje
I Storbritannien og Nordirland afstænder i mils
Jernbane med fjerntrafik - Anden jernbane
Tandhjulsbane - Svævebane
Bilfærge - Bilfærge på flod
Skibsrute - Jernbanefærge
Lufthavn - Regional lufthavn - Flyveplads
Kultur: En rejse værd
Kultur: En omvej kan betale sig
Landskab: En rejse værd
Landskab: En omvej kan betale sig
Landskabelig smuk vejstrækning - Turistrute
Kirke - Kloster - Borg, slot - Moské - Ruin
Udgravnings- eller ruinsted - Tårn - Fyrtårn
Mindesmærke - Hule - Vandfald - Anden objekt
Nationalpark, naturpark
Udsigtspunkt
Vandrerhjem - Campingplads
Bjerghytte - Enlig hotel
Spærret område
Statsgrænse - Grænsekontrol - Grænsekontrol med indskrænkning
Hovedstad

Teckenförklaring

Motorväg med trafikplatser
Vägavgiftstation - Bensinstation - Vägrestaurang - Vägrestaurang med hotell - Truck-stop
Motorväg under byggnad - Motorväg under planerad
Motortrafikled - under byggnad
Väg med två skilda körbanor - Genomfartsled
Viktig huvudled - Huvudled - Sidoväg
Vägar under byggnad
Körväg (delvis användbar för biltrafik) - Gångväg
Avstängd väg för motortrafik - Stigning
Pass - Avstängd vintertid
Ej lämplig för husvagn - spärrad för husvagn - Lastningsstation för motorfordon
Vägnummer
Kilometerangivelse vid motorvägar
Kilometerangivelse vid övriga vägar
I Storbritannien och Nordirland avstånd i mil
Större järnväg - Övrig järnväg
Kugghjulsbana - Linbana
Bilfärja - Flodfärja
Sjöfartslinje - Tågfärja
Flygplats - Lokalflygplats - Flygfält
Kultur: Värd en resa
Kultur: Alltid lönande med en omväg
Landskap: Värd en resa
Landskap: Alltid lönande med en omväg
Naturskön sträcka - Turistled
Kyrka - Kloster - Borg, slott - Moské - Ruiner
Utgrävnings- eller ruinplats - Torn - Fyrtorn
Monument - Grotta - Vattenfall - Annat objekt
Nationalpark, naturpark
Utsiktsplats
Vandrarhem - Campingplats
Fjällstuga - Enslig hotell
Spärrzon
Statsgräns - Gränskontrollstation - Gränskontrollstation med inskränkning
Huvudstad

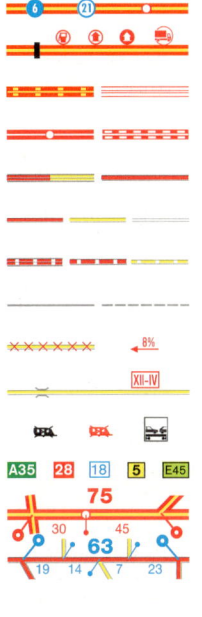
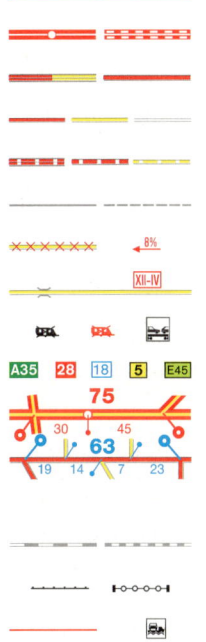
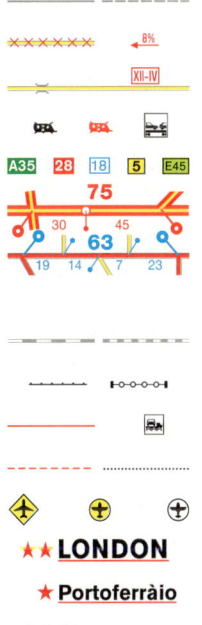

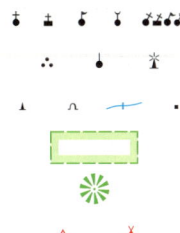

Legenda

Autostrada z węzłami
Płatna rogatka - Stacja benzynowa - Zajazd - Motel - Postój ciężarówek noclegi dla kierowców
Autostrada w budowie - Autostrada projektowana
Autostradopodobna droga szybkiego ruchu - w budowie
Droga dwujezdniowa - Droga przelotowa
Ważna droga główna - Droga główna - Droga drugorzędna
Drogi w budowie
Droga bita (o ograniczonej przejezdności) - Droga dla pieszych
Droga zamknięta dla ruchu samochodowego - Stromy podjazd
Przełęcz - Zamknięcie w zimie
Wjazd z przyczepą kempingową niezalecany - zakazany - Stacja przeładunkowa dla samochodu
Numery dróg
Odległość w km na autostradzie
Odległość w km na innych drogach
W Wielkiej Brytanii i Irlandii Północnej odległości w milach
Kolej główna - Kolej drugorzędna
Kolej zębata - Kolej linowa napowietrzna
Prom samochodowy - Prom rzeczny samochodowy
Linia żeglugowa - Prom kolejowy
Port lotniczy - Lotnisko regionalne - Lotnisko
Zabytek kulturowy: Warto podróży
Zabytek kulturowy: Opłaca się nadłożyć drogi
Zabytek krajobrazowy: Warte podróży
Zabytek krajobrazowy: Opłaca się nadłożyć drogi
Droga piękna widokowa - Droga turystyczna
Kościół - Klasztor - Zamek, pałac - Meczet - Ruiny
Wykopalisko albo ruina - Wieża - Latarnia morska
Pomnik - Jaskinia - Wodospad - Inny obiekt
Park narodowy, park krajobrazowy
Punkt widokowy
Schronisko młodzieżowe - Camping
Schronisko górskie - Samotnie stojący hotel
Obszar zamknięty
Granica państwa - Przejście graniczne - Przejście graniczne z ograniczeniami
Stolica

Česká republika

Slovenská republika

Magyarország

 CZ

 SK

 H

Vysvětlivky

Značky

Jelmagyarázat

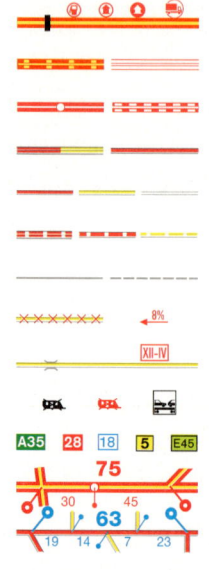

CZ	SK	H
Dálnice se přípojkami	Diaľnica s prípojkami	Autópálya féljáróval
Místo výběru poplatků - Čerpací stanice - Motorest - Motel - Parkoviště pro TIR	Miesto výberu poplatkov - Čerpacia stanica - Motorest - Motel - Servis pre nákladné autá	Vámház - Benzinkút - Vendéglő - Vendéglő szállás lehetőseggel - Autópiheno
Dálnice ve stavbě - Dálnice plánovaná	Diaľnica vo výstavbe - Diaľnica plánovaná	Autópálya épités alatt - Autópálya tervezés alatt
Dvouproudá silnice dálnicového typu - ve stavbě	Štvorprúdová cesta pre motorové vozidlá - vo výstavbe	Gyorsforgalmi út autópályahoz hasonlóan - építés alatt
Dvouproudá silnice - Průjezdní silnice	Štvorprúdová cesta - Priechodná cesta	Út külön úttesttel - Átmeno út
Důležitá hlavní silnice - Hlavní silnice - Vedlejší silnice	Dôležitá hlavná cesta - Hlavná cesta - Veďajšia cesta	Fontos főútvonal - Főútvonal - Mellékút
Silnice ve stavbě	Cesty vo výstavbe	Útak építés alatt
Zpevněná cesta (sjízdná podmíněně) - Stezka	Spevnená cesta (zjazdné podmienene) - Chodník	Közlekedési út (nem járhato állandóan) - Gyalogút
Silnice uzavřená pro motorová vozidla - Stoupání	Cesta uzavretá pre motorové vozidlá - Stúpanie	Gépjárműforgalom elől elzárt út - Emelkedő
Průsmyk - Silnice uzavřená v zimě	Priesmyk - Cesta v zime uzavretá	Szoros - Télen elzárt útszakasz
Nedoporučena - uzavřená pro přívěsy - Terminál autovlaků	Neodporúčaná pre karavany - uzavretá - Železničný terminál	Lakókocsival nem ajánlott - tiltott - Autórakodó-terminál
Čísla silnic	Čísla ciest	Útszámok
Kilometráž na dálnici	Kilometráž na diaľniciach	Kilométertávolság az autópályán
Kilometráž na ostatních silnicích	Kilometráž na ostatných cestách	Kilométertávolság egyéb útakon
Ve Velké Británii a Sverení Irsku vzdálenosti v mílích	Ve Veľkej Británii a Severnom Irsku vzdialenosti v mílach	Nagy-Britanniaba és Észak-Íroszagig tavolság mérföldbön
Dráha pro dálkovou dopravu - Ostatní dráha	Dráha pre diaľkovú dopravu - Ostatná dráha	Távolsági közlekedési vonal - Egyéb vasútvonal
Ozubnicová lanovka - Visutá lanovka	Ozubnicová dráha - Visutá lanovka	Fogaskerekű vasút - Függővasút
Trajekt pro auta - Říční přívoz pro auta	Autokompa - Riečny prievoz pre automobily	Autószállító komp - Autókomp folyókon
Lodní linka - Vlakový trajekt	Lodná linka - Trajekt	Hajózási vonal - Vasúti komp
Dopravní letiště - Regionální letiště - Přistávací plocha	Dopravné letisko - Regionálné letisko - Prístávacia plocha	Közlekedési repülőter - Regionális repülőtér - Egyéb repülőtér
Kultura: Stojí za cestu	Kultúra: Hodný cesty	Kultúra: Megér egy utazás
Kultura: Stojí za objížďku	Kultúra: Stojí za obchádzku	Kultúra: Megér egy kitérőt
Příroda: Stojí za cestu	Príroda: Hodný cesty	Táj: Megér egy utazás
Příroda: Stojí za objížďku	Príroda: Stojí za obchádzku	Táj: Megér egy kitérőt
Úsek silnice s pěknou scenérií - Turistická silnice	Cesta malebnou krajinou - Turistická cesta	Természetileg szép szakasz - Turistaút
Kostel - Klášter - Hrad, zámek - Mešita - Zříceniny	Kostol - Kláštor - Hrad, zámok - Mešita - Zrúcaniny	Templom - Kolostor - Vár, kastély - Mecset - Romok
Archeologické naleziště nebo ruiny - Věž - Maják	Archeologické nálezisko alebo ruiny - Veža - Maják	Régészeti asatások és romhely - Torony - Világítótorony
Pomník - Jeskyně - Vodopád - Jiný objekt	Pomník - Jaskyňa - Vodopád - Iný objekt	Emlékmű - Barlang - Vízesés - Egyéb objektum
Národní park, přírodní park	Narodný park, prírodný park	Nemzeti park, természeti park
Výhled	Vyhliadka	Kilátópont
Ubytovna mládeže - Kempink	Mládežnícka ubytovňa - Kemping	Ifjúsági szálló - Kemping
Horská bouda - Osamoceně stojící hotel	Horská chata - Osamocene stojací hotel	Menedékház - Egyedül álló szálloda
Zakázaný prostor	Zakázaná oblasť	Zárt terület
Státní hranice - Hraniční přechod - Hraniční přechod se zvláštními předpisy	Štátna hranica - Hraničný prechod - Hraničný priechod s obmedzením	Államhatár - Határátlepő - Korlátozott átjárhatóságú határátkelőhely
Hlavní město	Hlavné mesto	Főváros

A	Österreich
AL	Shqipëria
AND	Andorra
AX	Åland, Ahvenanmaa
B	Belqique, België
BG	Bălgarija, България
BIH	Bosna i Hercegovina
BY	Belarus', Беларусь
CH	Schweiz, Suisse, Svizzera
CZ	Česká Republika
D	Deutschland
DK	Danmark
E	España
EST	Eesti
F	France
FIN	Suomi, Finland
FL	Liechtenstein
GB	United Kingdom
GBG	Guernsey
GBJ	Jersey
GBM	Isle of Man
GBZ	Gibraltar
GR	Elláda, Ελλάδα
H	Magyarország
HR	Hrvatska
I	Italia
IRL	Ireland, Éire
IS	Ísland
L	Lëtzebuerg, Luxembourg
LT	Lietuva
LV	Latvija
M	Malta
MC	Monaco
MD	Moldova
MK	Makedonija (F.Y.R.O.M.)
MNE	Crna Gora
N	Norge
NL	Nederland
P	Portugal
PL	Polska
RO	România
RSM	San Marino
RUS	Rossija, Россия
S	Sverige
SK	Slovensko
SLO	Slovenija
SRB	Srbija
TR	Türkiye
UA	Ukrajina, Україна
V	Città del Vaticano

A

Å (N) 2 Bp42
Aabenraa (DK) 83 At70
Aabybro (DK) 80 Au66
Aachen (D) 94 An79
Aakirkeby (DK) 85 Bk70
Aalborg (DK) 80 Au66
Aalen (D) 106 Ba83
Aalsmeer (NL) 86 Ak76
Aalst (B) 93 Ai79
Aarau (CH) 105 Ar86
Aarestrup (DK) 80 Au67
Aarschot (B) 93 Ak79
Aavasaksa (FIN) 16 Ch48
Abádszalók (H) 224 Cb86
Abancourt (F) 134 Ad81
Abarán (E) 181 Ss104
Abbadia San Salvatore (I) 124 Bd95
Abbasanta (I) 121 As100
Abbeville (F) 134 Ad80
Abbiategrasso (I) 111 As90
Abborrträsk (S) 14 Bt50
Abejuela (E) 175 St101
Abenójar (E) 179 Sm103
Abensberg (D) 107 Bd83
Abercarn (GB) 73 So77
Aberdare (GB) 73 So77
Aberdeen (GB) 56 Sq66
Aberfeldy (GB) 59 Sn67
Aberfoyle (GB) 59 Sm68
Abergavenny (GB) 73 So77
Abergele (GB) 72 Sn74
Abertillery (GB) 73 So77
Aberystwyth (GB) 72 Sm76
Abingdon (GB) 74 Ss77
Abington (GB) 60 Sn70
Abisko (S) 8 Bs44
Abony (H) 224 Ca86
Abrets, Les (F) 153 Am89
Åby (S) 50 Bn63
Acciaroli (I) 128 Bl100
Accrington (GB) 64 Sq73
Acerenza (I) 128 Bm99
Achnacroish (GB) 58 Sk67
Achnasheen (GB) 55 Sk65
Acireale (I) 133 Bl105
A Coruña = Coruña, A (E) 162 Sd94
Acquacadda (I) 121 As102
Acquasanta Terme (I) 125 Bg95
Acquaviva delle Fonti (I) 129 Bo99
Ácqui Terme (I) 116 Ar91
Acri (I) 131 Bn102
Ács (H) 223 Br85
Adamów (PL) 207 Bu76
Adanero (E) 172 Sl99
Adelboden (CH) 149 Aq88
Adelsdorf (D) 102 Bb81
Ademuz (E) 174 Ss100
Admont (A) 108 Bi85
Adra (E) 186 So107
Adrano (I) 133 Bk105
Ádria (I) 119 Be90
Ærøskøbing (DK) 83 Ba71
Aflenz Kurort (A) 109 Bl85
Afragola (I) 126 Bi99
Agde (F) 158 Ag94
Agen (F) 151 Ab92
Ågerup (DK) 81 Bd69
Ággius (I) 120 At99
Agliana (I) 118 Bc93
Agnone (I) 126 Bi97
Agordo (I) 113 Be88
Ágreda (E) 166 Sr97
Agrigento (I) 132 Bh106
Agrópoli (I) 128 Bk100
Aguadulce (E) 184 Sl106
A Gudiña (E) 163 Sf96
Agüera (E) 164 Sh94
Aguilar (E) 185 Sl105
Agurain = Salvatierra (E) 166 Sq95
Ahaus (D) 88 Ap76
Ahlbeck (D) 85 Bi73
Ahlen (D) 94 Aq77
Ahola (FIN) 17 Ct50
Ahonkylä (FIN) 32 Cf55
Ahorn (D) 101 Au82
Ahrensburg (D) 89 Ba73
Ahrenshoop (D) 84 Be72
Ahrweiler, Bad Neuenahr- (D) 94 Ap79
Ähtäri (FIN) 33 Ch55
Aidenbach (D) 107 Be84
Aidone (I) 133 Bi106
Aigle (CH) 149 Ao88
Aigle, L' (F) 140 Ab83
Aigueperse (F) 152 Ag88
Aigues-Mortes (F) 159 Ai93
Aiguillon (F) 150 Aa92
Aiguillon-sur-Mer, L' (F) 145 Ss88
Aigurande (F) 146 Ad88
Ailefroide (F) 154 An91
Aínsa (E) 167 Aa96
Ainaži (LV) 189 Ci65
Airdrie (GB) 59 Sn69
Aire-sur-l'Adour (F) 156 Su93
Airolo (CH) 111 As87
Aittojärvi (FIN) 16 Co50
Aittokoski (FIN) 24 Cp53
Aix-en-Provence (F) 160 Al93
Aix-les-Bains (F) 154 Am89
Aizenay (F) 144 Sr87
Aizkraukle (LV) 194 Cl67
Aizpute (LV) 192 Cd67
Ajaccio (F) 161 As97
Ajdovščina (SLO) 114 Bh89
Ajka (H) 223 Bq86
Åkirkeby = Aakirkeby (DK) 85 Bk70
Akmenė (LT) 193 Cf68
Åkrahamn-Vedavågen (N) 36 Al62
Ål (N) 37 As59
Ala (I) 112 Bb89
Alacant (E) 181 Su104
Alaejos (E) 172 Sk98
Alagón (E) 174 Ss97
Alahärmä (FIN) 23 Cf54
Alaior (E) 187 Ai101
Alakylä (FIN) 10 Ck46
Álamo, El (E) 173 Sn100
Alaniemi (FIN) 16 Cl49
Alàssio (I) 116 Ar92
Alatri (I) 126 Bg97
Alatskivi (EST) 190 Cp63
Alba (E) 162 Sc96
Alba (I) 116 Ar91
Albacete (E) 180 Sr103
Alba de Tormes (E) 172 Si99
Ålbæk (DK) 80 As67
Albaida (E) 181 St103
Albaladejo (E) 180 Sp103
Albàno Laziale (I) 124 Bf97
Albarracín (E) 174 Ss100
Albelda de Iregua (E) 166 Sq96
Albenga (I) 116 Ar92
Alberca, La (E) 172 Sh100
Albergaria-a-Velha (P) 170 Sd99
Albernoa (P) 183 Se105
Alberobello (I) 129 Bp99
Albert (F) 135 Af80
Albertirsa (H) 224 Bu86
Albertville (F) 154 An89
Albi (F) 158 Ae93
Alborea (E) 181 Ss102
Albox (E) 186 Sq106
Albstadt (D) 105 At84
Albuera, La (E) 177 Sg103
Albufeira (P) 182 Sd106
Alburquerque (E) 177 Sf102
Alcácer do Sal (P) 176 Sc104
Alcalá de Guadaira (E) 184 Si106
Alcalá de Henares (E) 173 So100
Alcalá de los Gazules (E) 184 Si108
Alcalà de Xivert (E) 175 Aa100
Alcalá la Real (E) 185 Sn106
Alcanar (E) 175 Aa99
Alcañices (E) 171 Sh97
Alcañiz (E) 175 Su98
Alcántara (E) 177 Sg101
Alcantarilla (E) 180 Sq104
Alcaracejos (E) 178 Sl104
Alcaraz (E) 180 Sq103
Alcaudete (E) 185 Sm105
Alcázar de San Juan (E) 179 So102
Alcobaça (P) 176 Sc101
Alcobendas (E) 173 Sn99
Alcoi (E) 181 Su103
Alcolea (E) 185 Sl105
Alcolea del Pinar (E) 174 Sq98
Alcorcón (E) 173 Sn100
Alcorisa (E) 175 Su99
Alcórrego (P) 177 Se102
Alcubilla de Avellaneda (E) 173 So97
Alcúdia (E) 187 Ag101
Aldridge (GB) 73 Sr75
Aleksandrovac (SRB) 235 Cc92
Aleksandrów (PL) 208 Ca76
Aleksandrów Kujawski (PL) 207 Bs75
Aleksandrów Łódzki (PL) 207 Bt77
Aleksinac (SRB) 235 Cd93
Ålem (S) 53 Bn67
Alençon (F) 139 Aa84
Alenquer (P) 176 Sb102
Aléria (F) 161 Au96
Alès (F) 159 Ai92
Alessàndria (I) 117 As91
Ålesund (N) 26 Am56
Alfaro (E) 166 Sr96
Alfarràs (E) 168 Ab97
Alfeld (D) 102 Bd82
Alfonsine (I) 119 Be91
Alfta (S) 30 Bn58
Algar, El (E) 187 St105
Algård-Figgjo (N) 46 Am63
Algeciras (E) 184 Sk108
Algemesí (E) 181 Su102
Alghero (I) 120 Ar99
Älghult (S) 21 Br53
Alginet (E) 181 Su102
Algorta (E) 165 So94
Alhama de Almería (E) 186 Sp107
Alhama de Murcia (E) 187 Ss105
Alhaurín el Grande (E) 185 Sl107
Aliaga (E) 175 St99
Alife (I) 126 Bi98
Alingsås (S) 49 Bf65
Aljezur (P) 182 Sc106
Aljustrel (P) 182 Sd105
Alkmaar (NL) 86 Ak75
Allariz (E) 163 Se96
Allassac (F) 151 Ac90
Allègre (F) 152 Ah90
Allendorf, Bad Sooden- (D) 95 Au78
Allersberg (D) 102 Bc82
Allinge (DK) 85 Bk70
Alloa (GB) 59 Sn68
Allonnes (F) 139 Aa85
Almacelles (E) 175 Aa97
Almada (P) 176 Sb103
Almadén (E) 178 Sl103
Almagro (E) 179 Sn103
Almancil (P) 182 Sd106
Almansa (E) 181 Ss103
Almaraz (E) 178 Si101
Almassora (E) 175 Su101
Almazán (E) 174 Sp98
Almeida (E) 172 Sh98
Almelo (NL) 87 Ao76
Almendra (E) 164 Si97
Almendral (E) 177 Sg103
Almendralejo (E) 177 Sh103
Almería (E) 186 Sq107
Almerimar (E) 186 Sp107
Älmhult (S) 52 Bi67
Almodôvar (P) 182 Sd105
Almodóvar del Campo (E) 179 Sm103
Almodóvar del Río (E) 184 Sk105
Almonte (E) 183 Sg106
Almorox (E) 173 Sm100
Almudévar (E) 167 St96
Almuñécar (E) 185 Sn107
Alness (GB) 55 Sm65
Alnwick (GB) 61 Sr70
Aloja (LV) 189 Ck65
Alost = Aalst (B) 93 Ai79
Alpalhão (P) 177 Se102
Alpe-d'Huez, l' (F) 154 An90
Alphen aan de Rijn (NL) 86 Ak76
Alpirsbach (D) 105 Ar84
Alsasua (E) 166 Sq95
Alsdorf (D) 94 An79
Alsfeld (D) 95 At79
Ålstad (N) 38 Bc59
Alstätte (D) 88 Ao76
Alston (GB) 61 Sq71
Alstrup (DK) 80 At67
Alsunga (LV) 192 Cd67
Alta (N) 3 Cg41
Altamura (I) 128 Bo99
Altdorf (CH) 111 As87
Altdorf (D) 107 Be83
Altena (D) 94 Aq78
Altenberg (D) 94 Ap78
Altenburg (D) 97 Be79
Altenhagen (D) 84 Bd72
Altenstadt (D) 100 As80
Altensteig (D) 105 As83
Altentreptow (D) 91 Bg73
Alter do Chão (P) 177 Se102
Altheim (D) 101 At81
Altkirch (F) 149 Ap85
Altlandsberg (D) 91 Bh75
Altnaharra (GB) 55 Sm64
Alton (GB) 78 St78
Altötting (D) 107 Bf84
Altrincham (GB) 64 Sq74
Alūksne (LV) 195 Co66
Alustante (E) 174 Sr99
Alvaiázere (P) 176 Sd101
Alvalade (P) 182 Sd105
Älvdalen (S) 29 Bi58
Alverca do Ribatejo (P) 176 Sb103
Alvesta (S) 52 Bk67
Alvik (S) 15 Cd49
Alvito (P) 177 Se104
Älvkarleby (S) 40 Bp59
Älvsbyn (S) 15 Cb49
Alytus (LT) 197 Ch72
Alzenau in Unterfranken (D) 101 At80
Alzey (D) 100 Ar81
Alzira (E) 181 Su102
Amadora (P) 176 Sb103
Amalfi (I) 127 Bk99
Amance (F) 142 Ak84
Amándola (I) 125 Bg95
Amantea (I) 131 Bn102
Amarante (P) 170 Sd98
Amatrice (I) 125 Bg95
Amay (B) 93 Al79
Ambás (E) 164 Si93
Ambazac (F) 151 Ac89
Amberg (D) 102 Bd82
Ambérieu-en-Bugey (F) 153 Al89
Ambert (F) 152 Ah89
Amble-by-the-Sea (GB) 61 Sr70
Amboise (F) 146 Ab86
Amdal (N) 18 Bb54
Ameixial (P) 183 Se106
Amèlia (I) 124 Be95
Amélie-les-Bains-Palalda (F) 158 Af96
Amersfoort (NL) 86 Al76
Amersham (GB) 74 St77
Ametlla de Mar, l' (E) 175 Ab99
Amiens (F) 135 Ae81
Ammanford (GB) 72 Sn77
Ämmänsaari (FIN) 25 Cs51
Ammarnäs (S) 13 Bn49
Ammer (S) 20 Bn54
Amöneburg (D) 95 As79
Amorbach (D) 101 At81
Åmot (S) 39 Bf61
Ampezzo (I) 113 Bf88
Amposta (E) 175 Ab99
Amstelveen (NL) 86 Ak76
Amsterdam (NL) 86 Ak76
Amstetten (A) 108 Bk84
Amurrio (E) 165 Sp94
Amusquillo (E) 173 Sm97
Anagni (I) 126 Bg97
Änäset (S) 22 Ca52
An Cabhán (IRL) 67 Sf73
Ancenis (F) 145 Ss86
An Cóbh (IRL) 70 Sd77
An Coireán (IRL) 69 Ru77
Ancona (I) 119 Bh93
Ancy-le-Franc (F) 148 Ai85
An Daingean (IRL) 69 Ru76
Andelys, Les (F) 140 Ac82
Andenes (N) 6 Bg42
Andenne (B) 136 Al80
Andermatt (CH) 111 As87
Andernach (D) 99 Ap80
Andernos-les-Bains (F) 150 Ss91
Anderstorp (S) 52 Bh66
Andilly (F) 142 Am83
Andorra (E) 175 Su99
Andorra la Vella (AND) 169 Ad95
Andover (GB) 78 Ss78
Andratx (E) 186 Ae101
Ándria (I) 128 Bn98
Andrychów (PL) 213 Bt81
Andrzejówka (PL) 215 Cf79
Andselv (N) 8 Br42
Andújar (E) 179 Sm104
Aneby (S) 49 Bk65
Ängelholm (S) 52 Bf68
Angermünde (D) 91 Bi74
Angers (F) 145 St86
Ängersjö (S) 21 Bu53
Angla (EST) 188 Cf63
An Glean Garbh (IRL) 69 Sa77
Anglet (F) 156 Sr94
Angoulême (F) 150 Aa89
Anholt (DK) 81 Bd67
Anklam (D) 91 Bh73
An Láithreach (IRL) 68 Sh74
An Longfort (IRL) 67 Se73
An Muileann-gCearr (IRL) 67 Sf73
Annaberg-Buchholz (D) 97 Bg79
Annan (GB) 61 So71
Anndalsvågen (N) 12 Be49
Annecy (F) 154 An89
Annefors (S) 30 Bn58
Annemasse (F) 149 An88
Annonay (F) 153 Ak90
Ansbach (D) 102 Bb82
Antequera (E) 185 Sl106
Antibes (F) 161 Ap93
An tInbhear Mór (IRL) 71 Sh75
Antnäs (S) 15 Cd49
Antonin (PL) 206 Bq77
Antrim (GB) 63 Sh71
Antrodoco (I) 125 Bg96
Antsla (EST) 190 Co65
An Tulach (IRL) 71 Sg75
Antwerpen (B) 93 Ai78
An Uaimh (IRL) 67 Sg73
Anykščiai (LT) 198 Cl69
Ánzio (I) 126 Bf98
Anzy-le-Duc (F) 148 Ai88
Aosta (I) 110 Ap89
Apatin (SRB) 227 Bs89
Apeldoorn (NL) 87 Am76
Apolda (D) 96 Bd78
Appenzell (CH) 105 At86
Appiano sulla Strada del Vino = Eppan (I) 112 Bc88
Appingedam (NL) 87 Ao74
Appledore (GB) 77 Sm78
Apremont (F) 142 Ak82
Apricena (I) 127 Bl97
Aprigliano (I) 131 Bn102
Aprília (I) 124 Bf97
Apt (F) 160 Al93
Aquiléia (I) 113 Bg89
Aracena (E) 183 Sg105
Aragona (I) 132 Bh106
Arahal, El (E) 184 Si106
Aranda de Duero (E) 173 Sn97
Aranđelovac (SRB) 234 Cb92
Aranjuez (E) 173 Sn100
Arántzazu (E) 166 Sq95
Árbatax (I) 121 Au101
Arboga (S) 40 Bm62
Arbon (CH) 105 At85
Arbório (I) 110 Ar89
Arbrå (S) 30 Bn58
Arbresle, L' (F) 153 Ak89
Arbroath (GB) 56 Sp67
Årbus (I) 121 As101
Arcachon (F) 150 Ss91
Arcen (NL) 93 An78
Arcévia (I) 119 Bf94
Archena (E) 181 Ss104
Archidona (E) 185 Sm106
Arcis-sur-Aube (F) 141 Ai83
Arco (I) 112 Bb89
Arco de Baúlhe (P) 171 Se98
Arcos (E) 163 Se95
Arcos, Los (E) 166 Sq95
Arcos de Jalón (E) 174 Sq98
Arcos de la Frontera (E) 184 Si107
Arcos de Valdevez (P) 170 Sd97
Arcozelo (P) 170 Sc97
Arcs, els (E) 168 Ab97
Ardal (N) 26 An57
Ard an Ratha (IRL) 62 Sd71
Ardara (I) 120 As99
Ardara = Ard an Ratha (IRL) 62 Sd71
Ardee = Baile Átha Fhirdhia (IRL) 67 Sg73
Ardentes (F) 146 Ad87
Ardfert (IRL) 69 Sa76
Ardrossan (GB) 58 Sl69
Ardwell (GB) 60 Sl71
Åre (S) 19 Bg54
Arena, La (E) 164 Sh93
Arenao (E) 165 So94
Arenas, Las (E) 164 Sl94
Arenas de San Pedro (E) 172 Sk100
Arendal (N) 47 As64
Arenys de Mar (E) 169 Af97
Arenzano (I) 117 As92
Arès (F) 150 Ss91
Arévalo (E) 172 Sl98
Arezzo (I) 124 Bd94
Arfa (E) 168 Ac96
Argamasilla de Alba (E) 179 So102
Argamasilla de Calatrava (E) 179 Sm103
Arganda (E) 173 So100
Argelès-Gazost (F) 156 Su94
Argelès-sur-Mer (F) 158 Ag95
Argenta (I) 118 Bd91
Argentan (F) 139 Su83
Argentat (F) 151 Ad90
Argenteuil (F) 140 Ae83
Argentiera (I) 120 Ar99
Argenton-sur-Creuse (F) 146 Ad87
Århus (DK) 81 Ba68
Ariano Irpino (I) 127 Bl98
Ariano nel Polésine (I) 119 Be91
Arilje (SRB) 234 Ca93
Ariogala (LT) 197 Cg70
Aritzo (I) 121 At101
Årjäng (S) 38 Be62
Arjeplog (S) 14 Bq48
Arjona (E) 185 Sm105
Arklow = An tInbhear Mór (IRL) 71 Sh75
Arles (F) 159 Ak93
Arlon (B) 99 Am81
Armadale (GB) 54 Si66
Armagh (GB) 62 Sg72
Armentières (F) 135 Af79
Arnage (F) 145 Aa85
Arnay-le-Duc (F) 148 Ai86
Arnedo (E) 166 Sq96
Årnes (N) 27 As55
Arnhem (NL) 87 Am76
Arnis (D) 83 Au71
Arnoldstein (A) 114 Bh87
Arnsberg (D) 95 Ar78
Arnside (GB) 64 Sp72
Arnstadt (D) 96 Bb79
Arona (I) 111 As89
Arosa (CH) 111 Au87
Årøsund (DK) 83 Au70
Arpela (FIN) 16 Ci48
Arpino (I) 126 Bh97
Arques (F) 135 Ae79
Arraiolos (P) 177 Se103
Arras (F) 135 Af80
Arrasate-Mondragón = Arrasate o Mondragón (E) 166 Sq94
Arreau (F) 157 Aa95
Arrecife (E) 183 Rn123
Arrest (F) 134 Ad80
Arriano (E) 165 Sp95
Arrochar (GB) 58 Sl68
Arronches (P) 177 Sf102
Arroyo de la Luz (E) 177 Sg102
Arsiè (I) 112 Bd89
Årslev (DK) 81 Ba68
Ars-sur-Moselle (F) 142 An82
Årsunda (S) 40 Bo59
Arsvågen (N) 46 Al62
Artà (E) 187 Ag101
Artana (E) 175 Su101
Ärtemark (S) 48 Be62
Artesa de Segre (E) 168 Ac97
Aruküla (EST) 189 Cl62
Arvidsjaur (S) 14 Bt49
Arvika (S) 39 Bf61
Åryd (S) 53 Bk67
Arzachena (I) 120 At98
Arzberg (D) 102 Be80
Arzignano (I) 112 Bc89
Aš (CZ) 210 Be80
Ås (S) 20 Bk54
Asaa (DK) 81 Ba66
Åsarna (S) 29 Bi55
Asarum (S) 53 Bk68
Asbach (D) 107 Bg84
Ascea (I) 128 Bl100
Aschaffenburg (D) 101 At81
Ascheberg (D) 83 Ba72
Aschersleben (D) 96 Bc77
Áscoli Piceno (I) 125 Bh95
Áscoli Satriano (I) 128 Bm98
Åseda (S) 53 Bl66
Åsele (S) 21 Bp52
Asemankylä (FIN) 16 Cl50
Asemanseutu (FIN) 33 Cg55
Åsen (N) 18 Bb53
Åsen (S) 20 Bk54
Asendorf (D) 89 At75
Åsgårdstrand (N) 38 Bb62
Ashbourne (GB) 64 Sr74
Ashburton (GB) 77 Sn79
Ashby-de-la-Zouch (GB) 74 Ss75
Ashford (GB) 79 Ab78
Ashington (GB) 61 Sr70
Ashley (GB) 75 Aa76
Ashton-in-Makerfield (GB) 64 Sp74
Ashton-under-Lyne (GB) 64 Sq74
Asiago (I) 112 Bd89
Asikkala (FIN) 34 Cr56
Askainen (FIN) 42 Cd59
Askersund (S) 49 Bk63
Askim (N) 38 Bc61
Askim (S) 48 Bd65
Åsola (I) 118 Ba90
Aspang-Markt (A) 109 Bn85
Aspe (E) 181 St104
Aspeboda (S) 40 Bl59
Aspliden (S) 14 Bt50
Asques (F) 150 Su91
Assas (F) 140 Ad84
Assémini (I) 121 At102
Assen (NL) 87 Ao74
Assens (DK) 83 Au70
Assisi (I) 124 Bf94
Asti (I) 116 Ar91
Aston (GB) 64 Sp74
Astorga (E) 164 Sh96
Åstorp (S) 52 Bf68
Astrup (DK) 80 As69
Astrup (DK) 80 Au67
Astudillo (E) 165 Sm96
Atarfe (E) 185 Sn106
Atessa (I) 125 Bi96
Ath (B) 92 Ah79
Atherstone (GB) 73 Sr75
Athlone = Baile Átha Luain (IRL) 67 Se74
Athy = Baile Átha Í (IRL) 71 Sg75
Atienza (E) 173 Sp98
Atina (I) 126 Bh97
Åträsk (S) 15 Cb50
Atri (I) 125 Bh95
Attendorn (D) 94 Aq78
Attnang-Puchheim (A) 108 Bh84
Åtvidaberg (S) 50 Bn64
Au (D) 104 Aq85
Aubagne (F) 160 Am94
Aubenas (F) 153 Ai91
Aubigny (F) 145 Ss87
Aubigny-sur-Nère (F) 147 Ae86
Aubin (F) 151 Ae91
Aubusson (F) 151 Ae89
Auce (LV) 193 Cf68
Auch (F) 157 Ab93
Auchel (F) 135 Ae79
Auchterarder (GB) 59 Sn68
Audenarde = Oudenaarde (B) 92 Ah79
Audincourt (F) 149 Ao86
Aue (D) 95 Ar78
Auer = Ora (I) 112 Bc88
Augsburg (D) 106 Bb84
Augusta (I) 133 Bl106
Augustenborg (DK) 83 Au71
Augustów (PL) 204 Cf73
Aukštadvaris (LT) 198 Ci71
Aulestad (N) 27 Au58
Aulla (I) 117 Au92
Aullène (F) 161 At97
Aulnay (F) 145 Su88
Aulon (F) 146 Ad88
Aumale (F) 134 Ad81
Aunet (N) 18 Bb52
Aurach (D) 101 Ba82
Auray (F) 144 Sp85
Aure (N) 18 As54
Aurich (D) 88 Ap74
Aurillac (F) 152 Ae91
Auronzo di Cadore (I) 113 Be87
Aursmoen (N) 38 Bc61
Auterive (F) 157 Aa94
Authon (F) 146 Ab85
Autio (S) 9 Cg46
Autun (F) 148 Ai87
Auxerre (F) 147 Ah85
Auxonne (F) 148 Al86
Avallon (F) 147 Ah86
Avan (S) 22 Cc50
Aveiro (P) 170 Sc99
Avellino (I) 127 Bk99
Aversa (I) 126 Bi99
Avesnes-sur-Helpe (F) 135 Ah80
Avesta (S) 40 Bn60
Avezzano (I) 125 Bg96
Aviemore (GB) 55 Sn66
Avigliano (I) 128 Bm99
Avignon (F) 159 Ak93
Ávila (E) 172 Sl99
Avilés (E) 164 Si93
Avion (F) 135 Af80
Ávola (I) 133 Bl107
Avord (F) 147 Af86
Avranches (F) 139 Ss83
Avrillé (F) 144 Sr88
Ayerbe (E) 167 St96
Aylesbury (GB) 74 St77
Ayllón (E) 173 So98
Ayora (E) 181 Ss102
Ayr (GB) 60 Sl70
Aysgarth (GB) 64 Sr72
Aytré (F) 145 Ss88
Azambuja (P) 176 Sc102
Azanja (SRB) 234 Cb92
Azay-le-Rideau (F) 145 Aa86
Azinheira dos Barros (P) 176 Sd104
Azpeitia (E) 166 Sq94
Azuaga (E) 178 Si104

B

Baamonde (E) 163 Se94
Babiak (PL) 203 Ca72
Babušnica (SRB) 235 Ce94
Baccarat (F) 143 Ao84
Bacharach (D) 100 Aq80
Bäck (S) 22 Cb52
Bačka Gradište (SRB) 228 Ca89
Backaland (GB) 57 Sp62
Bačka Palanka (SRB) 228 Bt90
Bačka Topola (SRB) 228 Bu89
Backnang (D) 105 At83
Bácoli (I) 126 Bi99
Bácsalmás (H) 224 Bt88
Badacsonytomaj (H) 223 Bq87
Bad Aibling (D) 107 Be85
Badajoz (E) 177 Sg103
Badalona (E) 169 Ae98
Bad Arolsen (D) 95 At78
Bad Aussee (A) 108 Bh85
Bad Bederkesa (D) 88 As73
Bad Bergzabern (D) 100 Aq82
Bad Berleburg (D) 95 Ar78
Bad Bevensen (D) 89 Bb74
Bad Bramstedt (D) 89 Au73
Bad Brückenau (D) 101 Au80
Bad Doberan (D) 84 Bd72
Bad Driburg (D) 95 At77
Bad Düben (D) 97 Bf77
Bad Dürkheim (D) 100 Ar82
Bad Dürrheim (D) 105 As84
Bad Ems (D) 100 Aq80
Baden (A) 109 Bn85
Baden (CH) 105 Ar86
Baden-Baden (D) 105 Ar83
Bad Frankenhausen (D) 96 Bc78
Bad Freienwalde (Oder) (D) 91 Bi75
Bad Gandersheim (D) 96 Ba77
Bad Gastein (A) 108 Bg86
Bad Harzburg (D) 96 Bb77
Bad Herrenalb (D) 105 Ar83
Bad Hersfeld (D) 95 Au79
Bad Hofgastein (A) 108 Bg86
Bad Homburg vor der Höhe (D) 100 As80
Bad Honnef (D) 94 Ap79
Badia Polésine (I) 118 Bd90
Bad Ischl (A) 108 Bh85
Bad Karlshafen (D) 95 At77
Bad Kissingen (D) 101 Ba80
Bad Kleinkirchheim (A) 114 Bh87
Bad Kreuznach (D) 100 Aq81
Bad Laasphe (D) 95 Ar79
Bad Langensalza (D) 96 Bb78
Bad Lauchstädt (D) 96 Bd78
Bad Lauterberg im Harz (D) 96 Ba77
Bad Liebenstein (D) 96 Ba79
Bad Mergentheim (D) 101 Au82
Bad Münstereifel (D) 94 Ao79
Bad Muskau (Mužakow) (D) 98 Bk77
Bad Nauheim (D) 100 As80
Bad Neuenahr-Ahrweiler (D) 94 Ap79
Bad Neustadt an der Saale (D) 101 Ba80
Bad Oeynhausen (D) 88 As76
Bad Oldesloe (D) 89 Ba73
Bad Orb (D) 101 At80
Bad Pyrmont (D) 95 At77
Bad Radkersburg (A) 115 Bm87
Bad Ragaz (CH) 105 At86
Bad Rappenau (D) 101 At82
Bad Reichenhall (D) 107 Bf85
Bad Sachsa (D) 96 Bb77
Bad Säckingen (D) 104 Aq85
Bad Salzdetfurth (D) 96 Ba76
Bad Salzuflen (D) 88 As76
Bad Salzungen (D) 96 Ba79
Bad Sankt Leonhard im Lavanttal (A) 114 Bk87
Bad Schandau (D) 98 Bi79
Bad Schussenried (D) 105 Au84
Bad Schwartau (D) 89 Bb73
Bad Segeberg (D) 89 Ba73
Bad Soden am Taunus (D) 100 As80
Bad Sooden-Allendorf (D) 95 Au78
Bad Tölz (D) 106 Bd85
Bad Urach (D) 105 At83
Bad Waldsee (D) 105 Au85
Bad Wildbad (D) 105 As83
Bad Wildungen (D) 95 At78
Bad Wilsnack (D) 90 Bd75
Bad Wimpfen (D) 101 At82
Bad Windsheim (D) 101 Ba81
Bad Wörishofen (D) 106 Bb84
Bad Zwischenahn (D) 88 Ar74
Baena (E) 185 Sm105
Baeza (E) 185 So105
Bagà (E) 169 Ad96
Bagenkop (DK) 83 Bb71
Bagheria (I) 132 Bh104
Bagnacavallo (I) 118 Bd92
Bagnara Cálabra (I) 131 Bm104
Bagnères-de-Bigorre (F) 157 Aa94
Bagnères-de-Luchon (F) 157 Ab95
Bagno di Romagna (I) 118 Bd93
Bagnoli del Trigno (I) 126 Bi97
Bagnolo Mella (I) 111 Ba90
Bagnols-sur-Cèze (F) 159 Ak92
Bagnone (I) 117 Au92
Bagnorégio (I) 124 Be95
Bagolino (I) 112 Ba89
Bagrationovsk (RUS) 196 Cb72
Baiardo (I) 116 Aq93
Baiersbronn (D) 105 Ar83
Baile Ailein (GB) 54 Sg64
Baile an Bhuinneánaight (IRL) 69 Sa75
Baile Átha Cliath (IRL) 68 Sh74
Baile Átha Luain (IRL) 67 Se74
Baile Chathail (IRL) 66 Sc73
Baile Locha Riach (IRL) 66 Sc74
Bailén (E) 179 Sn104
Bailleul (F) 135 Af79
Baíñas (E) 162 Sb94
Baio Grande (E) 162 Sc94
Baja (H) 223 Bs88
Bajina Bašta (SRB) 233 Bu93
Bajmok (SRB) 228 Bt89
Bakar (HR) 114 Bi90
Bakken (N) 18 As54
Bąków (PL) 213 Br79
Baktakék (H) 221 Cc84
Bala (GB) 72 Sn75
Balaguer (E) 168 Ab97
Balallan (GB) 54 Sg64
Balassagyarmat (H) 219 Bt84
Balástya (H) 224 Ca88
Balatonfüred (H) 223 Bq87
Balatonlelle (H) 223 Bq87
Balatonszentgyörgy (H) 222 Bp87
Balazote (E) 180 Sq103
Baldone (LV) 194 Ci67
Bale (HR) 230 Bh90
Balen (B) 93 Al78
Bälinge (S) 15 Cd49
Balingen (D) 105 As84
Ballangen (N) 7 Bo44
Ballen (DK) 81 Ba68
Ballenstedt (D) 96 Bc77
Ballerup (DK) 81 Be69
Ballina = Béal an Átha (IRL) 66 Sb72
Ballinasloe = Béal Átha na Sluaighe (IRL) 67 Sd74
Ballingarry (IRL) 67 Sd74
Ballybunnion = Baile an Bhuinneaáight (IRL) 69 Sa75
Ballycastle (GB) 63 Sh70
Ballyclare (GB) 63 Si71
Ballydehob (IRL) 69 Sb77
Ballyduff (IRL) 69 Sa76
Ballymena (GB) 63 Sh71
Ballymoney (GB) 62 Sg70
Ballyshannon = Béal Átha Seanaidh (IRL) 62 Sd71
Balmazújváros (H) 225 Cc85
Balneario de Panticosa (E) 167 Su95
Baloži (LV) 194 Ci67
Balsthal (CH) 149 Aq86
Baltanás (E) 165 Sm97
Baltijsk (RUS) 196 Bu71
Baltinglass (IRL) 71 Sg75
Baltrum (D) 88 Ap73
Balvi (LV) 195 Cp66
Bamberg (D) 102 Bb81
Bamburgh (GB) 61 Sr69
Banbridge (GB) 63 Sh72
Banbury (GB) 74 Ss76
Banchory (GB) 56 Sq66
Bandol (F) 160 Am94
Bañeza, La (E) 164 Si96
Banff (GB) 56 Sp65
Bangor (GB) 63 Si71
Banja (SRB) 233 Bu93
Banja Koviljača (SRB) 228 Bt91
Banja Luka (BIH) 232 Bp91
Banjska (SRB) 234 Cb95
Bankeryd (S) 49 Bi65
Baños de Montemayor (E) 172 Si100
Bánovce nad Bebravou (SK) 219 Br83
Banovići (BIH) 233 Bs92
Bansin (D) 85 Bi73
Banská Bystrica (SK) 219 Bt83
Banská Štiavnica (SK) 219 Bs84
Bantry = Beanntraí (IRL) 69 Sb77
Banyoles (E) 169 Af96
Bapaume (F) 135 Af80
Bar (MNE) 237 Bt96
Barajevo (SRB) 228 Ca91
Barakaldo = San Vicente (E) 165 Sp94
Baranowo (PL) 203 Cc74
Baranów Sandomierski (PL) 214 Cd80
Barbastro (E) 167 Aa96
Barbate (E) 184 Si108
Barberino di Mugello (I) 118 Bc92
Barbezieux-Saint-Hilaire (F) 150 Su90
Barbullush (AL) 238 Bt97

Barcarrota (E) 177 Sg 103
Barcellona Pozzo di Gotto (I) 133 Bl 104
Barcelona (E) 169 Ae 98
Barcelonnette (F) 154 Ao 92
Barcelos (P) 170 Sc 97
Barciany (PL) 203 Cc 72
Barcin (PL) 206 Bq 75
Barco, O (E) 163 Sg 96
Barcs (H) 222 Bp 89
Barczewo (PL) 203 Cb 73
Bardejov (SK) 221 Cc 82
Bardi (I) 117 Au 91
Bardonècchia (I) 116 Ao 90
Bare (SRB) 234 Cb 92
Bärenstein (D) 97 Bg 79
Barentin (F) 134 Ab 81
Barfleur (F) 139 Ss 81
Barga (I) 118 Ba 92
Barge (I) 116 Ap 91
Bargstedt (D) 83 Au 72
Bari (I) 129 Bo 98
Barice (SRB) 229 Cc 90
Barjols (F) 160 An 93
Bar-le-Duc (F) 142 Al 83
Barletta (I) 128 Bn 98
Barlinek (PL) 200 Bl 75
Barmouth (GB) 72 Sm 75
Barmstedt (D) 89 Au 73
Barnard Castle (GB) 61 Sr 71
Barneveld (NL) 87 Am 76
Barneville-Carteret (F) 138 Sr 82
Barnsley (GB) 65 Ss 73
Barnstaple (GB) 77 Sm 78
Baron (F) 141 Af 82
Barra (P) 170 Sc 99
Barracas (E) 175 St 100
Barraco (E) 172 Sl 100
Barrafranca (I) 133 Bi 106
Barranco Velho (P) 183 Se 106
Barre, la (F) 146 Ab 88
Barreiro (P) 176 Sb 103
Barrhead (GB) 59 Sm 69
Barrow- in- Furness (GB) 64 So 72
Barry (GB) 77 So 78
Barsebäckshamn (S) 52 Bf 69
Barsinghausen (D) 89 At 76
Barßel (D) 88 Aq 74
Bar-sur-Aube (F) 142 Ak 84
Barth (D) 84 Bf 72
Bartoszówka (PL) 208 Ca 77
Bartoszyce (PL) 203 Cb 72
Barwice (PL) 201 Bn 73
Basauri (E) 165 Sp 94
Basedow (D) 89 Bb 74
Basel (CH) 149 Aq 85
Basildon (GB) 75 Aa 77
Basingstoke (GB) 78 Ss 78
Baška (HR) 230 Bk 91
Bassano del Grappa (I) 112 Bd 89
Bassée, La (F) 135 Af 79
Bassum (D) 88 As 75
Båstad (S) 52 Bf 68
Bastia (F) 161 At 95
Bastogne (B) 99 Am 80
Batalha (P) 176 Sc 101
Bátaszék (H) 223 Bs 88
Batea (E) 175 Aa 98
Bath (GB) 78 Sq 78
Bathgate (GB) 59 Sn 69
Batley (GB) 64 Sr 73
Båtsfjord (N) 5 Cu 39
Battipaglia (I) 127 Bk 99
Battonya (H) 225 Cc 88
Baugé (F) 145 Su 85
Baume-les-Dames (F) 149 An 86
Baumgarten (D) 107 Bf 84
Baunei (I) 121 Au 100
Bauska (LV) 194 Ci 68
Bautzen (Budyšin) (D) 98 Bi 78
Baux-de-Provence, Les (F) 159 Ak 93
Bavendorf (D) 105 Au 85
Bayeux (F) 139 St 82
Bayonne (F) 156 Ss 94
Bayreuth (D) 102 Bd 81
Baza (E) 186 Sp 106
Bazán (E) 179 Sn 103
Bazas (F) 150 Su 92
Béal an Átha (IRL) 66 Sb 72
Béal Átha na Sluaighe (IRL) 67 Sd 74
Beanntraí (IRL) 69 Sb 77
Bearsden (GB) 59 Sm 69
Beasain (E) 166 Sq 94
Beas de Segura (E) 180 Sp 104
Beaucaire (F) 159 Ak 93
Beauchamps (F) 134 Ad 80
Beaufort (F) 148 Al 87
Beaugency (F) 146 Ad 85
Beaulieu (F) 139 St 83
Beaulieu-sur-Dordogne (F) 151 Ad 91
Beauly (GB) 55 Sm 66
Beaumaris (GB) 72 Sm 74
Beaumesnil (F) 139 St 83
Beaumont-de-Lomagne (F) 157 Ab 93
Beaumont-sur-Oise (F) 140 Ae 82
Beaune (F) 148 Ak 86
Beaupréau (F) 145 St 86
Beauregard (F) 146 Ac 85
Beaurepaire (F) 145 Ss 87
Beauvais (F) 140 Ae 82
Beauville (F) 151 Ab 92
Beauvoir-sur-Mer (F) 144 Sq 87
Bebington (GB) 64 So 74
Bečej (SRB) 228 Ca 89
Becerreá (E) 163 Sf 95
Bechyně (CZ) 217 Bi 82
Beckingen (D) 99 Ao 82
Bédarieux (F) 158 Ag 93
Beddgelert (GB) 72 Sm 74
Bedford (GB) 74 Su 76
Bedlington (GB) 61 Sr 70
Bedónia (I) 117 Au 91
Bedworth (GB) 74 Ss 76
Beeskow (D) 91 Bi 76
Behringen (D) 89 Au 74
Beilen (NL) 87 Ao 75
Beilngries (D) 102 Bc 82
Beilstein (D) 101 At 82
Beistad (N) 19 Bc 52
Beith (GB) 58 Sl 69
Beja (P) 177 Se 104
Béjar (E) 172 Si 100
Békés (H) 225 Cc 87
Békéscsaba (H) 225 Cc 87
Belalcázar (E) 178 Sk 103
Bělá nad Radbuzou (CZ) 210 Bf 81
Bela Palanka (SRB) 235 Ce 94
Bélapátfalva (H) 220 Ca 84
Bela Voda (SRB) 234 Cb 93
Bełchatów (PL) 207 Bt 78
Belchite (E) 175 St 98
Belfast (GB) 63 Si 71
Belfort (F) 149 Ao 85
Belgodere (F) 161 At 95
Beli (HR) 230 Bi 90
Beli Manastir (HR) 227 Bs 89
Belin-Béliet (F) 150 St 92
Bellac (F) 146 Ac 88
Bellágio (I) 111 At 89
Bellegarde-sur-Valserine (F) 148 Am 88
Bellerive-sur-Allier (F) 147 Ag 88
Belleville (F) 148 Ak 88
Belley (F) 153 Am 89
Bellinge (DK) 83 Ba 70
Bellinzona (CH) 111 At 88
Bell-lloc d'Urgell (E) 168 Ab 97
Bellpuig (E) 168 Ac 97
Belluno (I) 113 Be 88
Belmez (E) 178 Sk 104
Bélmez de la Moraleda (E) 185 So 105
Belmont (F) 153 Al 90
Belmonte (E) 164 Sh 94
Belœil (B) 92 Ah 79
Belorado (E) 165 So 96
Beloševac (SRB) 233 Bu 92
Belpasso (I) 133 Bk 105
Belper (GB) 65 Ss 74
Belton (GB) 74 St 75
Beltra (IRL) 66 Sb 73
Belvís de la Jara (E) 178 Sl 101
Belzig (D) 90 Bf 76
Bembibre (E) 163 Sh 95
Bemposta (P) 171 Sg 98
Benabarre (E) 167 Aa 96
Benacazón (E) 184 Sh 106
Benalup de Sidonia (E) 184 Si 108
Benamaurel (E) 186 Sp 105
Benasque (E) 168 Ab 95
Benátky nad Jizerou (CZ) 211 Bk 80
Benavente (E) 164 Si 96
Benavente (P) 176 Sc 103
Benavides de Órbigo (E) 164 Si 95
Bendorf (D) 100 Aq 80
Benediktbeuern (D) 106 Bc 85
Benejúzar (E) 181 St 104
Benešov (CZ) 211 Bk 81
Benešov nad Ploučnicí (CZ) 211 Bi 79
Benevento (I) 127 Bk 98
Bengtsfors (S) 48 Be 62
Benicarló (E) 175 Aa 100
Benicàssim (E) 175 Aa 100
Benidorm (E) 181 Su 103
Benissa (E) 181 Aa 103
Benkovac (HR) 231 Bm 92
Bénouville (F) 134 Aa 81
Benque (F) 157 Ab 94
Bensberg (D) 94 Ap 79
Bensheim (D) 100 As 81
Beočin (SRB) 228 Bu 90
Beograd (SRB) 228 Ca 91
Berane (MNE) 234 Bu 95
Bérarde, la (F) 154 An 91
Berching (D) 102 Bc 82
Berchtesgaden (D) 107 Bf 85
Berck (F) 134 Ad 80
Berekfürdő (H) 225 Cb 86
Berettyóújfalu (H) 225 Cd 86
Berezka (PL) 221 Ce 82
Berg (D) 102 Bd 80
Berg (N) 12 Be 50
Berg (S) 20 Bn 54
Berga (D) 96 Bc 78
Berga (E) 169 Ad 96
Bérgamo (I) 111 Au 89
Berge (D) 88 Aq 75
Berge (N) 18 Bc 52
Bergen (D) 102 Be 80
Bergen (N) 36 Ak 60
Bergen (NL) 86 Ak 75
Bergen op Zoom (NL) 93 Ai 78
Berger (N) 38 Ba 61
Bergerac (F) 150 Aa 91
Berghausen (D) 100 As 82
Bergheim (D) 106 Bc 83
Bergisch Gladbach (D) 94 Ap 79
Bergkvara (S) 53 Bn 68
Bergnäs (S) 14 Br 49
Bergsäng (S) 39 Bh 60
Bergsjö (S) 30 Bp 57
Bergues (F) 135 Ae 79
Berhida (H) 223 Br 86
Berja (E) 186 Sp 107
Berkeley (GB) 73 Sq 77
Berkhamsted (GB) 74 St 77
Berlanga de Duero (E) 173 Sp 98
Berlin (D) 83 Ba 72
Bermeo (E) 165 Sp 94
Bern (CH) 149 Ap 87
Bernalda (I) 128 Bo 100
Bernartice (CZ) 211 Bm 79
Bernau bei Berlin (D) 91 Bh 75
Bernay (F) 139 Su 84
Bernburg (Saale) (D) 96 Bd 77
Berndorf (A) 109 Bn 85
Berneuil (F) 146 Ac 88
Bernkastel-Kues (D) 99 Ap 81
Bernried (D) 103 Bf 82
Bernsdorf (D) 97 Bg 77
Bernstein (A) 109 Bn 86
Beroun (CZ) 211 Bi 81
Berovo (MK) 239 Cf 97
Berre-l'Étang (F) 159 Al 94
Berwick-upon-Tweed (GB) 61 Sq 69
Besalú (E) 169 Af 96
Besançon (F) 149 An 86
Besigheim (D) 101 At 82
Bessbrook (GB) 63 Sh 72
Bessèges (F) 153 Ai 92
Betanzos (E) 162 Sd 94
Beteta (E) 174 Sq 99
Bétheny (F) 141 Ai 82
Bethesda (GB) 72 Sm 74
Bettyhill (GB) 55 Sm 63
Betws-y-Coed (GB) 72 Sn 74
Betzdorf (D) 94 Aq 79
Beverley (GB) 65 Su 73
Bevern (D) 88 Ar 75
Beverungen (D) 95 At 77
Beverwijk (NL) 86 Ak 76
Bexbach (D) 99 Ap 82
Bexhill (GB) 79 Aa 79
Beynac-et-Cazenac (F) 151 Ac 91
Bezdan (SRB) 227 Bs 89
Béziers (F) 158 Ag 94
Biała (PL) 201 Bo 74
Biała Piska (PL) 203 Ce 73
Biała Podlaska (PL) 209 Cg 76
Biała Rawska (PL) 208 Ca 77
Białobrzegi (PL) 204 Cf 73
Białogard (PL) 201 Bm 72
Białowieża (PL) 209 Ch 75
Białystok (PL) 204 Cg 74
Biancavilla (I) 133 Bk 105
Biarritz (F) 156 Sr 94
Biasca (CH) 111 As 88
Biatorbágy (H) 223 Bs 86
Bibbiena (I) 118 Bd 93
Biberach (D) 105 Ar 84
Bibione (I) 113 Bg 89
Bicaj (AL) 238 Ca 97
Bicske (H) 223 Bs 86
Bidart (F) 156 Sr 94
Bideford (GB) 77 Sm 78
Biedenkopf (D) 95 As 79
Biel = Bienne (CH) 149 Ap 86
Bielawa (PL) 212 Bo 79
Bielawy (PL) 206 Bm 77
Bielefeld (D) 95 As 76
Bielice (PL) 200 Bk 74
Bielsa (E) 167 Aa 95
Bielsko-Biała (PL) 213 Bt 81
Bielsk Podlaski (PL) 209 Cg 75
Bienne = Biel (CH) 149 Ap 86
Bienvenida (E) 178 Sh 104
Bieruń (PL) 213 Bt 80
Bietigheim-Bissingen (D) 101 At 83
Biggleswade (GB) 74 Su 76
Bihać (BIH) 231 Bm 91
Biharkeresztes (H) 225 Cd 86
Bijela (MNE) 237 Bs 96
Bijeljina (BIH) 228 Bt 91
Bijelo Polje (MNE) 234 Bu 94
Bilbao (E) 165 Sp 94
Bilcza (PL) 214 Cb 79
Biłgoraj (PL) 215 Cf 79
Billingham (GB) 65 Ss 71
Billingsfors (S) 48 Be 63
Billund (DK) 80 At 69
Binche (B) 136 Ai 80
Binéfar (E) 167 Aa 97
Bingen (D) 105 At 84
Binghan (GB) 65 St 75
Binz (D) 85 Bh 72
Biograd na moru (HR) 230 Bl 93
Biorra (IRL) 67 Se 74
Birkenfeld (D) 105 As 83
Birkenhead (GB) 64 So 74
Birkerød (DK) 81 Be 69
Birket (DK) 84 Bc 71
Birmingham (GB) 73 Sr 76
Biron (F) 150 Su 89
Birr = Biorra (IRL) 67 Se 74
Birštonas (LT) 197 Ci 71
Biržai (LT) 194 Ck 68
Bisbal d'Empordà, la (E) 169 Ag 97
Biscarrosse (F) 150 Ss 92
Biscarrosse-Plage (F) 150 Ss 92
Biscéglie (I) 128 Bo 98
Bischofshofen (A) 108 Bg 86
Bischofswerda (D) 98 Bi 78
Bishop Auckland (GB) 61 Sr 71
Bishop's Stortford (GB) 74 Su 77
Biskupice (PL) 207 Br 78
Biskupiec (PL) 202 Bt 74
Biskupin (PL) 206 Bq 75
Bissendorf (D) 88 Ar 76
Bissingen, Bietigheim- (D) 101 At 83
Bistrica (BIH) 232 Bp 91
Bistrica (SRB) 234 Bu 94
Bitburg (D) 99 Ao 81
Bitche (F) 143 Ap 82
Bitetto (I) 129 Bo 98
Bitola (MK) 239 Cc 98
Bitonto (I) 128 Bo 98
Bitterfeld-Wolfen (D) 97 Be 77
Bitti (I) 120 At 100
Bivona (I) 132 Bg 105
Bjärnum (S) 52 Bh 68
Bjelovar (HR) 226 Bo 89
Bjerkvik (N) 8 Bp 43
Bjørgo (N) 37 Au 59
Björka (S) 21 Bq 54
Björkbacken (S) 13 Bm 49
Björkeflåta (N) 37 As 60
Björkfors (S) 13 Bl 49
Björkliden (S) 21 Bu 50
Björklinge (S) 40 Bq 60
Björknäs (S) 21 Bt 51
Björkö (FIN) 42 Cc 60
Björkö (S) 48 Bd 65
Björksele (S) 21 Bp 53
Björksjön (S) 21 Bq 54
Björkvattnet (S) 19 Bh 51
Björna (S) 21 Bs 53
Björnhult (S) 53 Bm 66
Bjursås (S) 40 Bl 59
Bjurträsk (S) 21 Bq 51
Blace (SRB) 238 Cb 96
Blackburn (GB) 59 Sn 69
Blackpool (GB) 64 So 73
Blackshaw (GB) 61 So 71
Blackwood (GB) 73 So 77
Blain (F) 144 Sr 86
Blairgowrie (GB) 56 So 67
Blakeney (GB) 73 Sq 77
Blanc, Le (F) 146 Ac 87
Blanes (E) 169 Af 97
Blangy-sur-Bresle (F) 134 Ad 81
Blankenberge (B) 92 Ag 78
Blankenburg (D) 96 Bb 77
Blankenese (D) 89 Au 73
Blankenheim (D) 99 Ao 80
Blankensee (D) 91 Bg 74
Blanquefort (F) 150 St 91
Blansko (CZ) 218 Bo 82
Blantyre-Hamilton (GB) 59 Sm 69
Blarney (IRL) 70 Sc 77
Błaszki (PL) 207 Br 77
Blatná (CZ) 216 Bh 82
Blaubeuren (D) 105 Au 84
Blaydon (GB) 61 Sr 71
Blaye (F) 150 St 90
Bled (SLO) 114 Bi 88
Blinisht (AL) 238 Bu 97
Bloemendaal (NL) 86 Ak 76
Blois (F) 146 Ac 85
Blokhus (DK) 80 Au 66
Blomberg (D) 95 At 77
Bludenz (A) 105 Au 86
Blumberg (D) 105 As 85
Blumenthal (D) 83 Au 72
Blyth (GB) 61 Sr 70
Bø (N) 26 Am 56
Boalset (NL) 87 Am 74
Bòbbio (I) 117 At 91
Bobigny (F) 140 Ae 83
Böblingen (D) 105 At 83
Bobolice (PL) 201 Bo 73
Bobrowice (PL) 200 Bl 75
Bobrówko (PL) 200 Bl 75
Bobrowniki (PL) 201 Bp 71
Bochnia (PL) 214 Ca 81
Bocholt (D) 94 Ao 77
Bochum (D) 94 Ap 78
Bocognano (F) 161 At 96
Boddin (D) 90 Bc 73
Boden (S) 15 Cd 49
Bodenmais (D) 103 Bg 82
Bodmin (GB) 76 Sl 80
Bodø (N) 7 Bi 46
Bodzentyn (PL) 214 Cb 79
Boën (F) 153 Ai 89
Bogarra (E) 180 Sq 103
Bogatić (SRB) 228 Bt 91
Bogatynia (PL) 211 Bk 79
Bogen (N) 7 Bl 45
Bogense (DK) 83 Ba 69
Bognor Regis (GB) 78 St 79
Bogovina (SRB) 235 Cf 93
Bogumiłowice (PL) 207 Bt 78
Boguszów-Gorce (PL) 212 Bn 79
Bohain-en-Vermandois (F) 135 Ag 81
Bohinjska Bistrica (SLO) 114 Bh 88
Böhönye (H) 222 Bp 88
Bohumín (CZ) 213 Br 81
Boizenburg/Elbe (D) 89 Bb 74
Bojano (I) 126 Bi 98
Bøjden (DK) 83 Ba 70
Bol (HR) 236 Bo 94
Bolaños de Calatrava (E) 179 Sn 103
Bolbec (F) 134 Aa 81
Boldon (GB) 61 Ss 71
Böle (S) 15 Ce 49
Bolesławiec (PL) 205 Bm 78
Boljevac (SRB) 235 Cd 93
Bölkow (D) 84 Bd 72
Bolków (PL) 212 Bn 79
Bollebygd (S) 49 Bf 65
Bollène (F) 153 Ak 92
Bollnäs (S) 30 Bn 58
Bollstabruk (S) 30 Bq 55
Bolullos Par del Condado (E) 183 Sg 106
Bologna (I) 118 Bc 92
Bolsena (I) 124 Bd 95
Bolsward = Boalset (NL) 87 Am 74
Boltenhagen (D) 84 Bc 73
Bolton (GB) 64 Sq 73
Bolton Abbey (GB) 64 Sr 73
Bolzano (I) 112 Bc 87
Boñar (E) 164 Sk 95
Bondeno (I) 118 Bc 91
Bo'ness (GB) 59 Sn 68
Bonifacio (F) 161 At 98
Bonn (D) 94 Ap 79
Bonndorf im Schwarzwald (D) 105 Ar 85
Bonnes (F) 146 Ab 87
Bonnétable (F) 139 Aa 84
Bonneville (F) 149 An 88
Bono (I) 120 At 100
Bonorva (I) 120 As 100
Boo (S) 51 Br 62
Bootle (GB) 64 So 72
Boppard (D) 100 Aq 80
Bor (SRB) 235 Ce 92
Borås (S) 49 Bf 65
Borci (BIH) 232 Bq 91
Bordeaux (F) 150 St 91
Bordères-Louron (F) 157 Aa 95
Bordes (F) 156 Su 94
Bordesholm (D) 83 Ba 72
Bordighera (I) 116 Aq 93
Borehamwood (GB) 74 Su 77
Borek Wielkopolski (PL) 206 Bp 77
Borensberg (S) 50 Bl 63
Borgå = Porvoo (FIN) 44 Cm 60
Borge (N) 48 Bc 62
Borgholm (S) 53 Bo 67
Bórgia (I) 131 Bo 103
Borgomanero (I) 110 Ar 89
Borgorose (I) 125 Bg 96
Borgo San Lorenzo (I) 118 Bc 93
Borgosésia (I) 110 Ar 89
Borgsjö (S) 30 Bn 55
Borgund (N) 26 An 56
Borja (E) 166 Sr 97
Borken (D) 94 Ao 77
Borki (PL) 209 Cf 77
Borlänge (S) 40 Bl 59
Bormes-les-Mimosas (F) 160 An 94
Bòrmio (I) 111 Ba 88
Bornos (E) 184 Si 107
Borovo (HR) 227 Bs 90
Borowe (PL) 203 Cc 73
Borriana (E) 175 Su 101
Borriol (E) 175 Su 100
Bort-les-Orgues (F) 152 Ae 90
Børtnes (N) 37 At 60
Borup (DK) 80 Au 66
Bosa (I) 120 As 100
Bosanska Dubica = Kozarska Dubica (BIH) 226 Bo 90
Bosanska Gradiška = Gradiška (BIH) 226 Bp 90
Bosanska Krupa (BIH) 231 Bn 91
Bosanski Brod = Srpski Brod (BIH) 227 Br 90
Bosanski Novi = Novi Grad (BIH) 226 Bn 90
Bosanski Petrovac (BIH) 231 Bn 91
Bosanski Šamac = Srpski Šamac (BIH) 227 Br 90
Boskovice (CZ) 218 Bo 82
Bošnjane (SRB) 234 Cb 92
Bossòst (E) 168 Ab 95
Boston (GB) 65 Su 75
Botallack (GB) 76 Si 80
Botley (GB) 74 Ss 77
Botricello (I) 131 Bo 103
Botsmark (S) 22 Ca 52
Bottnaryd (S) 49 Bh 65
Bottrop (D) 94 Ao 77
Boucau (F) 156 Ss 93
Bouguenais (F) 144 Sr 86
Bouillac (F) 151 Ab 91
Bouillargues (F) 159 Ai 93
Bouillon (B) 136 Al 81
Bouloc (F) 151 Ac 92
Boulogne-sur-Mer (F) 134 Ad 79
Boulou, Le (F) 158 Af 95
Bourbon-Lancy (F) 147 Ah 87
Bourbon-l'Archambault (F) 147 Ag 87
Bourbourg (F) 135 Ae 79
Bourdeilles (F) 151 Ab 90
Bourg (F) 150 St 90
Bourganeuf (F) 151 Ad 89
Bourg-en-Bresse (F) 148 Al 88
Bourges (F) 147 Ae 86
Bourget-du-Lac, Le (F) 153 Am 89
Bourgneuf-en-Retz (F) 144 Sr 86
Bourgoin-Jallieu (F) 153 Al 89
Bourg-Saint-Maurice (F) 154 Ao 89
Bournemouth (GB) 78 Sr 79
Bournezeau (F) 145 Ss 87
Boussu (B) 135 Ah 80
Bovalino (I) 131 Bn 104
Bovec (SLO) 114 Bh 88
Bóveda (E) 163 Sf 95
Bovino (I) 118 Bc 93
Bowmore (GB) 58 Sh 69
Boxholm (S) 50 Bl 64
Boyle = Mainistir na Búille (IRL) 67 Sd 73
Bozen = Bolzano (I) 112 Bc 87
Bra (I) 116 Aq 91
Bracciano (I) 124 Be 96
Bräcke (S) 30 Bl 55
Bracknell (GB) 78 St 78
Bradford (GB) 64 Sr 73
Bradford on Avon (GB) 78 Sq 78
Brædstrup (DK) 80 Au 69
Braemar (GB) 56 So 66
Braeswick (GB) 57 Sp 62
Braga (P) 170 Sd 97
Bragança (P) 171 Sg 97
Brahlstorf (D) 89 Bb 74
Braine-le-Comte (B) 93 Ai 79
Braintree (GB) 75 Ab 77
Bram (F) 158 Ae 94
Brampton (GB) 61 Sp 71
Bramsche (D) 88 Aq 76
Brancaleone Marina (I) 131 Bn 105
Brande (DK) 80 At 69
Brandenburg an der Havel (D) 90 Bf 76
Brandis (D) 97 Bf 78
Brandýs nad Labem-Stará Boleslav (CZ) 211 Bk 80
Braniewo (PL) 202 Bu 72
Brännland (S) 21 Bt 53
Brańsk (PL) 209 Cf 75
Brantôme (F) 151 Ab 90
Braskereidfoss (N) 38 Bd 59
Brasschaat (B) 93 Ai 78
Brastad (S) 48 Bd 64
Bratislava (SK) 218 Bp 84
Brattfors (S) 21 Bu 53
Bratunac (BIH) 233 Bt 92
Braunau am Inn (A) 108 Bg 84
Braunfels (D) 95 Ar 79
Braunlage (D) 96 Bb 77
Braunschweig (D) 89 Bb 76
Bray = Bré (IRL) 68 Sh 74
Brazatortas (E) 179 Sm 103
Brbinj (HR) 230 Bk 92
Brčko (BIH) 233 Bs 91
Bré (IRL) 68 Sh 74
Brechin (GB) 56 Sp 67
Břeclav (CZ) 218 Bo 83
Brecon (GB) 73 So 77
Breda (NL) 93 Ak 77
Bredbyn (S) 20 Bi 53
Bregenz (A) 105 Au 85
Bregninge (DK) 81 Bc 69
Breisach am Rhein (D) 104 Aq 84
Breitenbrunn (D) 102 Bd 82
Breitscheid (D) 94 Ao 78
Breivik (N) 3 Ce 39
Brejning (DK) 80 As 68
Brekke (N) 36 Al 58
Brekken (N) 12 Bg 49
Brekkvasselv (N) 19 Bg 51
Brela (HR) 231 Bo 93
Bremen (D) 88 As 74
Bremerhaven (D) 88 As 73
Bremervörde (D) 89 At 74
Bremke (D) 89 At 76
Brenes (E) 184 Si 105
Brentwood (GB) 75 Aa 77
Brenz (D) 106 Ba 83
Brescello (I) 117 Ba 91
Brescia (I) 111 Ba 89
Bressanone = Brixen (I) 112 Bd 87
Bressuire (F) 145 Su 87
Brest (F) 137 Sm 84
Brestanica (SLO) 115 Bl 88
Brestovac (SRB) 235 Cd 94
Breteuil (F) 140 Ab 83
Bretten (D) 100 As 82
Breuil, Le (F) 141 Ah 83
Breuil-Cervinia (I) 110 Aq 89
Breuillet (F) 140 Ae 83
Brežice (SLO) 115 Bm 89
Brezna (SRB) 234 Ca 92
Brezno (SK) 220 Bu 83
Brezovica (SRB) 238 Cc 96
Bridgend (GB) 72 Sn 77
Bridge of Tilt (GB) 59 Sn 67
Bridgnorth (GB) 73 Sq 75
Bridgwater (GB) 77 So 78
Bridlington (GB) 65 Su 72
Bridport (GB) 77 Sp 79
Brienne-le-Château (F) 142 Ak 84
Brienz (CH) 110 Ar 87
Briey (F) 142 Am 82
Brig (CH) 149 Aq 88
Brighouse (GB) 64 Sr 73
Brighton (GB) 79 Su 79
Brignoles (F) 160 An 94
Brignoud (F) 153 Ak 90
Brihuega (E) 173 Sp 99
Brillac (F) 145 St 88
Bríndisi (I) 129 Bq 99
Brinkum (D) 88 Aq 74
Brion (F) 145 Aa 88
Brioude (F) 152 Ag 90
Brisighella (I) 118 Bd 92
Brissac-Quincé (F) 145 Su 86
Brive-la-Gaillarde (F) 151 Ad 90
Briviesca (E) 165 So 95
Brixen = Bressanone (I) 112 Bd 87
Brnjica (SRB) 229 Cd 91
Brno (CZ) 218 Bo 82
Bro (S) 40 Bq 62
Brod (BIH) 237 Bs 94
Brod (SRB) 238 Cb 97
Brodick (GB) 58 Sk 69
Brodnica (PL) 202 Bt 74
Brodské (SK) 218 Bp 83
Brody (PL) 205 Bk 77
Bromölla (S) 52 Bi 68
Bromsgrove (GB) 73 Sq 76
Bromyard (GB) 73 Sp 76
Brønderslev (DK) 80 Au 66
Brønnøysund (N) 12 Be 50
Bronte (I) 133 Bk 105
Brørup (DK) 80 Au 69
Brösarp (S) 52 Bi 69
Brou (F) 140 Ac 84
Brough (GB) 61 Sq 71
Broughton (GB) 59 So 69
Brovst (DK) 80 Au 66
Brownhills (GB) 73 Sr 75
Brua (N) 27 Au 55
Bruay-en-Artois = Bruay-la-Buissière (F) 135 Af 80
Bruay-sur-l'Escaut (F) 135 Ah 80
Bruchsal (D) 100 As 82
Bruck an der Leitha (A) 109 Bo 85
Bruck an der Mur (A) 109 Bl 86
Bruckberg (D) 102 Bb 82
Brudnów (PL) 207 Bt 77
Bruges = Brugge (B) 92 Ag 78
Brugg (CH) 105 Ar 86
Brugge (B) 92 Ag 78
Brüggen (D) 94 An 78
Brühl (D) 94 Ao 79
Brumath (F) 143 Aq 83
Brumunddal (N) 38 Bb 59
Bruneck = Brunico (I) 112 Bd 87
Brunflo (S) 29 Bk 54
Brunico = Bruneck (I) 112 Bd 87
Brunkeberg (N) 37 As 62
Brunsbüttel (D) 89 At 73
Brunskog (S) 39 Bf 61
Bruntál (CZ) 212 Bp 81
Brus (SRB) 235 Cc 94
Brusand (N) 46 Am 63
Brussel = Bruxelles (B) 93 Ai 79
Bruxelles (B) 93 Ai 79
Bruyère, La (B) 92 Ah 79
Brwinów (PL) 208 Cb 76
Bryne (N) 46 Am 63
Brzeg (PL) 212 Bp 79
Brzeg Dolny (PL) 206 Bo 78
Brześć Kujawski (PL) 207 Bs 75
Brzesko (PL) 214 Cb 81
Brzeszcze (PL) 213 Bt 81
Brzeziny (PL) 207 Br 77
Brzeźnica (PL) 207 Bt 78
Brzeżno (PL) 201 Bm 73
Brzozów (PL) 215 Ce 81
Bubiai (LT) 193 Cg 69
Buccino (I) 127 Bl 99
Buch (D) 106 Ba 84
Buchen (Odenwald) (D) 101 At 81
Buchholz (D) 94 Ap 79
Buchholz, Annaberg- (D) 97 Bg 79
Buchloe (D) 106 Bb 84
Buchs (CH) 105 At 86
Buchy (F) 134 Ac 81
Buckden (GB) 64 Sq 72
Buckhaven (GB) 59 So 68
Buckie (GB) 56 Sp 65
Buckingham (GB) 74 St 76
Buckley (GB) 64 So 74
Budakeszi (H) 223 Bs 85
Budapest (H) 224 Bt 86
Buddusò (I) 120 At 99
Bude (GB) 76 Sl 79
Büderich (D) 94 Ao 77
Büdingen (D) 101 At 80
Budoni (I) 120 Au 99
Búdrio (I) 118 Bd 91
Budva (MNE) 237 Bs 96
Budzów (PL) 212 Bo 79
Bugojno (BIH) 232 Bp 92
Bugue, Le (F) 151 Ab 91
Bühl (D) 105 Ar 85
Builth Wells (GB) 73 So 76
Bujalance (E) 185 Sm 105
Bujanovac (SRB) 239 Cd 96
Buk (PL) 206 Bo 76
Bukovik (SRB) 233 Bt 93
Bukowa (PL) 207 Bt 78
Bukowiec (PL) 202 Br 74
Bukowina Tatrzańska (PL) 220 Ca 82
Bülach (CH) 105 As 85
Bullas (E) 180 Sr 104
Bulle (CH) 149 Ap 87
Bully-les-Mines (F) 135 Af 80
Bülow (D) 90 Bd 73
Bunratty (IRL) 70 Sc 75
Buñuel (E) 166 Ss 97
Buonconvento (I) 124 Bc 94
Burg (D) 83 At 73
Burgau (D) 106 Ba 84
Burgdorf (CH) 149 Aq 86
Bürgel (D) 100 As 80
Burghausen (D) 107 Bf 84
Burghead (GB) 56 So 65
Burgkunstadt (D) 102 Bc 80
Burglengenfeld (D) 102 Be 82
Burgo de Osma, El (E) 173 So 97
Burgos (E) 165 Sn 96
Burg Stargard (D) 91 Bg 74
Burgui (E) 166 Ss 95
Burjassot (E) 181 Su 101
Burnham-on-Sea (GB) 77 So 78
Burnley (GB) 64 Sq 73
Burrel (AL) 238 Ca 97
Burscough (GB) 64 Sp 73
Burton upon Trent (GB) 73 Sr 75
Burträsk (S) 22 Cb 51
Burwell (GB) 65 Aa 74
Bury (GB) 64 Sq 73
Bury Saint Edmunds (GB) 75 Ab 76
Busca (I) 116 Ap 91
Busko-Zdrój (PL) 214 Ca 80
Busseto (I) 117 Ba 91
Bussière, La (F) 146 Ab 87
Bussum (NL) 86 Al 76
Busto Arsízio (I) 111 As 89
Büsum (D) 82 As 72
Butrimonys (LT) 197 Ci 71
Butte, la (F) 145 Su 87
Buttevant (IRL) 70 Sc 76
Butzbach (D) 100 As 80
Bützow (D) 90 Bd 73
Buvik (N) 12 Bg 48
Buvika (N) 18 Ba 54
Buxtehude (D) 89 Au 74
Buxton (GB) 64 Sr 74
Buzsák (H) 223 Bq 87
Buzy (F) 142 Am 82
By (S) 40 Bn 60
Byczyna (PL) 207 Br 78
Bydgoszcz (PL) 202 Br 74
Byrkjedal (N) 46 An 63
Byrness (GB) 61 Sp 70
Byrum (DK) 81 Bb 66
Byske (S) 22 Cc 51
Bystřice (CZ) 211 Bk 81
Bystřice nad Pernštejnem (CZ) 212 Bn 81
Bystřice pod Hostýnem (CZ) 219 Bq 82
Bystrzyca (PL) 212 Bp 79
Bystrzyca Kłodzka (PL) 212 Bo 80
Bytča (SK) 219 Bs 82
Bytom (PL) 213 Bs 80
Bytów (PL) 201 Bp 72
Byxelkrok (S) 53 Bp 66

C

Cabanes (E) 175 Aa 100
Cabeza del Buey (E) 178 Sk 103
Cabezas de San Juan, Las (E) 184 Si 107
Cabezón de la Sal (E) 165 Sm 94
Caboalles de Abajo (E) 163 Sh 95
Cabourg (F) 139 Su 82
Cabra (E) 185 Sm 106
Cábras (I) 121 As 101
Cacabelos (E) 163 Sg 95
Čačak (SRB) 234 Ca 93
Caccamo (I) 132 Bh 105
Cáceres (E) 178 Sh 102
Cadaqués (E) 169 Ag 96
Čađavica (BIH) 228 Bt 91
Cadenet (F) 160 Al 93
Cadillac (F) 150 Su 91
Cádiz (E) 184 Sh 107
Cadouin (F) 151 Ab 91
Caen (F) 139 Su 82
Caerleon (GB) 73 Sp 77
Caernarfon (GB) 72 Sm 74
Caerphilly (GB) 73 So 77
Cagli (I) 119 Bf 93
Cágliari (I) 121 At 102
Caher = An Chathair (IRL) 70 Se 76
Cahors (F) 151 Ac 92
Cairnryan (GB) 60 Sk 71
Cáiro Montenotte (I) 116 Ar 92
Caisleán an Bharraigh (IRL) 66 Sb 73
Caivano (I) 126 Bi 99
Čajetina (SRB) 233 Bu 93
Calacuccia (F) 161 At 96
Calahorra (E) 166 Sr 96
Calais (F) 134 Ad 79
Calamocha (E) 174 Ss 99
Calanda (E) 175 Su 99
Calangiánus (I) 120 At 99
Cala Rajada (E) 187 Ag 101
Cala Santa Galdana (E) 187 Ah 101
Calascibetta (I) 133 Bi 105
Calasparra (E) 180 Sr 104
Calatafimi (I) 132 Bf 105
Calatayud (E) 174 Sr 98
Caldaro sulla Strada del Vino = Kaltern (I) 112 Bc 88
Caldas da Rainha (P) 176 Sb 102
Caldas de Reis (E) 162 Sc 95
Caldes de Boí (E) 168 Ab 95
Caldes de Montbui (E) 169 Ae 97
Calella (E) 169 Af 97
Calella de Palafrugell (E) 169 Ag 97
Calenzano (I) 118 Bc 93
Caletta, la (I) 120 Au 99
Calheta (P) 170 Qd 103
Calitri (I) 127 Bl 99
Callander (GB) 59 Sm 68
Callanish (GB) 54 Sg 64
Calliano (I) 112 Bc 89
Callosa de Segura (E) 181 St 104
Calmont (F) 152 Af 92
Calobra, Sa (E) 187 Af 101
Calonge (E) 169 Ag 97
Calp (E) 181 Aa 103
Caltabellotta (I) 132 Bg 105
Caltagirone (I) 133 Bk 106
Caltanissetta (I) 133 Bi 106
Caltavuturo (I) 132 Bh 105
Caluso (I) 116 Aq 90
Calvi (F) 161 As 95
Calw (D) 105 As 83
Calzada de Calatrava (E) 179 Sn 103
Calzada de Oropesa, La (E) 178 Sk 101
Camacha (P) 183 Rg 115
Camaiore (I) 118 Ba 93
Camariñas (E) 162 Sb 94
Camas (E) 184 Sh 106
Cambados (E) 162 Sc 95
Camberley (GB) 78 St 78
Camborne-Redruth (GB) 76 Sk 80
Cambrai (F) 135 Ag 80
Cambridge (GB) 73 Sq 77
Cambrils (E) 168 Ac 98
Camerano (I) 119 Bh 93
Camerino (I) 125 Bg 94
Camerota (I) 128 Bl 100
Caminha (P) 162 Sc 97
Caminomorisco (E) 171 Sh 100
Camogli (I) 117 At 92
Campagna (I) 127 Bl 99
Campagne (F) 151 Ab 91
Campanario (E) 178 Si 103
Campaspero (E) 173 Sm 98
Campbeltown (GB) 60 Si 70
Campi Bisénzio (I) 118 Bc 93
Campillo, El (E) 180 So 104
Campillos (E) 184 Sl 106
Campi Salentina (I) 129 Br 100
Campli (I) 125 Bh 95
Campo (P) 170 Sd 98
Campobasso (I) 127 Bk 97
Campobello di Licata (I) 132 Bh 106
Campobello di Mazara (I) 132 Bf 105
Campo de Criptana (E) 179 So 102
Campo Maior (P) 177 Sf 102
Campomanes (E) 164 Si 94
Campomarino (I) 127 Bl 97
Camporgiano (I) 118 Ba 92
Camporrobles (E) 181 Ss 101
Campotéjar (E) 185 Sn 106
Cañada de San Urbano, La (E) 186 Sq 107
Canals (E) 181 St 103
Cañamero (E) 178 Sk 102
Cañaveral (E) 178 Sh 101
Cañaveras (E) 174 Sq 100
Candás (Carreño) (E) 164 Si 93
Candé (F) 145 Ss 85
Candela (I) 128 Bm 98
Candelária (P) 170 Qc 104
Candemil (P) 162 Sc 97
Candes-Saint-Martin (F) 145 Aa 86
Canelli (I) 116 Ar 91
Canet (F) 158 Ag 93
Cañete (E) 173 Sn 101
Cangas (E) 162 Sc 96
Cangas del Narcea (E) 163 Sg 94
Cangas de Onís (Cangues d'Onís) (E) 164 Sk 94
Canicattì (I) 132 Bh 106
Caniles (E) 186 Sp 106
Canjáyar (E) 186 Sp 106
Cannes (F) 161 Ap 93
Cannich (GB) 55 Sl 66
Cannóbio (I) 111 As 88
Cannock (GB) 73 Sq 75
Canosa di Púglia (I) 128 Bn 98
Can Picafort (E) 187 Ag 101
Cantalapiedra (E) 172 Sk 98
Cantalejo (E) 173 Sn 98
Cantalpino (E) 172 Sk 98
Cantanhede (P) 170 Sc 100
Canteleu (F) 140 Ac 82
Canterbury (GB) 79 Ac 78
Cantoria (E) 186 Sq 106
Cantù (I) 111 At 89
Canvey Island (GB) 75 Ab 77
Caol (GB) 58 Sk 67
Cáorle (I) 113 Bf 89
Capáccio (I) 128 Bl 100
Capànnori (I) 118 Bb 93
Caparica (P) 176 Sb 103
Cap-d'Agde, le (F) 159 Ah 94
Capdenac-Gare (F) 151 Ae 91
Cap-Ferret (F) 150 Ss 91
Capistrello (I) 126 Bg 97
Capodimonte (I) 124 Bd 95
Capo di Ponte (I) 111 Ba 88
Capo d'Orlando (I) 133 Bk 104
Capoterra (I) 121 As 102
Caprája = Capràia Isola (I) 123 Au 94
Caprarola (I) 124 Be 96
Capri (I) 126 Bi 99
Caramulo (P) 170 Sd 99
Caravaca de la Cruz (E) 180 Sr 104
Carballiño = Carballino, O (E) 162 Sd 96
Carballino, O (E) 162 Sd 96
Carballo (E) 162 Sc 94
Carboneras (E) 186 Sr 107
Carbonero el Mayor (E) 173 Sm 98
Carbónia (I) 121 As 102
Carbonne (F) 157 Ac 94
Carcaixent (E) 181 Su 102
Carcassonne (F) 158 Ae 94
Carcastillo (E) 166 Ss 96
Cardeña (E) 179 Sm 104
Cardenchosa, La (E) 178 Si 104
Cardenete (E) 180 Sr 101
Cardiff (GB) 73 So 77
Cardigan (GB) 72 Sl 76

Cardona (E) 169 Ad 97
Carentan (F) 139 Ss 82
Carew (GB) 72 Sl 77
Cargèse (F) 161 As 96
Carhaix-Plouguer (F) 137 Sn 84
Cariati (I) 131 Bo 102
Carignano (I) 116 Aq 91
Cariñena (E) 174 Ss 98
Carini (I) 117 Au 91
Cariño (E) 163 Se 93
Carinola (I) 126 Bh 98
Carlet (E) 181 St 102
Carlisle (GB) 61 Sp 71
Carloforte (I) 121 Ar 102
Carlota, La (E) 184 Sl 105
Carlow = Ceatharlach (IRL)
71 Sg 75
Carloway (GB) 54 Sg 64
Carluke (GB) 59 Sn 69
Carmagnola (I) 116 Aq 91
Carmarthen (GB) 72 Sm 77
Carmaux (F) 158 Ae 92
Carmona (E) 184 Si 106
Carnac (F) 144 So 85
Carnforth (GB) 64 Sp 72
Carnoustie (GB) 56 Sp 67
Carolina, La (E) 179 Sn 104
Carpenédolo (I) 112 Ba 90
Carpentras (F) 159 Al 92
Carpi (I) 118 Bb 91
Carpineti (I) 118 Bb 92
Carraig na Siúire (IRL) 70 Sf 76
Carral (E) 162 Sd 94
Carrara (I) 117 Ba 92
Carrasca, La (E) 185 Sm 106
Carrickmacross = Carraig
Mhachaire Rois (IRL) 67 Sg 73
Carrick on Suir = Carraig na Siúire
(IRL) 70 Sf 76
Carrión de los Condes (E)
164 Sl 96
Carsóli (I) 125 Bg 96
Cartagena (E) 187 St 105
Cartaxo (P) 176 Sc 102
Carteya (E) 183 Sf 106
Carvalhal (P) 171 Sf 100
Carvin (F) 135 Af 80
Casabermeja (E) 185 Sm 107
Casablanca (E) 181 Ss 104
Casabona (I) 126 Bi 97
Casa Branca (P) 176 Sd 103
Casàl di Principe (I) 126 Bi 98
Casale Monferrato (I) 116 Ar 90
Casalmaggiore (I) 117 Ba 91
Casamássima (I) 129 Bo 99
Casamicciola Terme (I) 126 Bh 99
Casarano (I) 129 Br 100
Casas de Juan Núñez (E)
180 Sr 102
Casas-Ibáñez (E) 181 Ss 102
Casavieja (E) 172 Sl 100
Cascais (P) 176 Sb 103
Cascante (E) 166 Sr 97
Cascina (I) 118 Bb 93
Casella (I) 112 Bd 89
Caselle Torinese (I) 116 Aq 90
Caserta (I) 126 Bi 98
Casetas (E) 174 Ss 97
Cashel = Caiseal (IRL) 70 Se 75
Casla (IRL) 66 Sa 74
Čáslav (CZ) 211 Bl 81
Caspe (E) 175 Su 98
Cassano allo Iònio (I) 128 Bn 101
Cassel (F) 135 Ae 79
Cassino (I) 126 Bh 98
Cassis (F) 160 Am 94
Castagneto Carducci (I) 123 Bb 94
Castañar de Ibor (E) 178 Sk 101
Castanheira de Pêra (P)
170 Sd 100
Castéggio (I) 117 At 90
Castelbuono (I) 133 Bi 105
Castel del Piano (I) 124 Bd 95
Castel di Sangro (I) 126 Bi 97
Castelfidardo (I) 124 Be 94
Castelfiorentino (I) 118 Bb 93
Castelfranco Veneto (I) 112 Bd 89
Castelginest (F) 157 Ac 93
Casteljaloux (F) 150 Aa 92
Castellabate (I) 128 Bk 100
Castellammare di Golfo (I)
132 Bf 104
Castellammare di Stábia (I)
126 Bi 99
Castellana Grotte (I) 129 Bp 99
Castellane (F) 160 Ao 93
Castellaneta (I) 129 Bo 99
Castellar de Santiago (E)
179 So 103
Castellar de Santisteban (E)
179 So 104
Castell 'Arquato (I) 117 Au 91
Castelló de la Plana (E)
175 Su 101
Castelló d'Empúries (E) 169 Ag 96
Castelnaudary (F) 158 Ad 94
Castelnau-le-Lez (F) 159 Ah 93
Castelnau-Magnoac (F) 157 Ab 94
Castelnovo ne'Monti (I) 117 Ba 92
Castelo (P) 170 Sd 98
Castelo Branco (P) 177 Sf 101
Castelo de Vide (P) 177 Sf 102
Castelões (P) 170 Sd 98
Castelrotto = Kastelruth (I)
112 Bd 87
Castel San Giovanni (I) 117 At 90
Castel San Pietro Terme (I)
118 Bd 92
Castelsardo (I) 120 As 99
Castelsarrasin (F) 157 Ac 92
Casteltérmini (I) 132 Bh 105
Castelvécchio (I) 118 Bb 92
Castelvetrano (I) 132 Bf 105
Castiglione del Lago (I) 124 Be 94
Castiglione della Pescàia (I)
123 Bb 95
Castiglion Fiorentino (I) 124 Bd 94
Castilblanco (E) 178 Sk 102
Castilblanco de los Arroyos (E)
184 Si 105
Castilléjar (E) 186 Sp 105
Castillo (E) 165 So 94
Castillo de Locubín (E) 185 Sn 105
Castlebar = Caisleán an Bharraigh
(IRL) 66 Sb 73
Castleblayney (IRL) 62 Sg 72
Castle Douglas (GB) 60 Sn 71
Castleford (GB) 65 Ss 73
Castleton (GB) 64 Sr 74
Castletown (GBM) 60 Sl 72
Castres (F) 158 Ae 93
Castricum (NL) 86 Ak 75
Castro (E) 163 Se 94
Castrocontrigo (E) 164 Sh 96
Castro del Río (E) 185 Sm 105
Castro de Rei (E) 163 Se 95
Castro Marim (P) 183 Sf 106
Castroreale (I) 133 Bl 104
Castro-Urdiales (E) 165 So 94
Castroverde (E) 163 Se 96
Castro Verde (P) 182 Sd 105
Castrovillari (I) 128 Bn 101
Castuera (E) 178 Si 103
Catània (I) 133 Bl 105
Catanzaro (I) 131 Bo 103
Catanzaro Marina (I) 131 Bo 103
Catarroja (E) 181 Su 102
Cateau-Cambrésis, Le (F)
135 Ah 80
Caterham (GB) 79 Su 78
Cathair na Mart = Westport (IRL)
66 Sa 73
Cattenom (F) 142 An 82
Catterick Garrison (GB) 64 Sr 72
Cattòlica (I) 119 Bf 93
Caudebec-en-Caux (F) 134 Ab 81
Caudry (F) 135 Ag 80
Caulónia (I) 131 Bn 104
Caumont (F) 157 Ab 92
Caussade (F) 151 Ad 92
Cauterets (F) 156 Su 95
Cava de'Tirreni (I) 127 Bk 99
Cavaillon (F) 159 Al 93
Cavalese (I) 112 Bc 88
Cavan = An Cabhán (IRL) 67 Sf 73
Cavárzere (I) 119 Be 90
Cayeux-sur-Mer (F) 134 Ac 80
Cazalla de la Sierra (E) 184 Si 105
Cazals (F) 151 Ac 91
Cazères (F) 157 Ac 94
Cazorla (E) 186 So 105
Ceatharlach (IRL) 71 Sg 75
Ceccano (I) 126 Bg 97
Cedeira (E) 162 Sd 93
Cefalù (I) 133 Bi 104
Cefn-mawr (GB) 73 So 75
Cegléd (H) 224 Bu 86
Céglie Messápica (I) 129 Bq 99
Cehegín (E) 180 Sr 104
Čelákovice (CZ) 211 Bk 80
Celano (I) 125 Bh 96
Celanova (E) 163 Se 96
Celiny (PL) 213 Bt 80
Celje (SLO) 115 Bl 88
Cella (E) 174 Ss 100
Celldömölk (H) 222 Bp 86
Celle (D) 89 Ba 75
Celles (B) 136 Al 80
Celorico da Beira (P) 171 Sf 99
Cenicero (E) 166 Sp 96
Centallo (I) 116 Aq 91
Centelles (E) 169 Ae 97
Cento (I) 118 Bc 91
Centúripe (I) 133 Bk 105
Cepagatti (I) 125 Bi 96
Čepin (HR) 227 Bs 89
Ceprano (I) 126 Bh 97
Cercal (P) 176 Sc 102
Cerceda (E) 162 Sd 94
Cercedilla (E) 173 Sm 99
Cercy-la-Tour (F) 147 Ah 87
Céret (F) 158 Af 96
Cerezo de Abajo (E) 173 Sn 98
Cerignola (I) 128 Bm 98
Cerknica (SLO) 114 Bi 89
Černjahovsk (RUS) 196 Cd 71
Cernóbbio (I) 111 At 89
Cernon (F) 141 Ai 83
Certaldo (I) 118 Bc 93
Certosa di Pavia (I) 117 At 90
Cervera (E) 168 Ac 97
Cervera del Río Alhama (E)
166 Sr 96
Cervera de Pisuerga (E)
165 Sm 95
Cervéteri (I) 124 Be 97
Cérvia (I) 119 Be 92
Cervières (F) 152 Ah 89
Cervinara (I) 127 Bk 98
Cervione (F) 161 At 96
Cesena (I) 119 Be 92
Cesenàtico (I) 119 Be 92
Cēsis (LV) 194 Cl 66
Česká Kamenice (CZ) 211 Bi 79
Česká Lípa (CZ) 211 Bk 79
Česká Třebová (CZ) 212 Bn 81
České Budějovice (CZ) 217 Bi 83
České Velenice (CZ) 217 Bk 83
Český Krumlov (CZ) 217 Bi 83
Český Těšín (CZ) 213 Bs 81
Cestas (F) 150 St 91
Cesvaine (LV) 194 Cn 67
Cetina (E) 174 Sr 98
Cetinje (MNE) 237 Bs 96
Cetraro (I) 131 Bm 101
Ceuta (E) 184 Sk 109
Ceva (I) 116 Ar 92
Cézac (F) 150 Su 90
Chagny (F) 148 Ak 87
Chaise-Dieu, La (F) 152 Ah 90
Chalais (F) 150 Aa 90
Châlette-sur-Loing (F) 141 Af 84
Challans (F) 144 Sr 87
Châlons-en-Champagne (F)
141 Ai 83
Châlons-sur-Marne = Châlons-
en-Champagne (F) 141 Ai 83
Chalon-sur-Saône (F) 148 Ak 87
Châlus (F) 151 Ab 89
Cham (CH) 105 Ar 86
Cham (D) 103 Bf 82
Chambéry (F) 153 Am 89
Chambord (F) 146 Ad 85
Chamonix-Mont-Blanc (F)
154 Ao 89
Champagné (F) 139 Aa 84
Champagne (F) 150 Aa 90
Champagne (F) 148 Am 86
Champagnole (F) 148 Am 87
Champeaux (F) 139 Ss 84
Champeix (F) 146 Ae 88
Champniers-et-Reilhac (F)
151 Ab 89
Champvans (F) 148 Al 86
Chamusca (P) 171 Se 100
Chancelade (F) 151 Ab 90
Chancelaria (P) 176 Sc 101
Changy (F) 147 Ah 88
Chantada (E) 163 Se 95
Chantilly (F) 140 Ae 82
Chantôme (F) 146 Ac 85
Chapelle, La (F) 136 Al 81
Chard (GB) 77 Sp 79
Charité-sur-Loire, La (F) 147 Ag 86
Charleroi (B) 136 Ai 80
Charlestown = Baile Chathail (IRL)
66 Sc 73
Charleville-Mézières (F) 136 Ak 81
Charlieu (F) 148 Ai 88
Charmes (F) 148 Al 86
Charnay-lès-Mâcon (F) 148 Ak 88
Charolles (F) 148 Ai 88
Charoux (F) 147 Ag 88
Charroux (F) 145 Aa 88
Chartres (F) 140 Ac 84
Charvieu-Chavagneur (F)
153 Al 89
Châtaigneraie, la (F) 145 Ss 87
Chatain (F) 145 Aa 88
Château-Arnoux (F) 160 An 92
Châteaubourg (F) 139 Ss 84
Châteaubriant (F) 144 Sp 85
Château-Chinon (F) 147 Ah 86
Château-d'Oex (CH) 149 Ap 88
Château-du-Loir (F) 145 Aa 85
Châteaudun (F) 140 Ac 84
Château-Gontier (F) 145 St 85
Château-la-Vallière (F) 145 Aa 85
Châteaulin (F) 137 Sm 84
Châteaumeillant (F) 146 Ae 87
Châteauneuf (F) 148 Ai 88
Châteauneuf-sur-Charente (F)
150 Su 89
Châteauponsac (F) 146 Ac 88
Château-Queyras (F) 154 Ao 91
Châteaurenard (F) 147 Af 85
Château-Renault (F) 146 Ab 85
Châteauroux (F) 146 Ad 87
Château-Salins (F) 143 Ao 83
Château-Thierry (F) 141 Ag 82
Châtellerault (F) 146 Ab 87
Châtenois (F) 142 Am 84
Chatham (GB) 79 Ab 78
Châtillon (I) 110 Aq 89
Châtillon-sur-Indre (F) 146 Ac 87
Châtillon-sur-Seine (F) 148 Ak 85
Châtre, la (F) 134 Ab 81
Chaudes-Aigues (F) 152 Ag 91
Chauffailles (F) 148 Ai 88
Chaumont (F) 142 Al 84
Chaumont-sur-Loire (F) 146 Ac 86
Chauny (F) 135 Ag 81
Chauvigny (F) 146 Ab 87
Chaves (P) 171 Sf 97
Cheadle (GB) 73 Sr 75
Cheb (CZ) 210 Be 80
Chef-Boutonne (F) 145 Su 88
Chelles (F) 141 Af 83
Chełmno (PL) 202 Br 74
Chelmsford (GB) 75 Aa 77
Chełmża (PL) 202 Bs 74
Cheltenham (GB) 73 Sq 77
Chelva (E) 181 St 101
Chemillé (F) 145 St 86
Chemnitz (D) 97 Bf 79
Chenonceaux (F) 146 Ac 86
Chepstow (GB) 73 Sp 77
Cherbourg-Octeville (F) 138 Sr 81
Chertsey (GB) 78 St 78
Cheshunt (GB) 75 Aa 77
Cheste (E) 181 St 102
Chester (GB) 64 Sp 74
Chesterfield (GB) 65 Ss 74
Chester-le-Street (GB) 61 Sr 71
Cheverny (F) 146 Ac 86
Chevilly (F) 140 Ad 84
Chianciano Terme (I) 124 Bd 94
Chiaramonte Gulfi (I) 133 Bk 106
Chiaramonti (I) 120 As 99
Chiaravalle (I) 119 Bg 93
Chiaravalle Centrale (I) 131 Bn 103
Chiari (I) 111 Au 89
Chiávari (I) 117 At 92
Chiavenna (I) 111 At 88
Chichester (GB) 78 St 79
Chiclana de la Frontera (E)
184 Sh 108
Chieri (I) 116 Aq 90
Chieti (I) 125 Bi 96
Chinchilla de Monte Aragón (E)
180 Sr 103
Chinon (F) 145 Aa 86
Chióggia (I) 119 Be 90
Chipiona (E) 184 Sh 107
Chippenham (GB) 78 Sq 78
Chipping Norton (GB) 73 Sr 77
Chirac (F) 151 Ab 89
Chiusa = Klausen (I) 112 Bd 87
Chiusa Sclàfani (I) 132 Bg 105
Chiusi (I) 124 Bd 94
Chivasso (I) 116 Aq 90
Chlum (CZ) 211 Bi 81
Chlumec nad Cidlinou (CZ)
211 Bl 80
Chmielno (PL) 202 Br 72
Choceň (CZ) 212 Bn 81
Chocianów (PL) 206 Bm 78
Chodov (CZ) 210 Bf 80
Chodzież (PL) 201 Bo 75
Chojna (PL) 200 Bi 75
Chojnice (PL) 201 Bq 73
Chojnów (PL) 206 Bm 78
Cholet (F) 145 St 86
Chomutov (CZ) 210 Bg 80
Chorin (D) 91 Bh 75
Chorley (GB) 64 Sp 74
Choroszcz (PL) 204 Cf 74
Chorzele (PL) 203 Cb 74
Chorzów (PL) 213 Bs 80
Choszczno (PL) 200 Bl 74
Chotěboř (CZ) 211 Bm 81
Chotěšov (CZ) 210 Bg 81
Chouto (P) 176 Sd 102
Christchurch (GB) 78 Sr 79
Christiansfeld (DK) 83 At 70
Chrudim (CZ) 211 Bm 81
Chrzanów (PL) 213 Bt 80
Chur (CH) 111 Au 87
Church Stretton (GB) 73 Sp 75
Churchtown (IRL) 71 Sg 76
Churriana (E) 185 Sl 107
Ciboure (F) 156 Sr 94
Ćićevac (SRB) 235 Cc 93
Ciechanów (PL) 208 Cb 75
Ciechanowiec (PL) 209 Ce 75
Ciechocinek (PL) 207 Bs 75
Ciempozuelos (E) 173 Sn 100
Cieszyn (PL) 206 Bq 78
Cieza (E) 181 Ss 104
Ciężkowice (PL) 214 Cb 81
Cifuentes (E) 174 Sp 99
Cill Airne (IRL) 69 Sa 76
Cillas (E) 174 Sr 99
Cill Chainnigh (IRL) 70 Sf 75
Cill Dalua (IRL) 70 Sd 75
Cill Dara (IRL) 67 Sg 74
Cilleruelo de Bezana (E) 165 Sn 95
Cillín Chaoimhín (IRL) 67 Sg 74
Cill Mhantáin (IRL) 71 Sh 75
Cill Orglan (IRL) 69 Sa 76
Cill Rois (IRL) 69 Sb 75
Cill Rónáin (IRL) 66 Sa 74
Ciminna (I) 132 Bh 105
Cinfães (P) 170 Sd 98
Cíngoli (I) 125 Bg 94
Cínisi (I) 132 Bg 104
Cionn Sáile (IRL) 70 Sc 77
Ciotat, La (F) 160 Am 94
Cirencester (GB) 73 Sr 77
Cirò (I) 131 Bp 102
Cirò Marina (I) 131 Bp 102
Cisna (PL) 221 Ce 82
Čistá (CZ) 210 Bh 80
Cisterna di Latina (I) 124 Bf 97
Cistierna (E) 164 Sk 95
Cittadella (I) 112 Bd 89
Città della Pieve (I) 124 Be 95
Città del Vaticano (V) 124 Be 97
Città di Castello (I) 124 Be 94
Cittanova (I) 131 Bn 104
Ciudad Real (E) 179 Sn 103
Ciudad-Rodrigo (E) 171 Sg 99
Ciutadella (E) 187 Ah 100
Cividale del Friuli (I) 113 Bg 88
Cívita Castellana (I) 124 Be 96
Civitanova Marche (I) 125 Bh 94
Civitavécchia (I) 124 Bd 96
Civray (F) 145 Aa 88
Clachan (GB) 54 Sh 66
Clacton-on-Sea (GB) 75 Ac 77
Clairac (F) 150 Aa 92
Claix (F) 150 Aa 89
Clamecy (F) 147 Ah 86
Claonaig (GB) 58 Sk 69
Claregalway (IRL) 66 Sc 74
Claremorris = Clár Chlainne
Mhuiris (IRL) 66 Sc 73
Claye-Souilly (F) 141 Af 83
Cleator Moor (GB) 60 Sn 71
Cleethorpes (GB) 65 Su 73
Clermont (F) 140 Ae 82
Clermont-Ferrand (F) 152 Ag 89
Clermont-l'Hérault (F) 158 Ag 93
Clervaux (L) 99 An 80
Cles (I) 112 Bb 88
Clevedon (GB) 77 Sp 78
Cleveleys (GB) 64 So 73
Clifden = An Clochán (IRL)
66 Ru 74
Clisson (F) 145 Ss 86
Clitheroe (GB) 64 Sq 73
Cloghan (IRL) 62 Se 71
Cloghan = An Clochán (IRL)
67 Se 74
Clogher (GB) 62 Sf 72
Cloich na Coillte (IRL) 70 Sc 77
Clonakilty = Cloich na Coillte (IRL)
70 Sc 77
Clondalkin (IRL) 68 Sh 74
Clones = Cluain Eois (IRL)
62 Sf 72
Clonmel = Cluain Meala (IRL)
70 Se 76
Cloppenburg (D) 88 Ar 75
Clovelly (GB) 77 Sm 78
Cluain Eois (IRL) 62 Sf 72
Cluain Meala (IRL) 70 Se 76
Cluny (F) 148 Ak 88
Cluses (F) 149 Ao 88
Clusone (I) 111 Au 89
Clydebank (GB) 59 Sm 69
Coalville (GB) 74 Ss 75
Coatbridge (GB) 59 Sm 69
Cobh = An Cóbh (IRL) 70 Sd 77
Coburg (D) 102 Bb 80
Coca (E) 172 Sl 98
Cocentaina (E) 181 Su 103
Cochem (D) 99 Ap 80
Cockermouth (GB) 61 So 71
Codogno (I) 117 Au 90
Codròipo (I) 113 Bf 89
Codsall (GB) 73 Sq 76
Coesfeld (D) 94 Ap 77
Coevorden (NL) 87 Ao 75
Cofrentes (E) 181 Ss 102
Cognac (F) 150 Su 89
Cogne (I) 110 Ap 89
Coimbra (P) 170 Sd 100
Coín (E) 184 Sl 107
Colayrac-Saint-Cirq (F) 151 Ab 92
Colchester (GB) 75 Ab 77
Colditz (D) 97 Bf 78
Coleraine (GB) 62 Sg 70
Collado-Villalba (E) 173 Sn 99
Coll de Nargó (E) 168 Ac 96
Colle di Val d'Elsa (I) 123 Bc 94
Colleferro (I) 126 Bg 97
Collesalvetti (I) 118 Ba 93
Collingham (GB) 65 Ss 73
Collioure (F) 158 Ag 95
Collodi (I) 123 Ba 94
Colmar (F) 143 Ap 84
Colmars (F) 154 Ao 92
Colmenar (E) 185 Sm 107
Colmenar, El (E) 184 Sk 107
Colmenar de Oreja (E) 173 So 100
Colmenar Viejo (E) 173 Sn 99
Colnabaichin (GB) 56 So 66
Colombey-les-Belles (F)
142 Am 83
Colombey-les-Deux-Églises (F)
142 Ak 84
Colombres (Ribadedeva) (E)
164 Sl 94
Colomiers (F) 157 Ac 93
Colwyn Bay = Bae Colwyn (GB)
72 Sn 74
Comácchio (I) 119 Be 91
Comillas (E) 165 Sm 94
Cómiso (I) 133 Bk 107
Commentry (F) 147 Af 88
Commercy (F) 142 Am 83
Como (I) 111 At 89
Compiègne (F) 141 Af 82
Comps (F) 151 Ae 89
Comrie (GB) 59 Sn 68
Concarneau (F) 137 Sn 85
Conceição (P) 182 Sd 105
Conches-en-Ouche (F) 140 Ab 83
Condeixa-a-Nova (P) 170 Sd 100
Condé-sur-l'Escaut (F) 135 Ah 80
Condé-sur-Noireau (F) 139 St 83
Condom (F) 157 Aa 93
Conegliano (I) 113 Be 89
Confolens (F) 151 Ab 88
Cong (IRL) 66 Sb 73
Congleton (GB) 64 Sq 74
Conil de la Frontera (E)
184 Sh 108
Connah's Quay (GB) 64 So 74
Conques (F) 152 Ae 91
Conquet, Le (F) 137 Sl 84
Conquista (E) 179 Sl 104
Consett (GB) 61 Sr 71
Constantí (E) 168 Ac 98
Constantina (E) 184 Si 105
Consuegra (E) 179 Sn 102
Contres (F) 146 Ac 86
Contrexéville (F) 142 Am 84
Conversano (I) 129 Bp 99
Conwy (GB) 72 Sn 74
Cookstown (GB) 62 Sg 71
Copertino (I) 129 Br 100
Copparo (I) 118 Bd 91
Corato (I) 128 Bn 98
Corbara (I) 124 Be 95
Corbeil-Essonnes (F) 140 Ae 83
Corbie (F) 135 Af 81
Corbigny (F) 147 Ah 86
Corby (GB) 74 St 76
Corcaigh (IRL) 70 Sd 77
Cordenons (I) 113 Bf 89
Cordes (F) 152 Ah 90
Córdoba (E) 184 Sl 105
Corella (E) 166 Sr 96
Cori (I) 124 Bf 97
Coria (E) 177 Sg 101
Coria del Río (E) 184 Sh 106
Corigliano Cálabro (I) 128 Bo 101
Corinaldo (I) 119 Bg 93
Cork (IRL) 70 Sd 77
Cork = Corcaigh (IRL) 70 Sd 77
Corleone (I) 132 Bg 105
Cornellà de Llobregat (E)
169 Ae 98
Corníglio (I) 117 Ba 92
Coronada, La (E) 178 Si 103
Corps (F) 154 Am 91
Corral de Almaguer (E) 179 So 101
Corral de Calatrava (E)
179 Sm 103
Corrales, Los (Corralles de
Buelna, Los) (E) 165 Sm 94
Corréggio (I) 118 Bb 91
Corridònia (I) 125 Bh 94
Corte (F) 161 At 96
Cortegada (E) 162 Sd 96
Cortegana (E) 183 Sg 105
Cortes de Aragón (E) 175 St 99
Cortina d'Ampezzo (I) 113 Be 87
Cortona (I) 124 Bd 94
Coruña, A (E) 162 Sd 94
Corvara in Badia (I) 112 Bd 87
Cosenza (I) 131 Bn 102
Cosne-Cours-sur-Loire (F)
147 Af 86
Cosoleto (I) 131 Bm 104
Costa da Caparica (P) 176 Sb 103
Coswig (D) 97 Bh 78
Côte-Saint-André, La (F) 153 Al 90
Cotignac (F) 160 An 93
Cotronei (I) 131 Bo 102
Cottbus (Chośebuz) (D) 98 Bi 77
Couarde-sur-Mer, La (F) 145 Ss 88
Coucy-le-Château-Auffrique (F)
135 Ag 81
Couëron (F) 144 Sr 86
Coulommiers (F) 146 Ad 86
Courmayeur (I) 110 Ao 89
Cournon-d'Auvergne (F) 152 Ag 89
Couronne, La (F) 150 Aa 89
Cours-la-Ville (F) 148 Ai 88
Courtrai = Kortrijk (B) 92 Ag 79
Coutainville, Agon- (F) 138 Sr 82
Coutances (F) 139 Ss 82
Coutras (F) 150 Su 90
Couvin (B) 136 Ai 80
Covaleda (E) 165 Sp 97
Covas (P) 162 Sc 97
Coventry (GB) 73 Sr 76
Covilhã (P) 171 Sf 100
Cowdenbeath (GB) 59 So 68
Cowes (GB) 78 Ss 79
Coxwold (GB) 65 Ss 72
Craigavon (GB) 63 Sh 72
Craignure (GB) 58 Si 68
Crail (GB) 59 Sp 68
Crailsheim (D) 101 Ba 82
Crathes (GB) 56 Sq 66
Crathie (GB) 56 So 66
Crawley (GB) 79 Su 78
Crêches-sur-Saône (F) 148 Ak 88
Crediton (GB) 77 Sn 79
Creeslough (IRL) 62 Se 70
Creglingen (D) 101 Ba 82
Creil (F) 140 Ae 82
Crema (I) 111 Au 90
Cremona (I) 117 Ba 90
Crépy-en-Valois (F) 141 Af 82
Cres (HR) 230 Bi 91
Créteil (F) 140 Ae 83
Creusot, Le (F) 148 Ai 87
Creutzwald (F) 143 Ao 82
Crevillente (E) 181 St 104
Crewe (GB) 64 Sq 74
Crieff (GB) 59 Sn 68
Crikvenica (HR) 230 Bk 90
Crimmitschau (D) 97 Be 79
Cristianos, Los (E) 182 Rg 124
Crna Bara (SRB) 228 Bt 91
Crni Lug (SRB) 238 Cb 95
Črnomelj (SLO) 115 Bl 89
Croisic, Le (F) 144 Sp 86
Cromer (GB) 75 Ac 75
Crook (GB) 61 Sr 71
Crookstown (IRL) 67 Sg 74
Crossgates (GB) 73 So 76
Crotone (I) 131 Bp 102
Crowborough (GB) 79 Aa 78
Crozon (F) 137 Sm 84
Csákvár (H) 223 Br 86
Csongrád (H) 224 Ca 87
Csorna (H) 222 Bp 85
Csurgó (H) 222 Bp 88
Cuba (P) 177 Se 104
Cuckfield (GB) 79 Su 78
Cudworth (GB) 65 Ss 73
Cuéllar (E) 173 Sm 98
Cuenca (E) 174 Sq 100
Cuers (F) 160 An 94
Cuevas del Almanzora (E)
186 Sr 106
Cuevas del Becerro (E)
184 Sk 107
Cuevas del Campo (E) 186 Sp 105
Culdaff (IRL) 62 Sf 70
Cúllar-Baza (E) 186 Sp 105
Cullera (E) 181 Su 102
Cumbernauld (GB) 59 Sn 69
Cumnock (GB) 60 Sm 70
Cúneo (I) 116 Aq 92
Cuorgnè (I) 110 Aq 90
Cupar (GB) 59 So 68
Cupra Marittima (I) 125 Bh 94
Ćuprija (SRB) 235 Cc 93
Cussac (F) 150 St 90
Cusset (F) 147 Ag 88
Cutro (I) 131 Bo 102
Cuxhaven (D) 88 As 73
Cvikov (CZ) 211 Bk 79
Cwmbran (GB) 73 So 77
Cybinka (PL) 205 Bk 76
Czarna Białostocka (PL) 204 Cg 74
Czarnków (PL) 206 Bo 75
Czechowice-Dziedzice (PL)
213 Bt 81
Czechy (PL) 201 Bo 73
Czeladź (PL) 213 Bt 80
Czeremcha (PL) 209 Cg 75
Czerna (PL) 205 Bk 77
Czersk (PL) 201 Bq 73
Czerwińsk nad Wisłą (PL)
208 Ca 76
Częstochowa (PL) 213 Bt 79
Człopa (PL) 201 Bn 74
Człuchów (PL) 201 Bp 73

D

Dabar (HR) 230 Bl 91
Dabas (H) 224 Bt 86
Dąbie (PL) 205 Bl 76
Dąbki (PL) 201 Bn 72
Dabo (F) 143 Ap 83
Dąbrowa (PL) 206 Bq 75
Dąbrowa Białostocka (PL)
204 Cg 73
Dąbrowa Górnicza (PL) 213 Bt 80
Dąbrowa Tarnowska (PL)
214 Cb 80
Dąbrowice (PL) 207 Bt 76
Dąbrówka (PL) 203 Cd 74
Dachau (D) 106 Bc 84
Dagda (LV) 195 Cp 68
Dahlen (D) 100 Aq 80
Dahme (D) 84 Bc 72
Daimiel (E) 179 Sn 102
Dalbeattie (GB) 60 Sn 71
Dalby (S) 39 Bg 59
Dale (GB) 57 Sr 60
Dalen (N) 27 Ar 55
Dalfsen (NL) 87 An 75
Dalías (E) 186 Sp 107
Dalkeith (GB) 59 So 69
Dalmally (GB) 58 Sl 68
Dalmellington (GB) 60 Sm 70
Dals Långed (S) 48 Be 63
Dalton- in- Furness (GB) 64 So 72
Dalwhinnie (GB) 59 Sm 67
Dambeck (D) 90 Bd 74
Damgarten, Ribnitz- (D) 84 Be 72
Damme (D) 88 Ar 75
Dampierre (F) 140 Ac 84
Dampierre-sur-Salon (F)
148 Am 85
Damsdorf (D) 83 Ba 72
Dannenberg (Elbe) (D) 90 Bc 74
Darfo (I) 111 Ba 89
Dargun (D) 90 Bf 73
Darlington (GB) 61 Sr 71
Darłowo (PL) 201 Bn 72
Darmstadt (D) 100 As 81
Daroca (E) 174 Ss 98
Dartford (GB) 79 Aa 78
Dartmeet (GB) 77 Sn 79
Dartmouth (GB) 77 Sn 80
Daruvar (HR) 226 Bp 89
Datteln (D) 94 Ap 77
Daugavpils (LV) 195 Co 69
Daun (D) 99 Ao 80
Daventry (GB) 74 Ss 76
Davière, la (F) 144 Sr 86
Davos Platz (CH) 111 Au 87
Dax (F) 156 Ss 93
Deal (GB) 79 Ac 78
Deauville (F) 139 Aa 82
Debar (MK) 238 Cb 97
Dębica (PL) 214 Cc 80
Dębice (PL) 200 Bl 73
Dęblin (PL) 208 Cd 77
Dębnica Kaszubska (PL)
201 Bp 72
Dębno (PL) 205 Bk 75
Dębów (PL) 209 Cg 77
Dębowiec (PL) 213 Bs 81
Debrc (SRB) 228 Bu 91
Debrecen (H) 225 Cd 85
Debrzno (PL) 201 Bp 73
Dečani (SRB) 238 Ca 95
Decazeville (F) 151 Ae 91
Děčín (CZ) 211 Bi 79
Decize (F) 147 Ag 87
Degerfors (S) 49 Bi 62
Deggendorf (D) 107 Bf 83
Deidesheim (D) 100 Ar 82
De Koog (NL) 86 Ak 74
Delčevo (MK) 239 Cf 97
Delémont (CH) 149 Ap 86
Delft (NL) 86 Ai 76
Delfzijl (NL) 87 Ao 74
Delianuova (I) 131 Bm 104
Delitzsch (D) 97 Be 77
Delle (F) 149 Ao 85
Delmenhorst (D) 88 As 74
Delnice (HR) 114 Bk 90
Delsbo (S) 30 Bn 57
Demmin (D) 91 Bg 73
Denain (F) 135 Ag 80
Denbigh (GB) 64 So 74
Den Burg (NL) 86 Ak 74
Dendermonde (B) 93 Ai 78
Denekamp (NL) 87 Ap 76
Den Haag (NL) 86 Ai 76
Den Helder (NL) 86 Ak 75
Denia (E) 181 Aa 103
Den Oever (NL) 86 Al 75
Denton (GB) 64 Sq 74
De Panne (B) 92 Af 78
Derby (GB) 74 Ss 75
Derecske (H) 225 Cd 86
Derry (GB) 62 Sf 71
Derry Doire = Derry (GB) 62 Sf 71
Derval (F) 144 Sr 85
Derventa (BIH) 232 Bq 91
Descartes (F) 146 Ab 87
Desenzano del Garda (I)
112 Bb 90
Despotovac (SRB) 235 Cc 92
Dessau-Roßlau (D) 97 Be 77
Desvres (F) 134 Ad 79
Detmold (D) 95 As 77
Detva (SK) 219 Bt 83
Deutschkreutz (A) 109 Bo 85
Deutschlandsberg (A) 115 Bl 87
Dévaványa (H) 225 Cb 86
Devecser (H) 222 Bp 86
Deventer (NL) 87 An 76
Devil's Bridge (GB) 72 Sn 76
Devizes (GB) 78 Sr 78
Dewsbury (GB) 64 Sr 73
Diamante (I) 128 Bm 101
Dianalund (DK) 84 Bd 69
Die (F) 153 Al 91
Diedorf (D) 106 Bb 84
Diekirch (L) 99 An 81
Diepholz (D) 88 Ar 75
Dieppe (F) 134 Ac 81
Dießen am Ammersee (D)
106 Bc 85
Diest (B) 93 Al 79
Dietersdorf (D) 102 Bb 80
Dieulouard (F) 142 An 83
Dieuze (F) 143 Ao 83
Dieveniškės (LT) 198 Cm 72
Digne-les-Bains (F) 154 An 92
Digoin (F) 147 Ah 88
Dijon (F) 148 Al 86
Dillenburg (D) 95 Ar 79
Dimitrovgrad (SRB) 235 Cf 94
Dinan (F) 138 Sq 84
Dinant (B) 136 Ak 80
Dinard (F) 138 Sq 83
Dingolfing (D) 107 Be 83
Dinkelsbühl (D) 101 Ba 82
Dinnington (GB) 65 Ss 74
Dinslaken (D) 94 Ao 77
Dippoldiswalde (D) 97 Bh 79
Disentis = Mustér (CH) 111 As 87
Dissen (D) 95 At 78
Divci (SRB) 234 Bu 94
Dives-sur-Mer (F) 139 Su 82
Divín (SK) 220 Bu 84
Djorče Petrov (MK) 239 Cc 96
Djupfors (S) 13 Bn 49
Djupvik (N) 3 Cb 41
Djura (S) 39 Bk 59
Długołęka (PL) 204 Cf 74
Dobbiaco = Toblach (I) 113 Be 87
Dobczyce (PL) 214 Ca 81
Dobele (LV) 193 Cg 67
Dobiegniew (PL) 201 Bm 75
Doboj (BIH) 232 Br 91
Dobra (PL) 200 Bi 74
Dobřany (CZ) 210 Bg 81
Dobre (PL) 207 Bs 75
Dobre Miasto (PL) 203 Ca 73
Dobříš (CZ) 211 Bi 81
Dobrnja (BIH) 232 Bp 91
Dobromierz (PL) 207 Bu 78
Dobrzany (PL) 200 Bl 74
Dobrzyca (PL) 201 Bm 72
Doddington (GB) 61 Sr 69
Döderhult (S) 53 Bn 66
Dogliani (I) 116 Aq 91
Dokka (N) 38 Ba 59
Dokkas (S) 15 Cc 46
Dokkum (NL) 87 Am 74
Doksy (CZ) 211 Bk 79
Dolceacqua (I) 116 Aq 93
Dole (F) 148 Am 86
Dolenja vas (SLO) 114 Bk 89
Dolgellau (GB) 72 Sn 75
Dolianova (I) 121 At 102
Dollar (GB) 59 Sn 68
Dolní Újezd (CZ) 212 Bn 81
Dolný Kubín (SK) 219 Bt 82
Dolo (I) 113 Be 90
Dolores (E) 187 St 105
Domažlice (CZ) 216 Bf 82
Dombóvár (H) 223 Br 88
Domeikava (LT) 197 Ch 71
Domfront (F) 139 St 83
Domingo Pérez (E) 172 Sl 101
Dömitz (D) 90 Bc 74
Domme (F) 151 Ac 91
Domodóssola (I) 110 Ar 88
Domont (F) 140 Ae 82
Dompierre-sur-Besbre (F)
147 Ah 87
Domrémy-la-Pucelle (F) 142 Am 84
Domsód (H) 224 Bt 86
Domusnóvas (I) 121 As 102
Doña Mencía (E) 185 Sm 105
Donauwörth (D) 106 Bb 83
Don Benito (E) 178 Si 103
Doncaster (GB) 65 Ss 73
Donegal = Dún na nGall (IRL)
62 Sd 71
Donges (F) 144 Sq 86
Dongo (I) 111 At 88
Donja Bukovica (SRB) 233 Bt 92
Donji Miholjac (HR) 227 Br 89
Donji Milanovac (SRB) 235 Ce 92
Donostia-San Sebastián (E)
166 Sr 94
Doolin (IRL) 66 Sb 74
Doorn (NL) 86 Al 76
Doornik = Tournai (B) 92 Ag 79
Dorchester (GB) 78 Sq 79
Dordrecht (NL) 93 Ak 77
Dorgali (I) 120 Au 100
Dória (I) 117 At 92
Dorking (GB) 79 Su 78
Dormans (F) 141 Ah 82
Dornbirn (A) 105 Au 86
Dornburg (D) 95 Ar 79
Dornie (GB) 54 Si 66
Dornoch (GB) 55 Sm 65
Dorog (H) 219 Bs 85
Dorotea (S) 20 Bn 52
Dorpat = Tartu (EST) 190 Co 64
Dorsten (D) 94 Ao 77
Dortmund (D) 94 Ap 77
Dörverden (D) 89 At 75
Dosbarrios (E) 179 So 101
Dos Hermanas (E) 184 Si 106
Douai (F) 135 Ag 80
Douarnenez (F) 137 Sm 84
Douchy-les-Mines (F) 135 Ag 80
Doudeville (F) 134 Ab 81
Doué-la-Fontaine (F) 145 Su 86
Douglas (GB) 59 Sn 69
Douglas (GBM) 60 Sm 72
Doullens (F) 135 Ae 80
Doune (GB) 59 Sm 68
Dour (B) 135 Ah 80
Dourdan (F) 140 Ae 83
Dover (GB) 79 Ac 78
Drachten (NL) 87 An 74
Drag (N) 18 Bc 51
Drageid (N) 13 Bl 46
Dragør (DK) 84 Bf 69
Draguignan (F) 160 An 93
Drammen (N) 38 Ba 61
Drange (N) 36 Al 60
Drawno (PL) 201 Bm 74
Drawsko Pomorskie (PL)
201 Bm 73
Dreieich (D) 100 As 80
Drenovac (SRB) 228 Bu 91
Dresden (D) 97 Bh 78
Dreux (F) 140 Ac 83
Drezdenko (PL) 205 Bm 75
Driffield (GB) 65 Su 72
Drizë (AL) 240 Bu 99
Drniš (HR) 231 Bn 93
Drøbak (N) 38 Bb 61
Drobin (PL) 207 Bu 75
Drochtersen (D) 89 At 73
Drogheda = Droichead Átha (IRL)
68 Sh 73
Drohiczyn (PL) 209 Cf 76
Droichead Átha (IRL) 68 Sh 73
Droichead Nua = Newbridge (IRL)
67 Sg 74
Droitwich (GB) 73 Sq 76
Dromore (GB) 62 Sf 71
Dronero (I) 116 Ap 92
Dronfield (GB) 65 Ss 74
Drosendorf-Zissersdorf (A)
109 Bm 83
Druid (GB) 73 So 75
Drumgask (GB) 55 Sm 66
Drummore (GB) 60 Sl 71
Drumnadrochit (GB) 55 Sm 66
Druskininkai (LT) 197 Ch 72
Druva (LV) 193 Ce 67
Drvar (BIH) 231 Bn 92
Drynoch (GB) 54 Sh 66
Drzewce (PL) 206 Bq 76
Drzonowo (PL) 200 Bl 72
Dublin = Baile Átha Cliath (IRL)
68 Sh 74
Dubnica (SRB) 235 Cc 92
Dubnica nad Váhom (SK)
219 Br 83
Dubovac (SRB) 229 Cc 91
Dubovik (MNE) 237 Bs 96
Dubrovnik (HR) 237 Br 95
Duchcov (CZ) 210 Bh 79
Dudelange (L) 99 An 82
Duderstadt (D) 96 Ba 77
Dudley (GB) 73 Sq 75
Duesund (N) 36 Al 59
Dufftown (GB) 56 So 66
Duino-Aurisina (I) 113 Bh 89
Duisburg (D) 94 Ao 78
Dukla (PL) 214 Cd 81
Dukovany (CZ) 218 Bn 82
Dülmen (D) 94 Ap 77
Dumbarton (GB) 58 Sl 69
Dumfries (GB) 60 Sn 70
Dunaföldvár (H) 223 Bs 87
Dunaharaszti (H) 224 Bt 86

Dunajská Streda (SK) 219 Bq85
Dunakeszi (H) 224 Bt85
Dunaújváros (H) 223 Bs87
Dunbar (GB) 59 Sp69
Dunblane (GB) 59 Sn68
Dundaga (LV) 193 Ce65
Dundalk = Dún Dealgan (IRL) 63 Sh72
Dún Dealgan (IRL) 63 Sh72
Dundee (GB) 59 Sp68
Dundrennan (GB) 60 Sn71
Dundrum (IRL) 68 Sh74
Dunfermline (GB) 59 So68
Dungannon (GB) 62 Sg71
Dún Garbhán (IRL) 70 Se76
Dungarvan (IRL) 70 Sf75
Dunkeld (GB) 59 Sn67
Dunkerque (F) 135 Ae78
Dún na nGall (IRL) 62 Sd71
Dunoon (GB) 58 Sl69
Dunstable (GB) 74 St77
Dunvegan (GB) 54 Sg66
Durango (E) 166 Sp94
Đurđevac (HR) 226 Bp88
Düren (D) 94 An79
Durham (GB) 61 Sr71
Durlas (IRL) 70 Se75
Durmersheim (D) 105 Ar83
Durness (GB) 55 Sl63
Dürnstein (A) 109 Bm84
Durrës (AL) 238 Bt98
Durrow = Darú (IRL) 70 Sf75
Dury (F) 135 Ae81
Dusetos (LT) 198 Cm69
Düsseldorf (D) 94 Ao78
Duszniki Zdrój (PL) 212 Bn80
Duvno = Tomislavgrad (BIH) 232 Bp93
Dvor (SLO) 114 Bi88
Dvůr Králové nad Labem (CZ) 211 Bm80
Dynów (PL) 215 Ce81
Dyranut (N) 37 Ap60
Działdowo (PL) 203 Ca74
Działoszyn (PL) 207 Bs78
Dzierzgoń (PL) 202 Bt73
Dzierżoniów (PL) 212 Bo79
Dziwnów (PL) 200 Bk72
Dzwonowice (PL) 213 Bu79

E

Earl Shilton (GB) 74 Ss75
Easington (GB) 65 Aa73
Eastbourne (GB) 79 Aa79
East Dereham (GB) 75 Ab75
East Grinstead (GB) 79 Su78
East Kilbride (GB) 59 Sm69
East Retford (GB) 65 St74
Eauze (F) 157 Aa93
Ebbw Vale (GB) 73 So77
Ebeltoft (DK) 81 Bb68
Eberbach (D) 100 As82
Ebern (D) 102 Bb80
Ebersbach (D) 97 Bf78
Ebersberg (D) 107 Bd84
Eberswalde (D) 91 Bh75
Éboli (I) 127 Bl99
Ebreichsdorf (A) 109 Bn85
Echternach (L) 99 An81
Écija (E) 184 Sk105
Eckernförde (D) 83 Au72
Écouen (F) 140 Ae82
Ecury-sur-Coole (F) 141 Ai83
Ed (S) 21 Bp54
Eda (S) 38 Be61
Eda glasbruk (S) 38 Be61
Edam (NL) 86 Al75
Ede (NL) 87 Am76
Edefors (S) 15 Cb48
Edelény (H) 220 Cb84
Edemissen (D) 89 Ba76
Edenkoben (D) 100 Ar82
Edgeworthstown = Meathas Troim (IRL) 67 Se73
Edinburgh (GB) 59 So69
Edsbyn (S) 30 Bm58
Eeklo (B) 92 Ah78
Eersel (NL) 93 Al78
Egby (S) 53 Bo67
Egebjerg (DK) 80 Au69
Eger (H) 220 Ca85
Egersund (N) 46 An64
Eggenburg (A) 109 Bm83
Eggenfelden (D) 107 Bf84
Egglescliffe (GB) 65 Ss71
Egletons (F) 151 Ae90
Egmond aan Zee (NL) 86 Ak75
Egremont (GB) 64 Sn72
Ehingen (Donau) (D) 105 Au84
Ehrenfriedersdorf (D) 97 Bf79
Eibar (E) 166 Sq94
Eichstätt (D) 106 Bc83
Eichwalde (D) 91 Bh76
Eid (N) 18 Ba53
Eidet (N) 20 Bi52
Eidsfoss (N) 18 As54
Eidsvoll (N) 38 Bc60
Eik (N) 26 Ao55
Eilenburg (D) 97 Bf78
Einbeck (D) 95 Au77
Eindhoven (NL) 93 Am78
Einsiedeln (CH) 105 As86
Eisenach (D) 96 Ba79
Eisenerz (A) 108 Bk85
Eisenhüttenstadt (D) 91 Bk76
Eisenstadt (A) 109 Bn85
Eišiškės (LT) 198 Cl72
Eisleben, Lutherstadt- (D) 96 Bd77
Eivissa (E) 186 Ac103
Ejby (DK) 81 Bd69
Ejea de los Caballeros (E) 166 Ss96
Ekenässjön (S) 50 Bl66
Ekerö (S) 51 Bq62
Ekshärad (S) 39 Bg60
Eksjö (S) 50 Bl65
El Álamo (E) 184 Sh105
El Astillero (E) 165 Sn94
Elbasan (AL) 238 Ca98
Elbeuf (F) 140 Ab82
Elbląg (PL) 202 Bt72
El Cabo de Gata (E) 186 Sq107
El Campillo (E) 179 So104
El Carpio de Tajo (E) 179 Sm101
El Cerro de Andévalo (E) 183 Sg105
Elche de la Sierra (E) 180 Sq104
Elchingen (D) 106 Ba83
El Coronil (E) 184 Si106
Elda (E) 181 St104
Eldalsosen (N) 26 An58
Eleja (LV) 193 Ch68
Elektrėnai (LT) 198 Ck71
Elgin (GB) 56 So65
Elgoibar (E) 166 Sq94
Elgol (GB) 54 Sh66
Elimäki (FIN) 33 Ck56
Elizondo (E) 166 Sr94
Ełk (PL) 204 Ce73
Ellesmere Port (GB) 64 Sp74
Ellon (GB) 56 Sq66
Ellwangen (D) 105 Au85
Elmenhorst (D) 84 Bc73
Elmshorn (D) 89 Au73
Elne (F) 158 Af95
El Prat de Llobregat (E) 169 Ae98
El Puerto (E) 164 Si94
El Saucejo (E) 184 Sk106
Elsdorf (D) 89 At74
Elsfleth (D) 88 Ar74
Elst (NL) 87 Am76
Elsterwerda (D) 97 Bh78
Elva (EST) 190 Cn64
Elvas (P) 177 Sf103
Elvenes (N) 5 Da41
Elverum (N) 38 Bd59
Elx (E) 181 St104
Elxleben (D) 96 Bb78
Ely (GB) 75 Aa76
Emanville (F) 134 Ab81
Embrun (F) 154 An91
Emden (D) 88 Ap74
Emmaboda (S) 53 Bm67
Emmen (NL) 87 Ao75
Emmendingen (D) 104 Aq84
Emmerich am Rhein (D) 94 An77
Émpoli (I) 118 Bb93
Emsdetten (D) 88 Aq76
Emsworth (GB) 78 St79
Enånger (S) 30 Bp57
Encinas Reales (E) 185 Sm106
Engelberg (CH) 110 Ar87
Engelhartszell (A) 108 Bh84
Engerdal (N) 28 Bd57
Engerneset (N) 28 Be57
Enghien (B) 93 Ai79
Engure (LV) 193 Cg66
Enkhuizen (NL) 86 Al75
Enköping (S) 40 Bo61
Enna (I) 133 Bi105
Ennepetal (D) 94 Ap78
Ennis = Inis (IRL) 70 Sc75
Enniscorthy = Inis Córthaidh (IRL) 71 Sg75
Enniskillen (GB) 62 Se72
Enns (A) 108 Bi84
Enontekiö (FIN) 9 Ch44
Enschede (NL) 87 Ao76
Entrevaux (F) 160 Ao93
Enying (H) 223 Br87
Eochaill (IRL) 70 Se77
Epe (NL) 87 Am76
Épernay (F) 141 Ah82
Épila (E) 174 Ss97
Épinal (F) 142 An84
Episcopía (I) 128 Bn100
Eppan = Appiano sulla Strada del Vino (I) 112 Bc88
Eppelborn (D) 99 Ao82
Epping (GB) 75 Aa77
Epuisay (F) 146 Ab85
Eräjärvi (FIN) 33 Ck57
Erbach (D) 101 At81
Erbalunga (F) 161 At95
Ercsi (H) 223 Bs86
Érd (H) 223 Bs86
Erding (D) 107 Bd84
Erftstadt (D) 94 Ao79
Erfurt (D) 96 Bc79
Ērgļi (LV) 194 Cm67
Eriboll (GB) 55 Sl64
Ericeira (P) 176 Sb103
Eriksberg (S) 20 Bm50
Eriksmåla (S) 53 Bl67
Erlangen (D) 102 Bc81
Ermelo (NL) 87 Am76
Ermenonville (F) 141 Af82
Ermida (P) 170 Sc100
Ernée (F) 139 St84
Ernstbrunn (A) 109 Bn84
Ersmark (S) 22 Ca53
Ertebølle (DK) 80 At67
Ervedal (P) 171 Se100
Erxleben (D) 90 Bc76
Esbjerg (DK) 82 Ar70
Escalaplano (I) 121 At101
Escaldes, Les (AND) 169 Ad95
Escároz (E) 166 Ss95
Escarrilla (E) 167 Su95
Escaudain (F) 135 Ag80
Eschach (D) 105 Au83
Eschenbach (CH) 105 Ar86
Esch-sur-Alzette (L) 99 Am81
Eschwege (D) 96 Ba78
Eschweiler (D) 94 An79
Escusa (P) 177 Se102
Esens (D) 88 Aq73
Esher (GB) 79 Su78
Eskilstrup (DK) 81 Ba69
Eskilstuna (S) 40 Bo62
Eslöv (S) 52 Bg69
Es Mercadal (E) 187 Ai101
Esneux (B) 93 Am79
Espa (N) 38 Bc59
Espalion (F) 152 Af91
Esparron (F) 157 Ab94
Esparza (E) 166 Sr95
Espe (N) 36 Ao60
Espejo (E) 165 So95
Espelkamp (D) 88 As76
Espérou, l' (F) 159 Ah92
Espina, La (E) 163 Sh94
Espinar, El (E) 173 Sm99
Espinho (P) 170 Sc98
Esposende (P) 170 Sc97
Esquivias (E) 173 Sn100
Essarts, Les (F) 145 Ss87
Essen (D) 94 Ap78
Esslingen am Neckar (D) 105 At83
Estación, La (E) 172 Si99
Estaing (F) 152 Af91
Estarreja (P) 170 Sc99
Este (I) 118 Bd90
Estella (E) 166 Sq95
Estepa (E) 184 Sl106
Estepona (E) 184 Sk108
Estói (P) 183 Se106
Estorf (D) 89 At73
Estoril (P) 176 Sb103
Estrada, A (E) 162 Sd95
Estremoz (P) 177 Se103
Esztergom (H) 219 Bs85
Étain (F) 142 Am82
Étampes-sur-Marne (F) 141 Ag82
Étaples (F) 134 Ad79
Ettlingen (D) 105 Ar83
Eu (F) 134 Ac80
Eupen (B) 93 An79
Euskirchen (D) 94 Ao79
Eutin (D) 83 Bb72
Evergem (B) 92 Ah78
Evesham (GB) 73 Sr76
Evisa (F) 161 As96
Evje (N) 47 Aq63
Évora (P) 177 Se103
Évora Monte (Santa Maria) (P) 177 Se103
Evron (F) 139 Su84
Exeter (GB) 77 Sn79
Exmouth (GB) 77 So79
Eye (GB) 74 Su75
Eymoutiers (F) 151 Ad89
Ezere (LV) 193 Ce68
Eżerėlis (LT) 197 Ch71

F

Fabero (E) 163 Sg95
Fåborg (DK) 80 As69
Fabrègues (F) 159 Ah93
Fabriano (I) 124 Bf94
Faenza (I) 118 Bd92
Fagerlund (N) 38 Au58
Fagernes (N) 2 Bt41
Fagersta (S) 40 Bm60
Fakse (DK) 84 Be70
Fakse Ladeplads (DK) 84 Be70
Falaise (F) 139 Su83
Falconara Marittima (I) 119 Bg93
Falkenberg (D) 102 Be81
Falkensee (D) 91 Bg75
Falkenstein (D) 102 Be82
Falkirk (GB) 59 Sn69
Falköping (S) 49 Bh64
Fällfors (S) 15 Cb50
Fallingbostel, Bad- (D) 89 Au75
Falmouth-Penryn (GB) 76 Sk80
Falset (E) 168 Ab98
Falsterbo (S) 84 Bf70
Falun (S) 40 Bl59
Fameck (F) 142 An82
Fanano (I) 118 Bb92
Fano (I) 119 Bg93
Fara in Sabina (I) 124 Bf96
Fareham (GB) 78 Ss79
Färgelanda (S) 48 Bd63
Faringdon (GB) 73 Sr77
Farnborough (GB) 78 St78
Farnham (GB) 78 St78
Faro (P) 183 Se106
Farre (DK) 80 At69
Farsund (N) 46 Ao64
Farum (DK) 81 Be69
Fasano (I) 129 Bp99
Fátima (P) 176 Sc101
Fauske (N) 7 Bl46
Faux (F) 151 Ab91
Favara (I) 132 Bh106
Faverolles (F) 140 Ad83
Favignana (I) 132 Be105
Fécamp (F) 134 Aa81
Fegen (S) 81 Be66
Fegyvernek (H) 224 Cb86
Felanitx (E) 187 Ag102
Feldberg (D) 91 Bg74
Feldkirch (A) 105 Au86
Feldkirchen (D) 106 Bd84
Feldkirchen in Kärnten (A) 114 Bi87
Felixstowe (GB) 75 Ac77
Felsőzsolca (H) 220 Cb84
Feltre (I) 112 Bd88
Fenioux (F) 145 Su87
Fensmark (DK) 84 Bd70
Fenwick (GB) 59 Sm69
Fère-Champenoise (F) 141 Ah83
Ferentino (I) 126 Bg97
Ferlach (A) 114 Bi87
Fermo (I) 125 Bh94
Fermoselle (E) 171 Sh98
Fermoy = Mainistir Fhear Maí (IRL) 70 Sd76
Fernán-Núñez (E) 185 Sl105
Ferrandina (I) 128 Bn100
Ferrara (I) 118 Bd91
Ferreira (E) 163 Se94
Ferreira do Alentejo (P) 176 Sd104
Ferreiras (P) 182 Sd106
Ferrière, La (F) 138 Sp84
Ferrières (F) 141 Af84
Ferrol (E) 162 Sd94
Ferryhill (GB) 61 Sr71
Ferté-Bernard, La (F) 140 Ab84
Ferté-Imbault, La (F) 146 Ad86
Ferté-Macé, La (F) 139 Su83
Ferté-sous-Jouarre, La (F) 141 Ag83
Feteiras (P) 162 Qi105
Fethard (IRL) 70 Se76
Fetsund (N) 38 Bc61
Feuchtwangen (D) 101 Ba82
Feurs (F) 153 Ai89
Fevik (N) 47 As64
Fichtelberg (D) 102 Bd80
Fidenza (I) 117 Ba91
Fierzë (AL) 238 Ca96
Fiésole (I) 118 Bc93
Figeac (F) 151 Ae91
Figline Valdarno (I) 118 Bc93
Figueira da Foz (P) 170 Sc100
Figueira de Castelo Rodrigo (P) 171 Sg99
Figueres (E) 169 Af96
Filadélfia (I) 131 Bn103
Filipstad (S) 39 Bi61
Finale Lígure (I) 116 Ar92
Fiñana (E) 186 Sp106
Finja (S) 52 Bh68
Finneidfjord (N) 12 Bh48
Finnøy (N) 26 An55
Finnset (N) 12 Bh47
Finnsnes (N) 2 Bq42
Finspång (S) 50 Bm63
Finstad (N) 28 Bc56
Finsterwalde (D) 97 Bh77
Fionnphort (GB) 58 Sh68
Firenze (I) 118 Bc93
Firenzuola (I) 118 Bc92
Firminy (F) 153 Ai90
Fischbeck (D) 89 At76
Fishguard (GB) 72 Sl77
Fismes (F) 141 Ah82
Fisterra (E) 162 Sb95
Fitero (E) 166 Sr96
Fiuggi (I) 126 Bg97
Fiumicino (I) 124 Be97
Fjällnäs (S) 14 Bq49
Fjärås kyrkby (S) 48 Be66
Fjell (N) 36 Al60
Fjerritslev (DK) 80 At66
Flakaträsk (S) 13 Bo50
Flèche, La (F) 145 Su85
Fleet (GB) 78 St78
Fleetwood (GB) 64 So73
Flekke (N) 26 Al58
Flekkefjord (N) 46 Ao64
Flensburg (D) 83 At71
Flers (F) 139 St83
Fleurance (F) 157 Ab93
Fleury (F) 141 Af83
Flinsberg (D) 102 Bd81
Flint (GB) 64 So74
Flisa (N) 38 Be59
Flo (S) 49 Bf64
Floirac (F) 150 St91
Florange (F) 142 An82
Florídia (I) 133 Bl106
Florø (N) 26 Ak57
Fluberg (N) 38 Ba59
Fluminimaggiore (I) 121 As102
Foča = Srbinje (BIH) 233 Bs93
Fóggia (I) 127 Bm98
Fohnsdorf (A) 108 Bk86
Foix (F) 157 Ad95
Földes (H) 225 Cc86
Foligno (I) 124 Bf95
Folkärna (S) 40 Bn60
Folkestad (N) 26 Am56
Folkestone (GB) 79 Ac78
Föllinge (S) 20 Bk53
Fondi (I) 112 Bc89
Fondo (I) 112 Bc88
Fonfría (E) 164 Si94
Fonni (I) 121 At100
Fonsagrada, A (E) 163 Sf94
Fonsagrada = Fonsagrada, A (E) 163 Sf94
Fontaine (F) 149 Ao85
Fontainebleau (F) 141 Af84
Fontaine-de-Vaucluse (F) 159 Al93
Fontanar (E) 173 So99
Fontenay (F) 143 Ao84
Fontenay-le-Comte (F) 145 St88
Fontenay-Trésigny (F) 141 Af83
Fontenoy (F) 141 Ag82
Fontevraud-l'Abbaye (F) 145 Aa86
Font-Romeu (F) 158 Ae95
Forbach (D) 105 Ar83
Forcalquier (F) 160 Am93
Forchheim (D) 104 Aq84
Førde (N) 26 Am57
Forfar (GB) 56 Sp67
Forges, les (F) 145 Su87
Forío (I) 126 Bh99
Førland (N) 36 Al61
Forlì (I) 119 Be92
Forlimpòpoli (I) 119 Be92
Formby (GB) 64 So73
Formia (I) 126 Bh98
Forno (I) 110 Ar89
Fornos de Algodres (P) 171 Se99
Fornovo di Taro (I) 117 Au91
Foronda (E) 165 Sp95
Forres (GB) 55 Sn65
Fors (S) 30 Bo54
Forsbacka (S) 22 Ca51
Forshaga (S) 39 Bg61
Forsmark (S) 13 Bm50
Forssa (FIN) 43 Cg59
Forst (D) 100 As82
Fortanete (E) 175 St99
Forte dei Marmi (I) 118 Ba93
Fort George (GB) 55 Sm65
Fortun (N) 27 Aq57
Fortuneswell (GB) 78 Sq79
Fort William (GB) 58 Sk67
Forvik (N) 12 Bf49
Foss (N) 18 Ba54
Fossan (N) 38 Ba62
Fossano (I) 116 Aq91
Fossbakken (N) 28 Ba56
Fossheim (N) 2 Ca41
Fossombrone (I) 119 Bf93
Fos-sur-Mer (F) 159 Ak94
Fót (H) 224 Bt85
Fougères (F) 139 Ss84
Fourche, la (F) 148 Ai88
Fourmies (F) 136 Ai80
Fraddon (GB) 76 Sl80
Fraga (E) 175 Aa97
Framlingham (GB) 75 Ac76
Frampol (PL) 215 Cf79
Francavilla al Mare (I) 125 Bi96
Francavilla di Sicília (I) 133 Bl105
Francavilla Fontana (I) 129 Bq99
Francofonte (I) 133 Bk106
Franeker (NL) 86 Al74
Frankenthal (Pfalz) (D) 100 Ar81
Frankfurt (Oder) (D) 91 Bk76
Frankfurt am Main (D) 100 As80
Františkovy Lázně (CZ) 210 Be80
Frascati (I) 124 Bf97
Fraserburgh (GB) 56 Sq65
Frauenfeld (CH) 105 As85
Frauenkirchen (A) 109 Bo85
Frechen (D) 94 Ao79
Freckleton (GB) 64 Sp73
Fredensborg (DK) 81 Be69
Fredericia (DK) 83 Au69
Frederiksberg (DK) 81 Be69
Frederikshavn (DK) 81 Bb66
Frederikssund (DK) 81 Be69
Frederiksværk (DK) 81 Be69
Fredrikstad-Sarpsborg (N) 48 Bb62
Fregenal de la Sierra (E) 177 Sg104
Fréhel (F) 138 Sq83
Freiberg (D) 97 Bg79
Freiburg = Fribourg (CH) 149 Ap87
Freilassing (D) 107 Bf85
Freising (D) 106 Bd84
Freistadt (A) 108 Bi84
Freital (D) 97 Bh79
Freixido (E) 163 Sf96
Freixo de Espada à Cinta (P) 171 Sg98
Fréjus (F) 160 Ao94
Frenštát pod Radhoštěm (CZ) 213 Br81
Freshford (IRL) 70 Sf75
Freshwater (GB) 78 Ss79
Freudenberg (D) 101 At81
Freudenstadt (D) 105 Ar84
Freyung (D) 107 Bh83
Fribourg = Freiburg (CH) 149 Ap87
Friedeburg (D) 88 Aq74
Friedewald (D) 94 Aq79
Friedland (D) 91 Bh73
Friedrichroda (D) 96 Bb79
Friedrichshafen (D) 105 At85
Friedrichskoog (D) 82 As72
Friedrichsthal (D) 99 Ap82
Friesach (A) 114 Bi87
Fristad (S) 49 Bg65
Fritzlar (D) 95 At78
Frohnleiten (A) 109 Bl86
Frombork (PL) 202 Bu72
Frome (GB) 78 Sq78
Fromentine (F) 144 Sq87
Frómista (E) 165 Sm96
Fronteira (P) 177 Se102
Frontignan (F) 159 Ah94
Fronton (F) 157 Ac93
Frosinone (I) 126 Bg97
Fruges (F) 135 Ae79
Frutigen (CH) 149 Aq87
Frýdek-Místek (CZ) 213 Br81
Frýdlant (CZ) 211 Bl79
Fucécchio (I) 118 Bb93
Fuencaliente (E) 179 Sm104
Fuencaliente de la Palma (E) 182 Re124
Fuengirola (E) 185 Sl107
Fuenlabrada de los Montes (E) 178 Sl102
Fuensanta (E) 180 Sq102
Fuente-Álamo (E) 181 Ss103
Fuente Dé (E) 164 Sl94
Fuente de Cantos (E) 178 Sh104
Fuente del Fresno (E) 179 Sn102
Fuente del Maestre (E) 178 Sh103
Fuentelapeña (E) 172 Sk98
Fuente Obejuna (E) 178 Sk104
Fuentesaúco (E) 172 Sk98
Fuentes de Andalucía (E) 184 Sk106
Fuentes de Ebro (E) 175 St97
Fuentidueña (E) 173 Sn98
Fuglstad (N) 12 Bh48
Fulda (D) 95 Au79
Fulnek (CZ) 212 Bq81
Fumay (F) 136 Ak81
Fumel (F) 151 Ab92
Fundão (P) 171 Sf100
Furnes = Veurne (B) 92 Af78
Fürstenau (D) 88 Aq75
Fürstenberg (D) 91 Bk76
Fürstenfeld (A) 115 Bn86
Fürstenfeldbruck (D) 106 Bc84
Fürstenwalde/Spree (D) 91 Bi76
Fürth (Odenwald) (D) 100 As81
Furth im Wald (D) 103 Bf82
Furtwangen im Schwarzwald (D) 105 Ar84
Furusund (S) 41 Bs61
Füssen (D) 106 Bb85
Fustiñana (E) 166 Ss96
Füzesabony (H) 220 Ca85
Fužine (HR) 114 Bk90
Fynshav (DK) 83 Au71
Fyvie (GB) 56 Sq66

G

Gabøl (DK) 83 At70
Gacé (F) 139 Aa83
Gäddede (S) 20 Bi52
Gadebusch (D) 90 Bc73
Gádor (E) 186 Sq107
Gádoros (H) 224 Cb87
Gaeta (I) 126 Bh98
Gagnef (S) 40 Bl59
Gaildorf (D) 101 Au82
Gaillac (F) 151 Ad92
Gaillimh (IRL) 66 Sb74
Gainsborough (GB) 65 St74
Gairloch (GB) 54 Si65
Galanta (SK) 219 Bq84
Galaroza (E) 183 Sg105
Galashiels (GB) 59 Sp69
Galatina (I) 129 Br100
Galátone (I) 129 Br100
Galera (E) 186 Sp105
Galéria (F) 161 As96
Gallarate (I) 111 As89
Galliate (I) 111 As90
Gallípoli (I) 129 Bq100
Gällivare (S) 9 Cb46
Gallur (E) 166 Ss97
Galway = Gaillimh (IRL) 66 Sb74
Gambárie (I) 131 Bm104
Gamleby (S) 50 Bn65
Gammelstaden (S) 15 Ce49
Gammertingen (D) 105 At84
Gamvik (N) 3 Ce40
Gan (F) 156 Su94
Gand = Gent (B) 92 Ah78
Gándara (E) 162 Sc95
Ganderkesee (D) 88 As74
Gandesa (E) 175 Aa98
Gandía (E) 181 Su103
Ganges (F) 159 Ah93
Gangi (I) 133 Bi105
Gannat (F) 147 Ag88
Gänserndorf (A) 109 Bo84
Gap (F) 154 An91
Garachico (E) 182 Rg124
Garbsen (D) 89 Au76
Garda (I) 112 Bb89
Gardanne (F) 160 Al94
Garde-Freinet, La (F) 160 An94
Gardelegen (D) 90 Bc75
Gardone Riviera (I) 112 Bb89
Gardone Val Trompia (I) 111 Ba89
Gárdony (H) 223 Bs86
Gärdsjönäs (S) 21 Bq52
Gärdslösa (S) 53 Bo67
Garešnica (HR) 226 Bo89
Garéssio (I) 116 Ar92
Garganta, La (E) 163 Sf94
Gargellen (A) 111 Au87
Gargždai (LT) 196 Cc69
Garliava (LT) 197 Ch71
Garmisch-Partenkirchen (D) 106 Bc86
Garnes (N) 26 Am56
Garrovillas (E) 177 Sg101
Garrucha (E) 186 Sr106
Garwolin (PL) 208 Cd77
Gasteiz, Vitoria- (E) 165 Sp95
Gattinara (I) 110 Ar89
Gaucín (E) 184 Sk107
Gaujiena (LV) 194 Cn66
Gauting (D) 106 Bc84
Gavà (E) 169 Ae98
Gávavencsellő (H) 221 Cd84
Gavião (P) 177 Se102
Gävle (S) 40 Bo59
Gavorrano (I) 123 Bb95
Gdańsk (PL) 202 Bs72
Gdynia (PL) 202 Bs71
Gedser (DK) 84 Bd71
Geesthacht (D) 89 Ba74
Gehren (D) 96 Bc79
Geilo (N) 37 Ar59
Geiranger (N) 27 Ap56
Geiselhöring (D) 107 Be83
Geisenfeld (D) 106 Bd83
Geislingen (D) 105 As84
Geithus, Åmot- (N) 37 Au61
Gela (I) 133 Bi106
Geleen (NL) 93 Am79
Gelgaudiškis (LT) 197 Cf70
Gelligaer (GB) 73 So77
Gelnhausen (D) 101 At80
Gelnica (SK) 220 Cb83
Gelsenkirchen (D) 94 Ap77
Gembloux (B) 93 Ak79
Gemona del Friuli (I) 113 Bg88
Genève (CH) 149 An88
Gengenbach (D) 104 Ar84
Genk (B) 93 Am79
Genlis (F) 148 Al86
Genova (I) 117 As92
Gent (B) 92 Ah78
Genthin (D) 90 Be76
Genzano di Roma (I) 124 Bf97
Ger (F) 139 St83
Gera (D) 97 Be79
Gérardmer (F) 143 Ao84
Gerlos (A) 107 Be86
Germersheim (D) 100 Ar82
Gernika-Lumo (E) 166 Sp94
Gernrode (D) 96 Bc77
Gerolstein (D) 99 Ao80
Gerolzhofen (D) 101 Ba81
Gersfeld (Röhn) (D) 101 Au80
Gersthofen (D) 106 Bb84
Gerzat (F) 152 Ag89
Getafe (E) 173 Sn100
Getaria (E) 166 Sq94
Getxo = Algorta (E) 165 So94
Gevelsberg (D) 94 Ap78
Gevgelija (MK) 239 Cf98
Gex (F) 149 An88
Gföhl (A) 109 Bl84
Ghedi (I) 111 Ba90
Ghisonaccia (F) 161 At96
Giba (I) 121 As102
Gibraleón (E) 183 Sg106
Gibraltar (GBZ) 184 Sk108
Giełczew (PL) 209 Cf78
Gien (F) 147 Af85
Giengen an der Brenz (D) 106 Ba83
Giens (F) 160 An94
Gießen (D) 95 As79
Giethoorn (NL) 87 An75
Gifhorn (D) 89 Bb76
Gigean (F) 159 Ah94
Gijón (E) 164 Si93
Gilleleje (DK) 81 Be68
Gillingham (GB) 78 Sq78
Gilów (PL) 212 Bo79
Gilze (NL) 93 Ak77
Gimigliano (I) 125 Bh95
Gimont (F) 157 Ab93
Gióia del Colle (I) 129 Bo99
Gióia Táuro (I) 131 Bm104
Girifalco (I) 131 Bn103
Girona (E) 169 Af97
Girvan (GB) 60 Sl70
Gislaved (S) 52 Bh66
Gisors (F) 140 Ad82
Giugliano in Campania (I) 126 Bi99
Giulianova (I) 125 Bh95
Give (DK) 80 At69
Givet (F) 136 Ak80
Givors (F) 153 Ak89
Giżycko (PL) 203 Cd72
Gjegjan (AL) 238 Bu97
Gjerdvik (N) 26 Ak58
Gjermundshamn (N) 36 Am60
Gjøvik (N) 38 Bb59
Gladbeck (D) 94 Ao77
Glamis (GB) 56 Sp67
Glamoč (BIH) 231 Bo92
Glamsbjerg (DK) 83 Ba70
Glanshammar (S) 50 Bl62
Glarus (CH) 105 At86
Glasgow (GB) 59 Sm69
Glashütte (D) 91 Bi73
Glashütten (D) 100 Ar80
Glastonbury (GB) 77 Sp78
Glauchau (D) 97 Bf79
Glenariff (GB) 63 Sh70
Glenfinnan (GB) 58 Sk67
Glengarriff = An Glean Garbh (IRL) 69 Sa77
Glenmore Lodge (GB) 55 Sn66
Glenrothes (GB) 59 So68
Glewe, Neustadt- (D) 90 Bd74
Glienicke, Gühlen- (D) 90 Bf74
Glina (HR) 226 Bn90
Glinde (D) 89 At74
Gliwice (PL) 213 Bs80
Globočica (SRB) 238 Cb96
Gloggnitz (A) 109 Bm85
Glogovac (SRB) 235 Cc92
Głogów (PL) 206 Bn77
Glomfjord (N) 12 Bi47
Glommersträsk (S) 14 Bt50
Gloucester (GB) 73 Sq77
Główczyce (PL) 201 Bp71
Głowno (PL) 207 Bu77
Głuchołazy (PL) 212 Bp80
Głuchów (PL) 207 Bs77
Glücksburg (Ostsee) (D) 83 Au71
Glückstadt (D) 89 At73
Gmunden (A) 108 Bh85
Gnesta (S) 50 Bp62
Gniew (PL) 202 Bs73
Gniewkowo (PL) 207 Br75
Gniezno (PL) 206 Bq75
Gnjilane (SRB) 239 Cc96
Goch (D) 94 An77
Gochsheim (D) 100 As82
Göd (H) 224 Bt85
Gödöllő (H) 224 Bt85
Godshill (GB) 78 Sr79
Goes (NL) 92 Ah78
Göhren (D) 85 Bh72
Góito (I) 118 Bb90
Gol (N) 37 As59
Golborne (GB) 64 Sp74
Golce (PL) 201 Bn74
Gołdap (PL) 204 Ce72
Goldbach (D) 101 At80
Goleniów (PL) 200 Bk73
Gollmitz (D) 91 Bh74
Golspie (GB) 55 Sn65
Golubac (SRB) 229 Cd91
Golub-Dobrzyń (PL) 202 Bt74
Gołuchów (PL) 206 Bq77
Gómara (E) 174 Sq97
Gommern (D) 90 Bd76
Gönc (H) 221 Cc84
Gondomar (P) 170 Sc98
Gonnesa (I) 121 Ar102
Goole (GB) 65 St73
Goor (NL) 87 Ao76
Göppingen (D) 105 Au83
Góra (PL) 206 Bo77
Góra Kalwaria (PL) 208 Cc77
Goražde (BIH) 233 Bs93
Gørding (DK) 80 Au67
Gorica (BIH) 236 Bp94
Gorinchem (NL) 93 Ak77
Göritz (D) 91 Bh74
Gorizia (I) 113 Bh89
Górka (PL) 206 Bo75
Górki (PL) 205 Bl75
Gorlice (PL) 214 Cc81
Görlitz (D) 98 Bk78
Gornja Trepča (SRB) 234 Ca93
Gornji Milanovac (SRB) 234 Ca92
Gornji Nerezi (MK) 239 Cc97
Gornji Vakuf = Uskoplje (BIH) 232 Bq93
Górno (PL) 214 Cb79
Gorseinon (GB) 72 Sm77
Gorstan (GB) 55 Sl65
Gorteen (IRL) 66 Sc73
Gorzków (PL) 214 Ca81
Górzno (PL) 202 Bu74
Gorzów Wielkopolski (PL) 205 Bl75
Gorzyce (PL) 213 Br81
Gosforth (GB) 61 Sr70
Goslar (D) 96 Ba77
Gospić (HR) 230 Bl91
Gosport (GB) 78 Ss79
Gostivar (MK) 238 Cb97
Gostyń (PL) 200 Bk72
Gostynin (PL) 207 Bt76
Göteborg (S) 48 Bd65
Götene (S) 49 Bh63
Gotha (D) 96 Bb79
Göttingen (D) 95 As79
Gouda (NL) 86 Ak76
Gourdon (F) 151 Ac91
Gourin (F) 137 Sn84
Gournay-en-Bray (F) 140 Ad82
Gourock (GB) 58 Sl69
Goussainville (F) 140 Ad83
Gouveia (P) 171 Se100
Gouzon (F) 147 Ae88
Graal-Müritz (D) 84 Be72
Grab (PL) 206 Bq76
Grabica (PL) 207 Bs78
Grabovica (SRB) 233 Bu92
Grabowiec (PL) 208 Cc78
Gračac (HR) 231 Bm92
Gračanica (BIH) 232 Bp92
Gračanica (SRB) 233 Bt92
Gračanica (SRB) 233 Bu94
Gradac (SRB) 234 Ca94
Gradačac (BIH) 232 Br91
Gradara (I) 119 Bf93
Gradec (MK) 238 Cb97
Grado (I) 113 Bg89
Grado, El (E) 167 Aa96
Grado (Grau) (E) 164 Sh94
Grafenwöhr (D) 102 Bd81
Grajewo (PL) 204 Ce73
Gram (DK) 83 At70
Gramat (F) 151 Ad91
Grammichele (I) 133 Bk106
Grammont = Geraardsbergen (B) 92 Ah79
Granada (E) 185 Sn106
Grand-Champ (F) 144 Sp85
Grand-Combe, La (F) 153 Ai92
Grand-Fort-Philippe (F) 135 Ae78
Grândola (P) 176 Sc104
Grand-Quevilly, Le (F) 140 Ac82
Grangemouth (GB) 59 Sn68
Grängesberg (S) 39 Bl60
Granja (P) 170 Sc98
Granja de Moreruela (E) 164 Si97
Gränna (S) 49 Bi64
Grannäs (S) 13 Bn50
Granollers (E) 169 Ae97
Gransee (D) 91 Bg74
Grantham (GB) 74 St75
Grantown-on-Spey (GB) 55 Sn66
Granträsk (S) 15 Cb49
Granville (F) 138 Sr83
Granzin (D) 90 Bd74
Grasmere (GB) 64 So72
Grasse (F) 160 Ao93
Gråsten (DK) 83 Au71
Grau-du-Roi, Le (F) 159 Ai93
Graulhet (F) 158 Ad93
Graus (E) 167 Aa96
Grave, La (F) 154 An90
Gravelines (F) 135 Ae79
Gravesend (GB) 79 Aa78
Gravina di Púglia (I) 128 Bn99
Gray (F) 148 Am86
Graz (A) 109 Bl86
Great Harwood (GB) 64 Sq73
Great Malvern (GB) 73 Sq76
Great Yarmouth (GB) 75 Ad75
Grebbestad (S) 48 Bc63
Greenhead (GB) 61 Sp71
Greenock (GB) 58 Sl69
Greenwich (GB) 79 Aa78
Grefrath (D) 94 An78
Greifswald (D) 85 Bg72
Grein (A) 108 Bk84
Greiz (D) 97 Be79
Grenå = Grenaa (DK) 81 Bb68
Grenaa (DK) 81 Bb68
Grenade (F) 157 Ac93
Grenade-sur-l'Adour (F) 156 Su93
Grenchen (CH) 149 Ap86
Grenoble (F) 153 Am90
Gressoney-la-Trinité (I) 110 Aq89
Gretna (GB) 61 So71
Greve in Chianti (I) 118 Bc93
Greven (D) 88 Aq76
Grevenbroich (D) 94 Ao78
Grevesmühlen (D) 90 Bc73
Grèzes (F) 151 Ac90
Grieben (D) 90 Bd76
Griesbach im Rottal, Bad- (D) 107 Bg84
Grigiškės (LT) 198 Cl71
Grignan (F) 153 Ak92
Grignols (F) 150 Su92
Grigny (F) 153 Ak89
Grimma (D) 97 Bf78
Grimmen (D) 85 Bg72
Grimsby (GB) 65 Su73
Grimstad (N) 27 Ar54
Grinde (N) 36 Al62
Grindelwald (CH) 110 Ar87
Grinder (N) 38 Be60
Grindsted (DK) 80 As69
Grisslehamn (S) 41 Bs60
Grobiņa (LV) 192 Cc67
Gröbming (A) 108 Bh86
Grocka (SRB) 228 Cb91
Gródek (PL) 204 Ch74
Grodków (PL) 212 Bp79
Grodziec (PL) 207 Br76
Grodzisk Mazowiecki (PL) 208 Cb76
Grodzisk Wielkopolski (PL) 206 Bn76
Groitzsch (D) 97 Be78
Groix (F) 144 So85
Grójec (PL) 208 Cb77
Gronau (D) 88 Ap76
Grönbo (S) 14 Cb50
Grong (N) 19 Be52
Grønhøj (DK) 80 At68
Groningen (NL) 87 Ao74
Grošnica (SRB) 234 Cb92
Großenhain (D) 88 As73
Grosseto (I) 123 Bc95
Groß-Gerau (D) 100 Ar81
Groß-Gerungs (A) 108 Bk83
Groß-Umstadt (D) 100 As81
Grøtavær (N) 7 Bn43
Grottaminarda (I) 127 Bl98
Grottammare (I) 125 Bh95
Grotteria (I) 131 Bn104
Grov (N) 26 Ap57
Grove, O (E) 162 Sc96
Grožnjan (HR) 114 Bh90
Grubišno Polje (HR) 226 Bp89
Grudziądz (PL) 202 Bs74
Grums (S) 49 Bg62
Grünberg (D) 95 As79
Grundfors (S) 13 Bl50
Grünwald (D) 106 Bd84
Grunwald (PL) 203 Ca74
Gruyères (CH) 149 Ap87
Grybów (PL) 214 Cb81
Gryfice (PL) 200 Bl73
Gryfino (PL) 200 Bi74
Gryfów Śląski (PL) 205 Bl78
Grythyttan (S) 39 Bk61
Grytnäs (S) 15 Cg49
Grzmiąca (PL) 201 Bn73

Gua, Le (F) 150 St89
Guadalajara (E) 173 So99
Guadalcanal (E) 178 Si104
Guadalupe (E) 178 Sk102
Guadarrama (E) 173 Sm99
Guadix (E) 185 So106
Gualdálmez (E) 178 Sl103
Gualdo Tadino (I) 124 Bf94
Guarda (P) 171 Sf99
Guardamar del Segura (E) 181 St104
Guardiagrele (I) 125 Bi96
Guardo (E) 164 Sl95
Guareña (E) 178 Sh103
Guastalla (I) 118 Bb91
Gúbbio (I) 124 Bf94
Guben (Gubin) (D) 98 Bk77
Gubin (PL) 205 Bk77
Gubin (Guben) (D) 98 Bk77
Guča (SRB) 234 Ca93
Gudow (D) 89 Bb73
Guebwiller (F) 149 Ap85
Guer (F) 144 Sq85
Guérande (F) 144 Sq86
Guerche-de-Bretagne, La (F) 145 Ss85
Guéret (F) 146 Ad88
Guéthary (F) 156 Sr94
Gueugnon (F) 147 Ai87
Guglionesi (I) 127 Bk97
Guia (P) 170 Sc101
Guildford (GB) 78 St78
Guillaumes (F) 160 Ao92
Guimarães (P) 170 Sd98
Guînes (F) 134 Ad79
Guingamp (F) 138 So83
Guipy (F) 147 Ah86
Guisborough (GB) 65 Ss71
Guise (F) 135 Ah81
Guissona (E) 168 Ac97
Gujan-Mestras (F) 150 Ss91
Gulbene (LV) 195 Co66
Guldsmedshyttan (S) 39 Bk61
Gullspång (S) 49 Bi63
Gulsvik (N) 37 Au60
Gummersbach (D) 94 Aq78
Gundelsheim (D) 101 At82
Gunnarskog (S) 39 Bf61
Gunnebo (S) 50 Bo65
Günzburg (D) 106 Ba84
Gunzenhausen (D) 102 Bb82
Gur'evsk (RUS) 196 Cb71
Gurk (A) 114 Bi87
Gusev (RUS) 197 Ce71
Gusinje (MNE) 238 Bu95
Gúspini (I) 121 As101
Gustafs (S) 40 Bm60
Gustavsberg (S) 51 Br62
Güstrow (D) 90 Be73
Gusum (S) 50 Bn64
Gutenstein (A) 109 Bm85
Gütersloh (D) 95 Ar77
Gvardejsk (RUS) 196 Cc71
Gwerc'h-Breizh = Guerche-de-Bretagne, la (F) 145 Ss85
Gyál (H) 224 Bt86
Gyljen (S) 15 Cf48
Gyomaendrőd (H) 225 Cb87
Gyömrő (H) 224 Bt86
Gyöngyös (H) 220 Bu85
Győr (H) 223 Bq85
Gyula (H) 225 Cc87

H

Haapajärvi (FIN) 23 Cl53
Haapamäki (FIN) 24 Cn53
Haapavesi (FIN) 23 Cl52
Haapovaara (FIN) 35 Ct55
Haapsalu (EST) 189 Cg63
Haar (D) 106 Bd84
Haarajoki (FIN) 34 Co56
Haarby (DK) 80 Au68
Haarlem (NL) 86 Ak76
Habo (S) 49 Bi65
Hackås (S) 29 Bk55
Hadamar (D) 100 Ar80
Haddington (GB) 59 Sp69
Haderslev (DK) 83 At70
Haderup (DK) 80 As68
Hadsten (DK) 81 Ba68
Hadsund (DK) 81 Ba67
Hagen (D) 89 At75
Hagenow (D) 90 Bc74
Hagetmau (F) 156 St93
Hagfors (S) 39 Bh60
Hagondange (F) 142 An82
Haguenau (F) 143 Aq83
Haigerloch (D) 105 As84
Hailsham (GB) 79 Aa79
Hainburg an der Donau (A) 109 Bo84
Hajdúböszörmény (H) 225 Cd85
Hajdúdorog (H) 221 Cc85
Hajdúhadház (H) 225 Cd85
Hajdúnánás (H) 221 Cc85
Hajdúsámson (H) 225 Cd85
Hajdúszoboszló (H) 225 Cc86
Hajnówka (PL) 209 Ch75
Hakkas (S) 15 Cd47
Häkkilä (FIN) 33 Cl55
Halberstadt (D) 96 Bc77
Hald (DK) 80 At67
Halden (N) 48 Bc62
Haldensleben (D) 90 Bc76
Halesowen (GB) 73 Sq76
Halifax (GB) 64 Sr73
Hälla (S) 21 Bp53
Halle (B) 93 Ai79
Halle (Saale) (D) 96 Bd78
Hällefors (S) 39 Bi61
Hallein (A) 108 Bg85
Halling (DK) 81 Ba68
Hall in Tirol (A) 106 Bd86
Hallsberg (S) 50 Bl62
Hallstahammar (S) 40 Bn61
Hallstatt (A) 108 Bh85
Hallstavik (S) 41 Bs60
Halluin (F) 135 Ag79
Halmstad (S) 52 Bf67
Hals (DK) 81 Ba66
Halsnøy Kloster (N) 36 Am61
Halstead (GB) 75 Ab77
Haltern am See (D) 94 Ap77
Ham (F) 135 Ag81
Hamar (N) 38 Bc59
Hamburg (D) 89 Ba73
Hämeenlinna (FIN) 43 Ck58
Hameln (D) 89 At76
Hamina (FIN) 44 Cp59
Hamm (D) 94 Aq77
Hammarstrand (S) 30 Bn54
Hamme (B) 93 Ai78
Hammelburg (D) 101 Au80
Hammelev (DK) 81 Bb68
Hammerdal (S) 20 Bl53
Hammerfest (N) 3 Ch39
Hamnes (N) 12 Bf49
Hamrångefjärden (S) 40 Bp59
Hamula (FIN) 34 Cn54
Hanau (D) 100 As80
Handlová (SK) 219 Bs83
Hangö (FIN) 42 Cf61
Hankamäki (FIN) 24 Cr54
Hankensbüttel (D) 89 Bb75
Hanko = Hangö (FIN) 42 Cf61
Hännilä (FIN) 33 Cl55
Hann. Münden (D) 95 Au78
Hannover (D) 89 Au76
Hanshagen (D) 85 Bh72
Hanstholm (DK) 80 As66
Hanušovce nad Topl'ou (SK) 221 Cc82
Haparanda (S) 16 Ch49
Harads (S) 15 Cb48
Harboør (DK) 80 Ar67
Hardegg (A) 109 Bm83
Hardenberg (NL) 87 Ao75
Harderwijk (NL) 87 Am76
Haren (Ems) (D) 88 Ap75
Harjavalta (FIN) 32 Ce58
Harjunmaa (FIN) 34 Co57
Harkány (H) 223 Br89
Harlech (GB) 72 Sm75
Harlingen = Harns (NL) 86 Al74
Harlow (GB) 75 Aa77
Harndrup (DK) 83 Ba70
Harnes (F) 135 Af80
Härnösand (S) 31 Bq55
Harns (NL) 86 Al74
Haro (E) 165 Sp95
Harrislee (D) 83 At71
Harrogate (GB) 64 Sr73
Hårslev (DK) 83 Ba70
Harstad (N) 7 Bn43
Hartberg (A) 109 Bm86
Hartha (D) 97 Bf78
Hartlepool (GB) 61 Ss71
Hartola (FIN) 34 Cn57
Harwich (GB) 75 Ac77
Harworth (GB) 65 Ss74
Harzgerode (D) 96 Bc77
Hasle (DK) 81 Ba68
Haslemere (GB) 78 St78
Haslingden (GB) 64 Sq73
Hasparren (F) 156 Ss94
Hasselt (B) 93 Al79
Haßfurt (D) 102 Bb80
Hässleholm (S) 52 Bh68
Hastings (GB) 79 Ab79
Hasvik (N) 3 Ce40
Hatfield (GB) 74 Su77
Hattfjelldal (N) 12 Bi49
Hattingen (D) 94 Ap78
Hatton (GB) 73 Sr75
Hatvan (H) 224 Bu85
Hauge (N) 46 An64
Haugen (N) 26 Am57
Haugesund (N) 36 Al62
Haukipudas (FIN) 16 Cl50
Hausen (D) 102 Bd82
Hautakylä (FIN) 17 Cq50
Hautefort (F) 151 Ac90
Hautmont (F) 135 Ah80
Havant (GB) 78 St79
Havelberg (D) 90 Be75
Haverfordwest (GB) 72 Sl77
Haverhill (GB) 75 Aa76
Haverslev (DK) 80 At66
Havířov (CZ) 213 Br81
Havixbeck (D) 94 Ap77
Havlíčkův Brod (CZ) 211 Bm81
Havneby (DK) 82 As70
Hawick (GB) 61 Sp70
Hawkshead (GB) 64 Sp72
Hayange (F) 142 An82
Haywards Heath (GB) 79 Su78
Hazebrouck (F) 135 Af79
Heanor (GB) 65 Ss74
Hearrenfean, It (NL) 87 Am75
Hebnes (N) 36 Am62
Heby (S) 40 Bo61
Hechingen (D) 105 As84
Heddal (N) 37 At61
Hede (S) 29 Bg56
Hedemora (S) 40 Bm60
Heden (S) 29 Bf57
Hedenäset (S) 15 Ch48
Hedesunda (S) 40 Bp60
Heemskerk (NL) 86 Ak75
Heerde (NL) 87 An76
Heerenveen = Hearrenfean, It (NL) 87 Am75
Heggem (N) 27 Aq55
Hegra (N) 18 Bc54
Heide (D) 83 At72
Heidelberg (D) 100 As82
Heiden (D) 94 Ao77
Heidenau (D) 89 Au74
Heidenheim (D) 102 Bb82
Heidenreichstein (A) 109 Bl83
Heikkilä (FIN) 17 Cu49
Heilbronn (D) 101 At82
Heiligenblut (A) 107 Bf86
Heiligenfelde (D) 88 As75
Heiligenhafen (D) 83 Bb72
Heiligenhaus (D) 94 Ao78
Heiligenstadt (D) 102 Bc81
Heinävaara (FIN) 35 Cu55
Heinersdorf (D) 102 Bd80
Heinola (FIN) 44 Cn58
Heinsberg (D) 94 An78
Helensburgh (GB) 58 Sl68
Helgoland (D) 82 Aq72
Helland (N) 18 As54
Helle (N) 46 An63
Hellesøy (N) 36 Ak59
Hellín (E) 180 Sr103
Helmond (NL) 93 Am78
Helmsdale (GB) 55 Sn64
Helmstedt (D) 89 Bb76
Helsingborg (S) 52 Bf68
Helsinge (DK) 81 Be68
Helsingfors = Helsinki (FIN) 43 Ck60
Helsingør (DK) 81 Bf68
Helsinki (FIN) 42 Cc59
Helston (GB) 76 Sk80
Hemel Hempstead (GB) 74 Su77
Hemmoor (D) 89 At73
Hemnesberget (N) 12 Bh48
Hemsworth (GB) 65 Ss73
Hendaye (F) 156 Sr94
Hengelo (NL) 87 An76
Hénin-Beaumont (F) 135 Af80
Henneberg (D) 101 Ba80
Hennebont (F) 144 So85
Henne Strand (DK) 80 Ar69
Hennickendorf (D) 91 Bg76
Hennigsdorf (D) 91 Bg75
Henningsvær (N) 7 Bi44
Hennstedt (D) 83 At72
Henryków (PL) 212 Bp79
Heppenheim (Bergstraße) (D) 100 As81
Herálec (CZ) 211 Bl81
Herbiers, Les (F) 145 Ss87
Herbolzheim (D) 101 Ba81
Herborn (D) 95 Ar79
Herceg-Novi (MNE) 237 Bs96
Hereford (GB) 73 Sp76
Herencia (E) 179 So102
Herentals (B) 93 Ak78
Herfølge (DK) 84 Be70
Herford (D) 88 As76
Heringsdorf (D) 83 Bb72
Herisau (CH) 105 At86
Hermitage (GB) 61 Sp70
Hernani (E) 166 Sr94
Herne (D) 94 Ap77
Herne Bay (GB) 79 Ac78
Herning (DK) 80 As68
Herrenberg (D) 105 As83
Herrera del Duque (E) 178 Sk102
Herrera de Pisuerga (E) 165 Sm95
Herrljunga (S) 49 Bf64
Herrsching am Ammersee (D) 106 Bc85
Herstal (B) 93 Am79
Herten (D) 94 Ap77
Herzogenaurach (D) 102 Bb81
Herzogenbuchsee (CH) 149 Aq86
Herzogenburg (A) 109 Bm84
Herzogenrath (D) 94 An79
Hesdin (F) 135 Ae80
Hestra (S) 49 Bh66
Hettange-Grande (F) 142 An82
Hetton-le-hole (GB) 61 Ss71
Hettstedt (D) 96 Bc77
Heubach (D) 101 Au80
Heusweiler (D) 99 Ao82
Heves (H) 224 Ca85
Hexham (GB) 61 Sq71
Hietanen (FIN) 10 Ch46
High Wycombe (GB) 74 St77
Hildburghausen (D) 102 Bb80
Hilden (D) 94 Ao78
Hildesheim (D) 89 Au76
Hillegom (NL) 86 Ak76
Hillerød (DK) 81 Be69
Hillsborough (GB) 63 Sh72
Hilpoltstein (D) 102 Bc82
Hilversum (NL) 86 Al76
Himanka (FIN) 23 Cl52
Hinckley (GB) 74 Ss75
Hindelang, Bad- (D) 106 Ba85
Hindeloopen = Hylpen (NL) 86 Al75
Hinge (DK) 80 Au68
Hinnerup (DK) 80 At67
Hinojosa del Duque (E) 178 Sk104
Hinojosas de Calatrava (E) 179 Sm103
Hinrichshagen (D) 84 Be72
Hirsau (D) 105 As83
Hirschbach (D) 102 Bd81
Hirschberg (D) 95 Ar78
Hirschfeld (D) 97 Be79
Hirson (F) 136 Ai81
Hirtshals (DK) 80 Au65
Hirvelä (FIN) 25 Cu52
Hirvijärvi (FIN) 32 Cd57
Hitchin (GB) 74 Su77
Hjartdal (N) 37 As61
Hjelle (N) 26 Ap57
Hjelmelandsvågen (N) 46 An62
Hjerting (DK) 82 Ar69
Hjo (S) 49 Bi64
Hjørring (DK) 80 Au66
Hlinsko (CZ) 211 Bm81
Hlohovec (SK) 219 Bq84
Hnúšt'a (SK) 220 Bu83
Hobro (DK) 80 Au67
Höchstadt an der Aisch (D) 102 Bb81
Hockley (GB) 75 Ab77
Hoddesdon (GB) 74 Su77
Hódmezővásárhely (H) 224 Ca88
Hodonín (CZ) 218 Bn82
Hoek van Holland (NL) 93 Ai77
Hof (D) 102 Bd80
Hofgeismar (D) 95 At78
Hofors (S) 40 Bn59
Höganäs (S) 52 Bf68
Högheden (S) 15 Cb49
Högland (S) 20 Bm51
Högsby (S) 53 Bn66
Høgset (N) 27 Aq55
Hohenau an der March (A) 109 Bo83
Hohenems (A) 105 Au86
Hohenstein (D) 105 At84
Hohenthann (D) 107 Bd85
Højby (DK) 81 Bd69
Hokksund (N) 37 Au61
Holand (N) 12 Bg49
Holbæk (DK) 81 Ba67
Holdorf (D) 88 Ar75
Hole (N) 26 Ao56
Holešov (CZ) 219 Bq82
Holíč (SK) 218 Bp83
Hollabrunn (A) 109 Bn83
Hollóháza (H) 221 Cc83
Hollum (NL) 87 Am74
Hollywood = Cillín Chaoimhín (IRL) 67 Sg74
Holmen (N) 38 Ba59
Holmenkollen (N) 38 Bb61
Holmestrand (N) 38 Ba61
Holmsund (S) 22 Ca53
Holmträsk (S) 15 Cc49
Holstebro (DK) 80 As68
Holsworthy (GB) 77 Sm79
Holt (GB) 64 Sp74
Holten (NL) 87 An76
Holwerd = Holwert (NL) 87 Am74
Holycross (IRL) 70 Se75
Holyhead (GB) 72 Sl74
Holywell (GB) 77 Sp79
Holzhausen (D) 88 As76
Holzminden (D) 95 At77
Homberg (Efze) (D) 95 At78
Homburg (D) 99 Ap82
Homécourt (F) 142 Am82
Hommelstø (N) 12 Bf50
Hommersåk (N) 46 Am63
Homps (F) 157 Ab93
Hondarribia (E) 166 Sr94
Hønefoss (N) 38 Ba60
Honfleur (F) 139 Aa82
Honiton (GB) 77 So79
Honkakoski (FIN) 24 Cq54
Honningsvåg (N) 4 Cn39
Honrubia (E) 180 Sq101
Hoogeveen (NL) 87 An75
Hoogezand-Sappemeer (NL) 87 Ao74
Hoogkerk (NL) 87 Ao74
Höör (S) 52 Bh69
Hoorn (NL) 86 Al75
Hoppegarten (D) 91 Bh75
Horažd'ovice (CZ) 216 Bh82
Horb am Neckar (D) 105 As84
Hørby (DK) 80 Au67
Hörby (S) 52 Bh69
Horcajo de los Montes (E) 179 Sl102
Horcajo de Santiago (E) 180 So101
Horgen (CH) 105 As86
Horgoš (SRB) 228 Bu88
Hořice (CZ) 211 Bl81
Horn (A) 109 Bm83
Horn (N) 12 Be49
Hornachos (E) 178 Sh103
Hornbæk (DK) 81 Be68
Hornberg (D) 105 Ar84
Hornburg (D) 96 Bb76
Horndal (S) 40 Bn60
Horne (DK) 80 As69
Hørning (DK) 81 Ba68
Horní Planá (CZ) 217 Bi83
Hornnes (N) 47 Aq63
Hornsea (GB) 65 Su73
Hornum (DK) 80 At67
Horonkylä (FIN) 32 Cd55
Hořovice (CZ) 210 Bh81
Horsens (DK) 80 Au69
Horsham (GB) 79 Su78
Hørsholm (DK) 81 Bf69
Horšovský Týn (CZ) 210 Bf81
Horst (D) 89 Au73
Horstmar (D) 88 Ap76
Horten (N) 38 Ba62
Hortobágy (H) 225 Cc85
Horton (GB) 77 Sp79
Horwich (GB) 64 Sp73
Hoset (N) 27 Aq54
Hospice-de-France (F) 157 Ab95
Hospital (E) 163 Sf95
Hossegor, Soorts- (F) 156 Ss93
Hostivice (CZ) 211 Bi80
Houeillès (F) 150 Aa92
Houghton-le-Spring (GB) 61 Ss71
Hourtin (F) 150 Ss90
Hourtin-Plage (F) 150 Ss90
Houton (GB) 57 So63
Hov (DK) 80 As67
Hoven (DK) 80 As69
Hovet (N) 37 Ar59
Höxter (D) 95 At77
Hoya, La (E) 180 Sp104
Hoyerswerda (Wojerecy) (D) 98 Bi78
Hoylake-West Kirkby (GB) 64 So74
Hoyland Nether (GB) 65 Ss73
Hoyo de Pinares, El (E) 173 Sm100
Hradec Králové (CZ) 211 Bm80
Hrádek nad Nisou (CZ) 211 Bk79
Hranice (CZ) 210 Be80
Hrvatska Kostajnica (HR) 226 Bo90
Huben (A) 106 Bb86
Hückelhoven (D) 94 An78
Hückeswagen (D) 94 Ap78
Hucknall (GB) 65 Ss74
Huddersfield (GB) 64 Sr73
Hude (Oldenburg) (D) 88 Ar74
Hudiksvall (S) 30 Bp57
Huelgoat (F) 137 Sn84
Huelma (E) 185 So105
Huelva (E) 183 Sg106
Huércal-Overa (E) 186 Sr106
Huesca (E) 167 Su96
Huéscar (E) 186 Sp105
Huete (E) 174 Sp100
Huétor-Tájar (E) 185 Sm106
Hugh Town (GB) 76 Sh81
Hultsfred (S) 50 Bm66
Humenné (SK) 221 Cd83
Humpolec (CZ) 211 Bl81
Hundested (DK) 81 Bd69
Hundige Strand (DK) 84 Be69
Hünfeld (D) 95 Au79
Huntingdon (GB) 74 Su76
Huntly (GB) 56 Sp66
Hurstpierpoint (GB) 79 Su79
Hürth (D) 94 Ao79
Hurum (N) 37 As58
Hurup (DK) 80 Ar67
Husavik (N) 36 Al60
Hushinish (GB) 54 Sf65
Husøy (N) 2 Bq41
Husum (D) 83 At72
Huta (PL) 213 Bt81
Huutokoski (FIN) 34 Cq56
Huy (B) 93 Al79
Hvalpsund (DK) 80 At67
Hvar (HR) 236 Bn94
Hvide Sande (DK) 80 Ar68
Hyères (F) 160 An94
Hylestad (N) 36 Al58
Hylpen (NL) 86 Al75
Hyrynsalmi (FIN) 25 Cs51
Hythe (GB) 78 Ss79
Hyvinkää (FIN) 43 Ck59

I

Iballë (AL) 238 Bu96
Ibarra (E) 166 Sp94
Ibbenbüren (D) 88 Aq76
Ibestad (N) 7 Bp43
Ibi (E) 181 St103
Idanha-a-Nova (P) 171 Sf101
Idar-Oberstein (D) 99 Ap81
Idrija (SLO) 114 Bi88
Idstein (D) 100 Ar80
Iecava (LV) 194 Ci67
Ieper (B) 92 Af79
Igé (F) 140 Ab84
Ignalina (LT) 198 Cn70
Igualada (E) 169 Ad97
Iisaku (EST) 190 Cp62
Iisalmi (FIN) 24 Cp53
IJmuiden (NL) 86 Ak76
Ikkala (FIN) 33 Ch56
Ikšķile (LV) 194 Ck67
Iława (PL) 202 Bu73
Île-Rousse, L' (F) 161 As95
Ilfracombe (GB) 77 Sm78
Ilirska Bistrica (SLO) 114 Bi89
Ilkeston (GB) 65 Ss75
Ilkley (GB) 64 Sr73
Illertissen (D) 106 Ba84
Illescas (E) 173 Sn100
Ille-sur-Têt (F) 158 Af95
Illingen (D) 105 As83
Illo (FIN) 32 Cg58
Ilmenau (D) 96 Bb79
Ilok (HR) 228 Bt90
Ilomantsi (FIN) 35 Db55
Iłowa (PL) 205 Bl77
Ilūkste (LV) 194 Cn69
Imatra (FIN) 45 Cs58
Imielno (PL) 214 Ca79
Immenstadt im Allgäu (D) 106 Ba85
Immingham (GB) 65 Su73
Ímola (I) 118 Bd92
Imotski (HR) 236 Bp94
Imperia (I) 116 Ar93
Impruneta (I) 118 Bc93
Imst (A) 106 Bb86
Ina, La (E) 184 Sh107
Inari (FIN) 10 Co43
Inca (E) 187 Af101
Ingleton (GB) 64 Sq72
Ingolstadt (D) 106 Bc83
Ingrandes (F) 145 St86
Inis (IRL) 70 Sc75
Inis Córthaidh (IRL) 71 Sg75
Inkofen (D) 107 Bd84
Inndyr (N) 12 Bh46
Innsbruck (A) 106 Bc86
Inowrocław (PL) 207 Br75
Insjön (S) 21 Bq52
Interlaken (CH) 149 Aq87
Intra (I) 111 As89
Inveraray (GB) 58 Sk68
Inverey (GB) 59 Sn67
Invergarry (GB) 55 Sl66
Invermoriston (GB) 55 Sl66
Inverness (GB) 55 Sm66
Inverurie (GB) 56 Sq66
Ipswich (GB) 75 Ac76
Irsina (I) 128 Bn99
Irún (E) 166 Sr94
Iruñea (E) 166 Sr95
Irurzun (E) 166 Sr95
Irvine (GB) 58 Sl69
Isaszeg (H) 224 Bt85
Ischgl (A) 106 Ba86
Íschia (I) 126 Bh99
Iseo (I) 111 Ba89
Iserlohn (D) 94 Aq78
Isérnia (I) 126 Bi97
Isigny-sur-Mer (F) 139 Ss82
Isla Cristina (E) 183 Sf106
Isle-en-Dodon, L' (F) 157 Ab94
Isle-Jourdain, L' (F) 146 Ab88
Isokylä (FIN) 17 Cp47
Ísola del Gran Sasso d'Itália (I) 125 Bh95
Ísola del Liri (I) 126 Bh97
Ísola di Capo Rizzuto (I) 131 Bp103
Ísola Rossa (I) 120 As98
Issoire (F) 152 Ag89
Issoudun (F) 146 Ad87
Istok (SRB) 238 Ca95
Istres (F) 159 Ak93
Isula, L' = Île-Rousse, L' (F) 161 As95
Itäkoski (FIN) 16 Ck49
Íttiri (I) 120 As99
Itzehoe (D) 89 Au73
Ivalo (FIN) 11 Cq43
Ivanić Grad (HR) 226 Bn89
Ivanjica (SRB) 234 Ca93
Ivanjska (BIH) 232 Bp91
Ivankovo (HR) 227 Bs90
Ivrea (I) 110 Aq90
Izbica Kujawska (PL) 207 Bs76
Izegem (B) 92 Ag79
Iznalloz (E) 185 Sn106
Izola (SLO) 114 Bh89
Izsák (H) 224 Bt87
Izvor (SRB) 235 Cf95

J

Jaalanka (FIN) 17 Cp50
Jääskö (FIN) 16 Cl46
Jablanac (HR) 230 Bk91
Jablanica (BIH) 232 Bq93
Jablanica (SRB) 234 Ca93
Jablonec nad Nisou (CZ) 211 Bl79
Jabłonka (PL) 220 Bu82
Jabuka (SRB) 228 Cb91
Jaca (E) 167 St95
Jáchymov (CZ) 210 Bf80
Jadraque (E) 173 Sp99
Jaén (E) 185 Sn105
Jagnjilo (SRB) 234 Cb92
Jagodina (SRB) 235 Cc93
Jagsthausen (D) 101 At82
Jajce (BIH) 232 Bp92
Ják (H) 222 Bo86
Jäkkvik (S) 13 Bo48
Jakobstad (FIN) 22 Ce53
Jämjö (S) 53 Bm68
Jämsä (FIN) 33 Cl57
Jandía Playa (E) 183 Rm124
Janja (BIH) 228 Bt91
Janki (PL) 207 Bt78
Jánoshalma (H) 224 Bt88
Janów (PL) 204 Cg74
Janowice (PL) 207 Bt77
Janowiec (PL) 208 Cd78
Janów Lubelski (PL) 215 Ce79
Janowo (PL) 203 Cb74
Janów Podlaski (PL) 209 Cg76
Jansjö (S) 20 Bn53
Jantarnyj (RUS) 196 Bu71
Jaraicejo (E) 178 Si101
Jaraiz de la Vera (E) 172 Si100
Järna (S) 51 Bq62
Jarnac (F) 150 Su89
Jarny (F) 142 Am82
Jarocin (PL) 206 Bq77
Jaroměř (CZ) 217 Bk83
Jaroměřice nad Rokytnou (CZ) 217 Bm82
Jarosław (PL) 206 Bo78
Jarosławiec (PL) 201 Bo71
Jarrow (GB) 61 Ss71
Järva-Jaani (EST) 190 Cm62
Järve, Kohtla- (EST) 190 Cp62
Järvenpää (FIN) 24 Cp53
Järvikylä (FIN) 23 Ck53
Järvsjö (S) 21 Bp51
Järvsö (S) 30 Bn57
Jasen (BIH) 233 Bs92
Jasenovo (SRB) 229 Cc91
Jasień (PL) 201 Bq72
Jasienica (PL) 205 Bk77
Jasionka (PL) 213 Bs80
Jaśliska (PL) 221 Cd82
Jasło (PL) 214 Cc81
Jasov (SK) 220 Cb83
Jastrowie (PL) 201 Bo74
Jastrzębia (PL) 208 Cc78
Jastrzębie-Zdrój (PL) 213 Br81
Jászapáti (H) 224 Ca85
Jászárokszállás (H) 224 Bu85
Jászberény (H) 224 Bu86
Jászkisér (H) 224 Ca86
Jászladány (H) 224 Ca86
Jaunay-Clan (F) 145 Aa87
Jaunciems (LV) 194 Ci66
Jaunpils (LV) 193 Cg67
Jävre (S) 15 Cc50
Jawor (PL) 206 Bn78
Jaworzno (PL) 207 Bs78
Jedburgh (GB) 61 Sp70
Jędrzejów (PL) 214 Ca79
Jedwabne (PL) 204 Ce74
Jēkabpils (LV) 194 Cm68
Jelcz-Laskowice (PL) 206 Bp78
Jelenia Góra (PL) 211 Bm79
Jelgava (LV) 193 Ch67
Jelsa (HR) 236 Bo94
Jena (D) 96 Bd79
Jerez de la Frontera (E) 184 Sh107
Jerez de los Caballeros (E) 177 Sg104
Jerichow (D) 90 Be75
Jesenice (CZ) 211 Bk81
Jesenice (SLO) 114 Bi88
Jeseník (CZ) 212 Bp80
Jesi (I) 119 Bg93
Jessheim (N) 38 Bc60
Jeumont (F) 136 Ai80
Jever (D) 88 Aq73
Jevíčko (CZ) 212 Bo81
Jevnaker (N) 38 Ba60
Jičín (CZ) 211 Bl80
Jihlava (CZ) 217 Bm82
Jimena de la Frontera (E) 184 Sk108
Jirkov (CZ) 210 Bg80
Joachimsthal (D) 91 Bh75
Joarilla de las Matas (E) 164 Sk96
Jódar (E) 185 So105
Joensuu (FIN) 35 Cu55
Johanngeorgenstadt (D) 103 Bf80
John o'Groats (GB) 55 So63
Johnstone (GB) 58 Sl69
Joigny (F) 141 Ag85
Joinville (F) 142 Al84
Jokijärvi (FIN) 17 Cs49
Jokikylä (FIN) 23 Ck53
Jokkmokk (S) 14 Bu47
Jonava (LT) 197 Ci70
Joniškis (LT) 193 Ch68
Jönköping (S) 49 Bh65
Josselin (F) 138 Sp85
Jouy (F) 140 Ad83
Józefów (PL) 208 Cc76
Juan-les-Pins (F) 161 Ap93
Judenburg (A) 108 Bk86
Juelsminde (DK) 81 Ba69
Juillan (F) 157 Aa94
Jukkasjärvi (S) 9 Cb45
Jule (N) 19 Bh52
Jülich (D) 94 An79
Jumièges (F) 140 Ab82
Jumilhac-le-Grand (F) 151 Ac90
Jumilla (E) 181 Ss104
Juneda (E) 168 Ab97
Junosuando (S) 9 Cf46
Junqueira (P) 170 Sd99
Junsele (S) 20 Bo53
Juodupė (LT) 194 Cm68
Jurbarkas (LT) 197 Cf70
Jurków (PL) 214 Ca81
Jūrmala (LV) 193 Ch67
Jüterbog (D) 97 Bg76
Jutis (S) 13 Bp48
Juuka (FIN) 25 Ct54
Juurikka (FIN) 24 Cq54
Juva (FIN) 34 Cq57
Jylhä (FIN) 23 Ch53
Jyllinge (DK) 81 Be69
Jyväskylä (FIN) 33 Cm56

K

Kaamanen (FIN) 11 Cp42
Kaanaa (FIN) 32 Cc57
Kaaresuvanto (FIN) 9 Cf44
Kåbdalis (S) 14 Bu48
Kabelvåg (N) 7 Bi44
Kačanik (SRB) 239 Cc96
Kaceřov (CZ) 210 Bf80
Kadaň (CZ) 210 Bg80
Kåfjord (N) 3 Cf41
Käina (EST) 188 Cf63
Kaiserslautern (D) 100 Aq82
Kaiserswerth (D) 94 Ao78
Kaiser-Wilhelm-Koog (D) 88 As73
Kaišiadorys (LT) 198 Ci71
Kajaani (FIN) 24 Cq52
Kakanj (BIH) 232 Br92
Kalajoki (FIN) 23 Ch52
Kaliningrad (RUS) 196 Cb71
Kalisz (PL) 201 Bp72
Kalisz Pomorski (PL) 201 Bm74
Kalix (S) 15 Cg49
Källa (S) 53 Bo66
Kallaste (EST) 190 Cp63
Kållered (S) 48 Be65
Kallinge (S) 53 Bl68
Kalocsa (H) 223 Bs87
Kaltenbrunn (D) 102 Bc80
Kaltenkirchen (D) 89 Au73
Kaltern = Caldaro sulla Strada del Vino (I) 112 Bc88
Kalundborg (DK) 81 Bc69
Kalvarija (LT) 197 Cg72
Kalwaria Zebrzydowska (PL) 213 Bu81
Kamenica (BIH) 231 Bn92
Kamenica (MK) 239 Cf96
Kamenica (SRB) 228 Bu91
Kamenice nad Lipou (CZ) 217 Bl82
Kamensko (HR) 226 Bp90
Kamenz (Kamjenc) (D) 98 Bi78
Kamień (PL) 207 Br77
Kamienica (PL) 212 Bo80
Kamieniec (PL) 202 Bt73
Kamień Krajeński (PL) 201 Bq73
Kamienna Góra (PL) 212 Bn79
Kamień Pomorski (PL) 200 Bk73
Kamion (PL) 208 Ca76
Kamionka (PL) 208 Cd78
Kamjenc (Kamenz) (D) 98 Bi78
Kamnik (SLO) 114 Bk88
Kampen (D) 82 Ar71
Kampen (NL) 87 Am75
Kamp-Lintfort (D) 94 Ao78
Kandava (LV) 193 Cf66
Kandersteg (CH) 149 Aq88
Kangas (FIN) 23 Ck52
Kangasala (FIN) 33 Ch58
Kangaskylä (FIN) 23 Ck54
Kaniów (PL) 205 Bk77
Kanjiža (SRB) 228 Ca88
Kankaanpää (FIN) 32 Ce57
Kannus (FIN) 23 Ch53
Kapellen (D) 94 An77
Kapfenberg (A) 109 Bl86
Kaplice (CZ) 217 Bi83
Kaposvár (H) 223 Bq88
Kappeln (D) 83 Au71
Kaprun (A) 107 Bf86
Kapuvár (H) 222 Bp85
Karád (H) 223 Bq87
Karasjok (N) 4 Cm42
Karbinci (MK) 239 Ce97
Karcag (H) 225 Cb86
Karczmiska (PL) 208 Cd78
Kärdla (EST) 188 Cf63
Karesuando (S) 9 Ce44
Karhula (FIN) 42 Cf59
Karigasniemi (FIN) 4 Cm42
Karlebo (DK) 81 Be68
Karleby = Kokkola (FIN) 23 Cg53
Karl Gustav (S) 16 Ch48
Karlino (PL) 201 Bm72
Karlobag (HR) 230 Bl91
Karlovac (HR) 114 Bm90
Karlovy Vary (CZ) 210 Bf80
Karlsborg (S) 15 Cg49
Karlshamn (S) 53 Bk68
Karlshus (N) 38 Bb62
Karlskoga (S) 49 Bk62
Karlskrona (S) 53 Bm68
Karlslunde Strand (DK) 84 Be69
Karlsruhe (D) 100 Ar82
Karlstad (S) 39 Bh62
Karlstadt (D) 101 Au81
Kärnä (FIN) 23 Ch54
Karow (D) 85 Bh72
Karpacz (PL) 211 Bm79
Kärsämäki (FIN) 24 Cm53
Kārsava (LV) 195 Cq67
Karstädt (D) 90 Bc74
Kartuzy (PL) 202 Br72
Karungi (S) 16 Ch48
Karunki (FIN) 16 Ci48
Karuse (EST) 189 Ch63
Karviná (CZ) 213 Bs81
Kaskinen (FIN) 32 Cc56
Kaskö = Kaskinen (FIN) 32 Cc56
Kašperské Hory (CZ) 216 Bh82
Kassel (D) 95 At78
Kastbjerg (DK) 81 Ba67
Kastellaun (D) 99 Ap80
Kastelruth = Castelrotto (I) 112 Bd87
Katajamäki (FIN) 24 Cp54
Kätkäsuvanto (FIN) 9 Cg44
Kätkesuando (S) 9 Cg44
Katowice (PL) 213 Bt80
Katrineholm (S) 50 Bn63
Kättbo (S) 39 Bi59
Katwijk aan Zee (NL) 86 Ai76
Kaufbeuren (D) 106 Bb85
Kaufungen (D) 95 Au78
Kauhajärvi (FIN) 32 Ce56
Kauhajoki (FIN) 32 Cd56
Kaunas (LT) 197 Ch71
Kaustinen (FIN) 23 Ch53
Kautokeino (N) 9 Cg42
Kavadarci (MK) 239 Ce98
Kavajë (AL) 238 Bu98
Kavarskas (LT) 198 Ck70
Kävlinge (S) 52 Bg69
Kaysersberg (F) 143 Ap84
Kazanów (PL) 208 Cc78
Kazimierza Wielka (PL) 214 Ca80
Kazimierz Dolny (PL) 208 Cd78
Kazincbarcika (H) 220 Cb84
Kazlų Rūda (LT) 197 Cg71
Kcynia (PL) 201 Bp75
Kdyně (CZ) 216 Bg82
Kecel (H) 224 Bt87
Kecskemét (H) 224 Bu87
Kėdainiai (LT) 197 Ch70
Kędzierzyn-Koźle (PL) 213 Br80
Kefermarkt (A) 108 Bk84
Kehl (D) 104 Aq83
Keighley (GB) 64 Sr73
Keila (EST) 189 Ci62
Keitum (D) 82 Ar71
Kelheim (D) 107 Bd83
Kellinghusen (D) 89 Au73
Kells (IRL) 63 Sh71
Kelmė (LT) 197 Cf69
Kelso (GB) 61 Sq69
Kemi (FIN) 16 Ci49
Kemijärvi (FIN) 17 Cp47
Kemnitz (D) 102 Bd80
Kempten (Allgäu) (D) 106 Ba85
Kendal (GB) 64 Sp72
Kenilworth (GB) 73 Sr76
Kenmare = Neidín (IRL) 69 Sa77
Kennacraig (GB) 58 Sk69
Kerekegyháza (H) 224 Bt87
Kerkrade (NL) 93 An79
Kernavė (LT) 198 Ck71
Kerpen (D) 94 Ao79
Kerteminde (DK) 83 Bb70
Kerzers (CH) 149 Ap87
Keskikylä (FIN) 23 Ck52
Keswick (GB) 61 So71
Keszthely (H) 222 Bp87
Kétegyháza (H) 225 Cc87
Kętrzyn (PL) 203 Cc72
Kettering (GB) 74 St76
Keuruu (FIN) 33 Cl56
Kevelaer (D) 94 An77
Kežmarok (SK) 220 Ca82
Kiberg (N) 2 Bs41
Kičevo (MK) 238 Cb97
Kidderminster (GB) 73 Sq76
Kidlington (GB) 74 Ss77
Kidsgrove (GB) 64 Sq74
Kiefersfelden (D) 107 Be85
Kiel (D) 83 Ba72
Kielce (PL) 214 Cb79
Kihlanki (S) 9 Cg45
Kiiskilä (FIN) 23 Ck53
Kilchoan (GB) 58 Sh67
Kilchoman (GB) 58 Sh69
Kildare = Cill Dara (IRL) 67 Sg74
Kildonan (GB) 60 Sk70
Kilen (S) 20 Bl54
Kilham (GB) 61 Sq69
Kilingi-Nõmme (EST) 189 Ck64
Kilkenny = Cill Chainnigh (IRL) 70 Sf75
Kill (IRL) 67 Sg74
Killala (IRL) 66 Sb72
Killaloe = Cill Dalua (IRL) 70 Sd75
Killarney = Cill Airne (IRL) 69 Sa76
Killiecrankie (GB) 59 Sn67
Killorglin = Cill Orglan (IRL) 69 Sa76
Kilmallock (IRL) 70 Sc76
Kilmarnock (GB) 59 Sm69
Kilmartin (GB) 58 Sk68
Kilpisjärvi (FIN) 9 Cb42
Kilrush = Cill Rois (IRL) 69 Sb75
Kilsyth (GB) 59 Sm69
Kimberley (GB) 65 Ss74
Kinderdijk (NL) 93 Ak77
Kineton (GB) 73 Sr76
Kingsbridge (GB) 77 Sn80
King's Lynn (GB) 75 Aa75
Kingston (GB) 74 Ss77
Kingston upon Hull (GB) 65 Su73
Kingussie (GB) 55 Sm66
Kinloch Castle (GB) 54 Sh66
Kinlochewe (GB) 55 Sk65
Kinloss (GB) 55 Sn65
Kinn (N) 38 Ba59
Kinna (S) 49 Bf65
Kinross (GB) 59 So68
Kinsale = Cionn Sáile (IRL) 70 Sc77
Kirchberg (CH) 105 At86
Kirchberg an der Pielach (A) 109 Bl85
Kirchdorf (D) 84 Bc73
Kirchdorf an der Krems (A) 108 Bi85
Kirchen (Sieg) (D) 94 Aq79
Kirchheim (D) 101 Au81
Kirchheimbolanden (D) 100 Ar81

Kirchschlag in der Buckligen Welt (A) 109 Bn86
Kirkby (GB) 64 Sp74
Kirkby Lonsdale (GB) 64 Sp72
Kirkby Stephen (GB) 64 Sq72
Kirkcaldy (GB) 59 So68
Kirkeby (DK) 80 At67
Kirkehamn (N) 46 An64
Kirkenes (N) 5 Cu41
Kirkintilloch-Lenzie (GB) 59 Sm69
Kirklington (GB) 64 Sr72
Kirkonkylä (FIN) 24 Cm53
Kirkoswald (GB) 60 Sl70
Kirkwall (GB) 57 Sp63
Kirriemuir (GB) 56 So67
Kiruna (S) 8 Ca45
Kisa (S) 50 Bm65
Kisbér (H) 223 Br86
Kisielice (PL) 202 Bt73
Kiskőrös (H) 224 Bt87
Kiskunfélegyháza (H) 224 Bu87
Kiskunhalas (H) 224 Bt88
Kiskunlacháza (H) 224 Bt86
Kiskunmajsa (H) 224 Bu88
Kisterenye (H) 220 Bu84
Kisújszállás (H) 225 Cb86
Kisvárda (H) 221 Ce84
Kiszombor (H) 224 Ca88
Kittilä (FIN) 10 Ck45
Kittlitz (D) 89 Bb73
Kitula (FIN) 43 Ch60
Kitzbühel (A) 107 Be86
Kitzingen (D) 101 Ba81
Kiviõli (EST) 190 Co62
Kivisuo (FIN) 17 Cp49
Kivivaara (FIN) 25 Da53
Kjellerup (DK) 80 At68
Kjerringøy (N) 7 Bk45
Kjerringvik (N) 48 Ba62
Kjøpsvik (N) 7 Bn44
Kladanj (BIH) 233 Bs92
Kladno (CZ) 211 Bi80
Kladruby (CZ) 210 Bf81
Klagenfurt (A) 114 Bi87
Klaipėda (LT) 196 Cb69
Kläppe (S) 20 Bi54
Klášterec nad Ohří (CZ) 210 Bg80
Klatovy (CZ) 216 Bg82
Klausdorf (D) 83 Ba72
Klausen = Chiusa (I) 112 Bd87
Klausučiai (LT) 197 Cf71
Kleinenberg (D) 95 As77
Klenčí pod Čerchovem (CZ) 216 Bf82
Kleve (D) 94 An77
Klimontów (PL) 214 Ca80
Klina (SRB) 238 Cb95
Klingenthal/Sachsen (D) 102 Be80
Klink (D) 90 Bf74
Klippan (S) 52 Bg68
Klis (HR) 231 Bo93
Kljajićevo (SRB) 228 Bt89
Ključ (BIH) 231 Bo91
Kłobuck (PL) 213 Bs79
Kłoda (PL) 209 Ce78
Kłodawa (PL) 205 Bl75
Kłodzko (PL) 212 Bo80
Kløfta (N) 38 Bc60
Klosterneuburg (A) 109 Bn84
Klosters (CH) 111 Au87
Kloten (CH) 105 As86
Klötze (D) 90 Bc75
Kluczbork (PL) 213 Br79
Kluki (PL) 201 Bp71
Klütz (D) 90 Bc73
Knaresborough (GB) 65 Ss72
Knežice (CZ) 211 Bl80
Knić (SRB) 234 Cb93
Knighton (GB) 73 So76
Knin (HR) 231 Bn92
Knislinge (S) 52 Bi68
Knittelfeld (A) 108 Bk86
Knivsta (S) 41 Bq61
Knokke-Heist (B) 92 Ag78
Knottingley (GB) 65 Ss73
Knurów (PL) 213 Bs80
Knutsford (GB) 64 Sq74
Kobarid (SLO) 114 Bh88
København (DK) 84 Bf69
Koblenz (D) 100 Aq80
Kobylnica (PL) 201 Bp72
Kočani (MK) 239 Ce97
Koceljevo (SRB) 233 Bu92
Kočevje (SLO) 114 Bk89
Kochel am See (D) 106 Bc85
Kock (PL) 209 Ce77
Kodeń (PL) 209 Ch77
Kodrąb (PL) 200 Bk73
Köflach (A) 115 Bl86
Køge (DK) 84 Be70
Kohila (EST) 189 Ck62
Kohtla-Järve (EST) 190 Cp62
Kohtla-Nõmme (EST) 190 Cp62
Koivu (FIN) 16 Cl48
Koivumäki (FIN) 24 Cq54
Kokkila (FIN) 42 Cf60
Kokkola (FIN) 23 Cg53
Koknese (LV) 194 Cl67
Kolari (FIN) 10 Ch46
Kolárovo (SK) 219 Bq85
Kolašin (MNE) 234 Bu95
Kolbäck (S) 40 Bn61
Kolbuszowa (PL) 214 Cd80
Kolding (DK) 83 At70
Kolerträsk (S) 14 Ca50
Kolín (CZ) 211 Bl80
Kolka (LV) 193 Cf65
Kolmikanta (FIN) 24 Cm51
Köln (D) 94 Ao79
Kolno (PL) 203 Cd74
Koło (PL) 207 Bs76
Kołobrzeg (PL) 201 Bm72
Kolsva (S) 40 Bm61
Koluszki (PL) 207 Bu77
Komádi (H) 225 Cc86
Komárno (SK) 219 Br85
Komárom (H) 223 Br85
Komin (HR) 226 Bn88
Komiža (HR) 236 Bn94
Komló (H) 223 Br88
Kompelusvaara (S) 9 Ce46
Kongsberg (N) 37 Au61
Kongsvinger (N) 38 Be60
Königsberg (D) 90 Be74
Königsbrunn (D) 106 Bb84
Königsfeld (D) 102 Bc81
Königslutter am Elm (D) 89 Bb76
Königstein (D) 102 Bd81
Königswiesen (A) 108 Bk84
Königswinter (D) 94 Ap79
Königs Wusterhausen (D) 91 Bh76
Konin (PL) 207 Br76
Konjic (BIH) 232 Bq93
Konopnica (PL) 207 Bs77
Końskie (PL) 208 Ca78
Konstancin-Jeziorna (PL) 208 Cc76
Konstantinovy Lázně (CZ) 210 Bf81
Konstantynów Łódzki (PL) 207 Bt77
Konstanz (D) 105 At85
Kontiomäki (FIN) 24 Cr52
Kontiovaara (FIN) 25 Da54
Konttimäki (FIN) 24 Cq54
Konz (D) 99 Ao81
Koper (SLO) 114 Bh89
Kopervik (N) 46 Al62
Köping (S) 40 Bn61
Koplik (AL) 238 Bt96
Köpmanholmen (S) 21 Bs54
Koppang (N) 28 Bc57
Kopparberg (S) 39 Bl61
Koprivnica (HR) 226 Bo88
Kopřivnice (CZ) 213 Br81
Korbach (D) 95 As78
Korçë (AL) 240 Cb99
Korčula (HR) 236 Bp95
Korgen (N) 12 Bh48
Korita (BIH) 231 Bn92
Körmend (H) 222 Bo86
Kornelimünster (D) 94 An79
Korneuburg (A) 109 Bn84
Kórnik (PL) 206 Bp76
Koronowo (PL) 201 Bq74
Korpi (FIN) 42 Cd59
Korpilahti (FIN) 24 Cn54
Korpilombolo (S) 15 Cg47
Korpinen (FIN) 17 Cq50
Korsmo (N) 38 Bd60
Korsør (DK) 84 Bc70
Korsträsk (S) 15 Cb49
Korsze (PL) 203 Cc72
Kortesalmi (FIN) 17 Cu49
Kortrijk (B) 92 Ag79
Korup (DK) 81 Ba67
Korvenkylä (FIN) 23 Ci52
Kösching (D) 106 Bd83
Kościan (PL) 206 Bo76
Kościerzyna (PL) 201 Bq72
Košice (SK) 221 Cc83
Koski (FIN) 32 Ce58
Koskullskulle (S) 9 Cb46
Kosovska Mitrovica (SRB) 234 Cb95
Kostolac (SRB) 229 Cc91
Kostrzyn (PL) 205 Bk75
Koszalin (PL) 201 Bn72
Kőszeg (H) 222 Bo86
Kotajärvi (FIN) 16 Cm50
Kotala (FIN) 17 Ct46
Köthen (D) 96 Bd77
Kotka (FIN) 44 Co60
Kotor (MNE) 237 Bs96
Kotowice (PL) 206 Bp78
Kötschach-Mauthen (A) 113 Bf87
Kouvola (FIN) 44 Co59
Kovači (BIH) 232 Bp93
Kovin (SRB) 229 Cb91
Kowalewo Pomorskie (PL) 202 Bs74
Kowary (PL) 211 Bm79
Koziegłowy (PL) 206 Bo76
Kozienice (PL) 208 Cd77
Kozina (SLO) 114 Bh89
Kozłów (PL) 214 Ca79
Kozluk (BIH) 228 Bt91
Koźmin (PL) 206 Bp77
Kragelund (DK) 80 Ar69
Kragerø (N) 47 At63
Kragujevac (SRB) 234 Cb92
Kråkmo (N) 18 Ba53
Kraków (PL) 213 Bu80
Kraljevo (SRB) 234 Cb93
Kralovice (CZ) 210 Bg81
Kráľovský Chlmec (SK) 221 Cd84
Kralupy nad Vltavou (CZ) 211 Bi80
Kramfors (S) 30 Bq55
Kranenburg (D) 89 At73
Kranj (SLO) 114 Bi88
Krapina (HR) 115 Bm88
Krapinske Toplice (HR) 115 Bm88
Krapkowice (PL) 212 Bq80
Krāslava (LV) 195 Cp69
Kraslice (CZ) 210 Bf80
Krasna (PL) 208 Cb78
Krasne (PL) 200 Bk74
Kraśnik (PL) 215 Ce79
Krasnystaw (PL) 215 Cg79
Kratovo (MK) 239 Ce96
Kravaře (CZ) 211 Bi79
Krefeld (D) 94 Ao78
Krekenava (LT) 197 Ci69
Kremnica (SK) 219 Bs83
Krems an der Donau (A) 109 Bm84
Kremsmünster (A) 108 Bi84
Kretinga (LT) 192 Cc69
Kreuzlingen (CH) 105 At85
Krilo (HR) 236 Bo94
Kristdala (S) 53 Bn66
Kristianopel (S) 53 Bn68
Kristiansand (N) 47 Aq64
Kristianstad (S) 52 Bi68
Kristiansund (N) 27 Ap54
Kristiinankaupunki = Kristinestad (FIN) 32 Cc56
Kristinehamn (S) 49 Bh62
Kristinestad (FIN) 32 Cc56
Kriva Feja (SRB) 239 Ce95
Kriva Palanka (MK) 239 Ce96
Křivoklát (CZ) 210 Bh80
Krivolak (MK) 239 Ce97
Križevci (HR) 226 Bn88
Krk (HR) 230 Bk90
Krka (SLO) 114 Bk89
Krnov (CZ) 212 Bq80
Krobia (PL) 202 Bs74
Krokeide (N) 36 Al60
Krokek (S) 50 Bn63
Kroksjö (S) 21 Br52
Krokstadelva (N) 38 Ba61
Krokstrand (N) 13 Bl48
Kroměříž (CZ) 218 Bp82
Krompachy (SK) 220 Cb83
Kronach (D) 102 Bc80
Krośniewice (PL) 207 Bt76
Krosno (PL) 214 Cd81
Krosno Odrzańskie (PL) 205 Bl76
Krotoszyn (PL) 206 Bp77
Kröv (D) 99 Ap81
Krujë (AL) 238 Bu97
Krumbach (A) 105 Au86
Krumbach (D) 105 Ba84
Krupanj (SRB) 233 Bt92
Krupina (SK) 219 Bt84
Krupka (CZ) 210 Bh79
Kruščica (SRB) 233 Bu93
Kruševac (SRB) 235 Cc93
Kruševica (SRB) 234 Ca92
Kruševo (MK) 239 Cc98
Kruszwica (PL) 207 Br75
Krylbo (S) 40 Bn60
Krynica Morska (PL) 202 Bt72
Krynki (PL) 208 Cc78
Krzęcin (PL) 200 Bl74
Krzeszów (PL) 212 Bn79
Krzeszowice (PL) 213 Bu80
Krzyż (PL) 202 Bq73
Krzyżanowice (PL) 208 Cc78
Krzyżowice (PL) 212 Bp79
Kučevo (SRB) 235 Cd92
Kudowa Zdrój (PL) 212 Bn80
Kues, Bernkastel- (D) 99 Ap81
Kufstein (A) 107 Be85
Kühlungsborn (D) 84 Bd72
Kuhmo (FIN) 25 Cu52
Kuivajärvi (FIN) 25 Cu51
Kujawy (PL) 212 Bq80
Kukës (AL) 238 Ca96
Kuks (CZ) 211 Bm80
Kula (SRB) 228 Bu89
Kuldīga (LV) 193 Ce67
Kulmbach (D) 102 Bc80
Kumanovo (MK) 239 Cd96
Kunda (EST) 190 Co62
Kungälv (S) 48 Bd65
Kungsängen (S) 40 Bq62
Kungsbacka (S) 48 Be66
Kungshamn (S) 48 Bc64
Kungsör (S) 40 Bn62
Kunhegyes (H) 224 Cb86
Kunovice (CZ) 218 Bp82
Kunszentmárton (H) 224 Ca87
Kunszentmiklós (H) 224 Bt86
Künzelsau (D) 101 Au82
Kuopio (FIN) 34 Cq55
Kupiškis (LT) 194 Ck69
Kuressaare (EST) 188 Cf64
Kuršėnai (LT) 193 Cf69
Kuru (FIN) 33 Ch57
Kusadak (SRB) 234 Cb92
Kušići (SRB) 234 Ca93
Küsnacht (CH) 105 As86
Kutina (HR) 226 Bo90
Kutná Hora (CZ) 211 Bl81
Kutno (PL) 207 Bt76
Kuttainen (S) 9 Cf44
Kuttanen (FIN) 9 Cf44
Kuusaa (FIN) 23 Cl53
Kuusamo (FIN) 17 Cs49
Kuusankoski (FIN) 44 Cn59
Kuźnica (PL) 204 Ch73
Kvalsund (N) 26 Al56
Kvalvåg (N) 27 Aq54
Kvėdarna (LT) 196 Cd69
Kvikkjokk (S) 14 Bq47
Kvitnes (N) 2 Bs42
Kwidzyn (PL) 202 Bs73
Kybartai (LT) 197 Cf71
Kyjov (CZ) 218 Bp82
Kyleakin (GB) 54 Si66
Kyle of Lochalsh (GB) 54 Si66
Kyritz (D) 90 Be75
Kysucké Nové Mesto (SK) 219 Bs82
Kyyjärvi (FIN) 33 Ck54

L

Laa an der Thaya (A) 109 Bn83
La Algaba (E) 184 Sh106
La Almunia de Doña Godina (E) 174 Ss98
Laamala (FIN) 34 Cq58
La Barca de la Florida (E) 184 Si107
Labastide-Rouairoux (F) 158 Af94
Lábatlan (H) 223 Br85
Labin (HR) 230 Bi90
Labouheyre (F) 150 St92
la Boule (F) 147 Af88
Labruguière (F) 158 Ae93
Laç (AL) 238 Bu97
Lacanau-Océan (F) 150 Ss90
La Carrasca (E) 185 Sm106
Lacaune (F) 158 Af93
Lacave (F) 151 Ad91
Lacedónia (I) 127 Bl98
Láconi (I) 121 At101
Lądek (PL) 206 Bq76
Lądek Zdrój (PL) 212 Bo80
Laer (D) 88 Ap76
Lærdalsøyri (N) 37 Aq58
La Estación (E) 172 Si99
la Fourche (F) 148 Ai88
Lafrançaise (F) 157 Ac92
Lagan (S) 52 Bi67
Lagarde (F) 143 Ao83
La Garganta (E) 163 Sf94
Lage (D) 88 Ao76
Lagg (GB) 58 Si69
Łagiewniki (PL) 206 Bp77
Lagnieu (F) 153 Al89
Lagny-sur-Marne (F) 141 Af83
Lago (I) 131 Bn102
Lagoa (P) 162 Qi105
Lagonegro (I) 128 Bm100
Lagos (P) 182 Sc106
Łagów (PL) 205 Bl76
Laguna, La = San Cristóbal de la Laguna (E) 182 Rh124
Laguna de Negrillos (E) 164 Si96
Lahdenkylä (FIN) 33 Ck57
Lahnstein (D) 100 Aq80
Laholm (S) 52 Bg67
La Hoya (E) 180 Sp104
Lahr/Schwarzwald (D) 104 Aq84
Lahti (FIN) 42 Cd59
La Ina (E) 184 Sh107
Lairg (GB) 55 Sm64
Laisvall (S) 13 Bp48
Laitiala (FIN) 34 Co57
Lajkovac (SRB) 234 Ca92
Lajosmizse (H) 224 Bu86
Łaka (PL) 200 Bk73
Lakavica (MK) 238 Cb97
Łąkie (PL) 201 Bp73
Lakselv (N) 4 Cl40
l'Alcúdia de Veo (E) 181 Su101
Lalín (E) 162 Sd95
Lalinde (F) 151 Ab91
La Louvière (B) 136 Ai80
La Maddalena (I) 120 At98
Lambach (A) 108 Bh84
Lamballe (F) 138 Sq84
Lamego (P) 171 Se98
Lammhult (S) 52 Bk66
Lamorlaye (F) 140 Ae82
Lamotte-Beuvron (F) 146 Ae85
Lampedusa (I) 132 Bf109
Lampertheim (D) 100 Ar81
Lampeter (GB) 72 Sm76
Lana (I) 112 Bc87
Lanaja (E) 167 Su97
Lanark (GB) 59 Sn69
Lancaster (GB) 64 Sp72
Lanciano (I) 125 Bi96
Łańcut (PL) 215 Ce80
Landau (D) 95 At78
Landeck (A) 106 Bb86
Landerneau (F) 137 Sm84
Landsberg (D) 97 Be77
Landshut (D) 107 Be83
Landskrona (S) 52 Bf69
Landvetter (S) 48 Be65
Langå (DK) 80 Au68
Langdon Beck (GB) 61 Sq71
Langeac (F) 152 Ag90
Langeais (F) 145 Aa86
Langenberg (D) 88 Ar75
Langenfeld (D) 102 Bb81
Langenhagen (D) 89 Au76
Langenlois (A) 109 Bm84
Langenthal (CH) 149 Aq86
Langesund (N) 47 Au63
Langevåg (N) 26 An56
Langhirano (I) 117 Ba91
Langholm (GB) 61 Sp70
Langnau im Emmental (CH) 149 Aq87
Langogne (F) 152 Ah91
Langon (F) 144 Sr85
Langreo = Sama (E) 164 Si94
Langres (F) 148 Al85
Långsele (S) 21 Bp54
Långträsk (S) 14 Ca50
Långvattnet (S) 13 Bo50
Langwedel (D) 83 Au72
Lannemezan (F) 157 Aa94
Lannion (F) 138 So83
Länsiranta (FIN) 10 Cn46
Lanslebourg-Mont-Cenis (F) 154 Ao90
Lanuéjols (F) 152 Ah91
Lanusei (I) 121 Au101
Lanzo Torinese (I) 116 Ap90
Laon (F) 135 Ah81
Lapalisse (F) 147 Ah88
Lapovo (SRB) 235 Cc92
Lappeenranta (FIN) 44 Cr58
La Puebla de Montalbán (E) 179 Sm101
L'Àquila (I) 125 Bg96
Laragh = An Láithreach (IRL) 68 Sh74
Laragne-Montéglin (F) 153 Am92
La Rambla (E) 185 Sl105
Larbert (GB) 59 Sn68
Laredo (E) 165 So94
Laren (NL) 86 Al76
Largs (GB) 58 Sl69
Larino (I) 127 Bk97
Larkhall (GB) 59 Sn69
Larmor-Plage (F) 144 So85
La Robla (E) 164 Si95
La Roca de la Sierra (E) 177 Sg102
La Rochebeaucourt-et-Argentine (F) 150 Aa90
La Rochelle (F) 145 Ss88
La Roche-sur-Yon (F) 145 Ss87
La Roda (E) 180 Sq102
Laruns (F) 156 Su95
Larvik (N) 48 Ba62
Las Arenas (E) 164 Sl94
La Seu d'Urgell (E) 168 Ac96
Łask (PL) 207 Bt77
Łaskarzew (PL) 208 Cd77
Laski (PL) 201 Bm73
La Solana (E) 179 So103
La Spézia (I) 117 Au92
Lastra a Signa (I) 118 Bc93
Laterza (I) 129 Bo99
Latheron (GB) 55 So64
Latiano (I) 129 Bq99
Latina (I) 126 Bf98
Latisana (I) 113 Bg89
Latrónico (I) 128 Bn100
Latva (FIN) 17 Cp49
Laubach (D) 95 As79
Lauchhammer (D) 97 Bh78
Lauenburg/Elbe (D) 89 Bb74
Lauenburg in Pommern = Lębork (PL) 201 Bq71
Lauenstein (D) 96 Bc79
Lauf an der Pegnitz (D) 102 Bc81
Laufenburg (CH) 105 Ar85
Lauingen (Donau) (D) 106 Ba83
Laujar de Andarax (E) 186 Sp107
Laukuluspa (S) 8 Bu45
Laukuva (LT) 197 Ce69
Launceston (GB) 77 Sm79
La Unión (E) 187 St105
Laureana di Borrello (I) 131 Bn104
Lauría (I) 128 Bm100
Lausanne (CH) 149 Ao87
Lauscha (D) 102 Bc80
Lauterbach (D) 105 Ar84
Lauzet-Ubaye, le (F) 154 An92
Lavagna (I) 117 At92
Laval (F) 139 St84
Lavandou, Le (F) 160 An94
Lavaur (F) 157 Ad93
Lavelanet (F) 158 Ad95
Lavello (I) 128 Bm98
Laveno Mombello (I) 111 As89
Lavre (P) 176 Sd103
Laxå (S) 49 Bk63
Laxey (GBM) 60 Sm72
Laxford Bridge (GB) 55 Sk64
La Yesa (E) 181 St101
Layrac (F) 157 Ab92
Lazarevac (SRB) 234 Ca92
Lazdijai (LT) 197 Cg72
Lazise (I) 118 Bb90
Łazy (PL) 201 Bn72
Leamington (GB) 73 Sr76
Leatherhead (GB) 79 Su78
Lebach (D) 99 Ao82
Lebane (SRB) 235 Cd95
Lébény (H) 218 Bp85
Lębork (PL) 201 Bq71
Lebrija (E) 184 Sh107
le Cannet-des-Maures (F) 160 An94
Lecce (I) 129 Br100
Lecco (I) 111 At89
Lech (A) 106 Ba86
Lectoure (F) 157 Ab93
Ledeč nad Sázavou (CZ) 211 Bl81
Ledesma (E) 172 Sh98
Ledmore Junction (GB) 55 Sl64
Lędyczek (PL) 201 Bo73
Leeds (GB) 64 Sr73
Leer (Ostfriesland) (D) 88 Ap74
Leerdam (NL) 93 Al77
Leeuwarden = Ljouwert (NL) 87 Am74
Leezen (D) 89 Ba73
Leganés (E) 173 Sn100
Legazpi (E) 166 Sq94
Legionowo (PL) 208 Cb76
Legnago (I) 118 Bc90
Legnano (I) 111 As89
Legnica (PL) 206 Bn78
Legnickie Pole (PL) 206 Bn78
Łęgowo (PL) 202 Bs72
Le Havre (F) 134 Aa81
Leibnitz (A) 115 Bl87
Leicester (GB) 74 Ss75
Leiden (NL) 86 Ak76
Leigh (GB) 64 Sp74
Leighton Buzzard (GB) 74 St77
Leikanger (N) 26 Ao58
Leimen (D) 100 Aq82
Leipalingis (LT) 197 Ch72
Leipämäki (FIN) 34 Cr57
Leipojärvi (S) 15 Cc46
Leipzig (D) 97 Be78
Leiranger (N) 46 Am62
Leiria (P) 176 Sc101
Leitir Creanainn (IRL) 62 Se71
Leivonmäki (FIN) 34 Cn57
Lekeitio (E) 166 Sp94
Leknes (N) 26 Ao56
Łęknica (PL) 205 Bk77
Leksand (S) 40 Bl59
Lelystad (NL) 86 Al75
Lem (DK) 80 Ar68
Lemgo (D) 95 As76
Lemmenjoki (FIN) 10 Cn43
Lemmer = De Lemmer (NL) 87 Am75
Lemmer = Lemmer, De (NL) 87 Am75
Lempdes (F) 152 Ag89
Lemvig (DK) 80 Ar67
Lengau (A) 107 Bf86
Lengenfeld (D) 106 Bb85
Lenhovda (S) 53 Bl67
Lenk (CH) 149 Ap88
Lennestadt (D) 95 Ar78
Lens (F) 135 Af80
Lensvik (N) 18 Au53
Lenti (H) 222 Bo87
Lentini (I) 133 Bk106
Lentvaris (LT) 198 Ck71
Leoben (A) 109 Bl86
Léognan (F) 150 St91
Leominster (GB) 73 Sp76
León (E) 164 Si95
Leonberg (D) 105 At83
Leonessa (I) 124 Bf95
Leonforte (I) 133 Bi105
Lepenac (SRB) 234 Bu94
Leporano (I) 129 Bp100
Leppäjärvi (FIN) 9 Cg44
Leppäkoski (FIN) 33 Cm57
Leppälä (FIN) 17 Cr50
Leppälahti (FIN) 24 Cp54
Lercara Friddi (I) 132 Bh105
Lérici (I) 117 Au92
Lerma (E) 165 Sn96
Lermoos (A) 106 Bb86
Lerum (S) 48 Be65
Lerwick (GB) 57 Ss60
les Borges del Camp (E) 168 Ac98
l'Escala (E) 169 Ag96
Lescun (F) 156 St95
Lesjaverk (N) 27 As56
Leskovac (SRB) 228 Ca91
Lesneven (F) 137 Sm83
Lesparre-Médoc (F) 150 St90
Lessebo (S) 53 Bl67
Lestage (F) 156 Su95
Lestkov (CZ) 210 Bf81
Leszczynki (PL) 202 Bq72
Leszkowice (PL) 206 Bn77
Leszno (PL) 206 Bo77
Lesznowola (PL) 208 Cb76
Létavértes (H) 225 Cd86
Letchworth (GB) 74 Su77
Letterkenny = Leitir Creanainn (IRL) 62 Se71
Leuchtenberg (D) 102 Be81
Leukerbad (CH) 149 Aq88
Leutkirch im Allgäu (D) 106 Ba85
Leuven (B) 93 Ak79
Leuze-en-Hainaut (B) 92 Ah79
Levang (N) 12 Bg48
Levanger (N) 19 Bc53
Lévanto (I) 117 Au92
Leverkusen (D) 94 Ao78
Levice (SK) 219 Bs84
Levoča (SK) 220 Cb82
Lewes (GB) 79 Aa79
Leyland (GB) 64 Sp73
Leżajsk (PL) 215 Ce80
Lezay (F) 145 Su88
Lezhë (AL) 238 Bu97
Lézignan-Corbières (F) 158 Af94
Lia (N) 2 Bu42
Lībagi (LV) 193 Cf66
Liběchov (CZ) 211 Bi80
Liberec (CZ) 211 Bl79
Liběšice (CZ) 210 Bh79
Libochovice (CZ) 211 Bi80
Libourne (F) 150 Su91
Licata (I) 132 Bh106
Lichfield (GB) 73 Sr75
Lichtenau (D) 104 Ar83
Lichtenfels (D) 95 As78
Lidhult (S) 52 Bg67
Lidköping (S) 49 Bg63
Lido di Camaiore (I) 117 Ba93
Lido di Óstia (I) 124 Be97
Lido di Siponto (I) 127 Bm97
Lidzbark (PL) 202 Bu74
Lidzbark Warmiński (PL) 203 Cb72
Liebenau (D) 89 At75
Liège (B) 93 Am79
Lieksa (FIN) 25 Cu54
Lielvārde (LV) 194 Ck67
Lien (S) 19 Bh53
Lienz (A) 113 Bf87
Liepa (LV) 194 Cl66
Liepāja (LV) 192 Cb68
Lier (B) 93 Ak78
Lierre = Lier (B) 93 Ak78
Liesjärvi (FIN) 33 Ck56
Liestal (CH) 149 Aq85
Liévin (F) 135 Af80
Liezen (A) 108 Bi85
Lignac (F) 146 Ac88
Ligota Wielka (PL) 206 Bp78
Lihula (EST) 189 Ch63
Liland (N) 36 Al60
Lilienfeld (A) 109 Bm85
Lillafüred (H) 220 Cb84
Lille (F) 135 Ag79
Lillebonne (F) 134 Ab81
Lillehammer (N) 38 Bb58
Lillerød (DK) 81 Be69
Lillesand (N) 47 Ar64
Lillkyrka (S) 40 Bp61
Lillo (E) 179 So101
Lillsele (S) 15 Cf47
Limanowa (PL) 214 Ca81
Limavady (GB) 62 Sg70
Limbach-Oberfrohna (D) 97 Bf79
Limbaži (LV) 194 Ck66
Limburg an der Lahn (D) 100 Ar80
Limerick = Luimneach (IRL) 70 Sc75
Limoges (F) 151 Ac89
Limone Piemonte (I) 116 Aq92
Limoux (F) 158 Ae94
Linares (E) 179 Sn104
Lincoln (GB) 65 St74
Lindau (D) 103 Bf81
Linde (DK) 80 Ar68
Linden (D) 102 Bb81
Lindenberg (D) 91 Bg73
Lindesberg (S) 40 Bl61
Línea de la Concepción, La (E) 184 Sk108
Lingen (Ems) (D) 88 Ap75
Linguaglossa (I) 133 Bl105
Linköping (S) 50 Bm64
Linkuva (LT) 193 Ch68
Linlithgow (GB) 59 Sn69
Linnankylä (FIN) 32 Cg56
Linton (GB) 64 Sr72
Linz (A) 108 Bi84
Lion-d'Angers, Le (F) 145 St85
Lipa (PL) 208 Ca78
Lipany (SK) 220 Cb82
Lipari (I) 133 Bk104
Lipe (SRB) 229 Cb91
Lipiany (PL) 200 Bk74
Lipiny (PL) 205 Bm77
Lipljan (SRB) 238 Cc95
Lipnica (PL) 201 Bp73
Lipniki (PL) 203 Cd74
Lipník nad Bečvou (CZ) 212 Bq81
Lipno (PL) 206 Bo77
Lipolist (SRB) 228 Bt91
Lipowiec (PL) 206 Bn77
Lippstadt (D) 95 Ar77
Lipsk (PL) 204 Cg73
Lipsko (PL) 208 Cd78
Liptovský Hrádok (SK) 220 Bu82
Liptovský Mikuláš (SK) 220 Bu82
Lisboa (P) 176 Sb103
Lisburn (GB) 63 Sh71
Liscannor (IRL) 69 Sb75
Lisewo (PL) 202 Bs72
Lisieux (F) 139 Aa82
Liskeard (GB) 77 Sm80
Lismore (IRL) 70 Se76
Lisse (NL) 86 Ak76
Litoměřice (CZ) 211 Bi79
Litomyšl (CZ) 212 Bn81
Litovel (CZ) 212 Bp81
Litschau (A) 109 Bl83
Littlehampton (GB) 78 St79
Litvínov (CZ) 210 Bh79
Līvāni (LV) 194 Cn68
Liverpool (GB) 64 Sp74
Livingston (GB) 59 Sn69
Livno (BIH) 232 Bp93
Livorno (I) 118 Ba93
Livron-sur-Drôme (F) 153 Ak91
Lizard Town (GB) 76 Sk81
Lizzano (I) 129 Bp100
Ljig (SRB) 234 Ca92
Ljouwert (NL) 87 Am74
Ljubljana (SLO) 114 Bk88
Ljungby (S) 52 Bh67
Ljungbyhed (S) 52 Bg68
Ljusdal (S) 30 Bn57
Ljusnarsberg (S) 40 Bl61
Ljusne (S) 30 Bp58
Llagostera (E) 169 Af97
Llandovery (GB) 72 Sn77
Llandudno (GB) 72 Sn74
Llanelli (GB) 72 Sm77
Llanes (E) 164 Sl94
Llangollen (GB) 73 So75
Llangurig (GB) 72 Sn76
Llanos de Aridane, Los (E) 182 Re123
Llanrwst (GB) 72 Sn74
Llantwit Major (GB) 77 So78
Llanymddyfri = Llandovery (GB) 72 Sn77
Llavorsí (E) 168 Ac96
Lleida (E) 168 Ab97
Llerena (E) 178 Sh104
Llívia (E) 169 Ad96
Llodio (E) 165 Sp94
Lloret de Mar (E) 169 Af97
Llucmajor (E) 187 Af102
Loano (I) 116 Ar92
Łobez (PL) 201 Bm73
Löbnitz (D) 84 Bf72
Locarno (CH) 111 As88
Lochailort (GB) 58 Si67
Lochboisdale (GB) 54 Sf66
Lochearnhead (GB) 59 Sm68
Loches (F) 146 Ab86
Loch Garman (IRL) 71 Sh76
Lochgilphead (GB) 58 Sk68
Lochmaddy = Loch Na Madadh (GB) 54 Sf65
Łochów (PL) 208 Cd75
Lochranza (GB) 58 Sk69
Lockenhaus (A) 109 Bn86
Lockerbie (GB) 61 So70
Locmaria (F) 138 So83
Locminé (F) 144 Sp85
Locorotondo (I) 129 Bp99
Locri (I) 131 Bn104
Löddeköpinge (S) 52 Bg69
Lodève (F) 158 Ag93
Lodi (I) 111 At90
Løding (N) 7 Bk46
Lødingen (N) 7 Bn44
Lodosa (E) 166 Sq96
Łódź (PL) 207 Bt77
Loenen (NL) 86 Al76
Lofer (A) 107 Bf85
Loftus (GB) 65 St71
Logroño (E) 166 Sq96
Løgstør (DK) 80 At67
Løgumkloster (DK) 82 As70
Lohals (DK) 83 Bb70
Lohikoski (FIN) 32 Ce57
Lohiniva (FIN) 10 Ck46
Lohmen (D) 90 Be73
Lohne (D) 88 Ap76
Lohr am Main (D) 101 Au81
Loja (E) 185 Sm106
Løken (N) 38 Bb60
Lokeren (B) 92 Ah78
Loket (CZ) 210 Bf80
Løkken (DK) 80 Au66
Loksa (EST) 190 Cm61
Lom (CZ) 210 Bh79
Lomba (P) 170 Sd98
Łomianki (PL) 208 Cb76
Lomma (S) 52 Bg69
Lompolo (FIN) 10 Ck44
London (GB) 74 Su77
Londonderry = Derry (GB) 62 Sf71
Longford = An Longfort (IRL) 67 Se73
Longhope (GB) 57 So63
Longobucco (I) 131 Bo102
Long Preston (GB) 64 Sq72
Longridge (GB) 64 Sp73
Longueau (F) 135 Ae81
Longué-Jumelles (F) 145 Su86
Longuyon (F) 142 Am82
Longwy (F) 142 Am81
Lonin (N) 18 Bb52
Lönsboda (S) 52 Bi68
Lons-le-Saunier (F) 148 Am87
Lora del Río (E) 184 Si105
Lorca (E) 186 Sr105
Lorch (D) 100 Aq80
Loreto (I) 125 Bh94
Loreto Aprutino (I) 125 Bh96
Lorgues (F) 160 An94
Lorient (F) 144 So85
Lőrinci (H) 220 Bu85
Lörrach (D) 104 Aq85
Lorvão (P) 170 Sd100
Losheim (D) 99 An80
Lostwithiel (GB) 76 Sl80
Los Villares (E) 185 Sm106
Loučná (CZ) 210 Bf80
Loudéac (F) 138 Sp84
Loudun (F) 145 Aa86
Loughborough (GB) 74 Ss75
Loughrea = Baile Locha Riach (IRL) 66 Sc74
Louhans (F) 148 Al87
Loulé (P) 182 Sd106
Louny (CZ) 210 Bh80
Lourdes (F) 156 Su94
Lousã (P) 170 Sd100
Louth (GB) 65 Su74
Louvain = Leuven (B) 93 Ak79
Louvière, La (B) 136 Ai80
Louviers (F) 140 Ac82
Lövånger (S) 22 Cc52
Lövåsen (S) 20 Bn54
Lövenich (D) 94 An78
Lóvere (I) 111 Ba89
Lövő (H) 222 Bo86
Lovosice (CZ) 211 Bi79
Lovran (HR) 114 Bi90
Lövsjön (S) 20 Bk53
Lövvik (S) 20 Bm52
Lowestoft (GB) 75 Ad76
Łowicz (PL) 207 Bu76
Loznica (SRB) 228 Bt91
Lozovik (SRB) 229 Cc91
Lozoyuela (E) 173 Sn99
Luarca (E) 163 Sg93
Lubaczów (PL) 215 Cg80
Lubań (PL) 205 Bl78
Lubāna (LV) 195 Co67
Lubartów (PL) 209 Cf78
Lübben (Spreewald) (Lubin) (D) 97 Bh77
Lübbenau/Spreewald (Lubnjow) (D) 97 Bh77
Lübeck (D) 89 Bb73
Lubersac (F) 151 Ac90
Łubianka (PL) 202 Br74
Lubiatów (PL) 205 Bl77
Lubień (PL) 205 Bk76
Lubin (PL) 206 Bn78
Lublin (PL) 209 Cf78
Lubliniec (PL) 213 Bs79
Lubnica (MNE) 234 Bu95
Łubnice (PL) 207 Br78
Łubno (PL) 201 Bp72
Lubomierz (PL) 205 Bm78
Luboń (PL) 206 Bo76
Lubowidz (PL) 202 Bq71
Łubowo (PL) 201 Bn73
Lubrza (PL) 205 Bl76
Lubsko (PL) 205 Bk77
Luc (F) 152 Ah91
Lučani (SRB) 234 Ca93
Lucca (I) 118 Ba93
Lucena (E) 185 Sm106
Lučenec (SK) 220 Bu84
Lucera (I) 127 Bl97
Lucey (F) 142 Am83
Lüchow (D) 90 Bc75
Luckau (D) 97 Bh77
Luckenwalde (D) 91 Bg76
Luçon (F) 145 Ss88
Lüdenscheid (D) 94 Aq78
Ludlow (GB) 73 Sp76
Ludvika (S) 40 Bl60
Ludwigsburg (D) 105 At83
Ludwigsfelde (D) 91 Bg76
Ludwigshafen am Rhein (D) 100 Ar82
Ludwigslust (D) 90 Bd74
Ludza (LV) 195 Cq67
Lugano (CH) 111 As88
Lügde (D) 95 At77
Lugo (E) 163 Se94
Lugo (I) 118 Bb92
Lugones (E) 164 Si94
Luik = Liège (B) 93 Am79
Luimneach (IRL) 70 Sc75
Luino (I) 111 As89
Luka (BIH) 233 Bt93
Lukavac (BIH) 237 Br94
Lukovo (SRB) 235 Cc94
Łuków (PL) 209 Ce77
Luleå (S) 15 Ce49
Lumbier (E) 166 Ss95
Lumbrales (E) 171 Sg99
Lumbres (F) 135 Ae79
Lunas (F) 150 Aa91
Lund (DK) 80 At66
Lund (N) 19 Bd51
Lundby (DK) 80 At67
Lundby (N) 38 Bb60
Lunde (DK) 80 Ar69
Lüneburg (D) 89 Ba74
Lunel (F) 159 Ai93
Lünen (D) 94 Aq77
Lunéville (F) 142 An83
Lupiac (F) 157 Aa93
Lupoglav (HR) 114 Bi90
Lúras (I) 120 At99
Lurcy-Lévis (F) 147 Af87
Lure (F) 149 An85
Lurgan (GB) 63 Sh72
Lusignan (F) 145 Aa88
Lussac-les-Châteaux (F) 146 Ab88
Lüssow (D) 90 Be73
Lustenau (A) 105 Au85
Luszowice (PL) 213 Bt80
Lutherstadt Eisleben (D) 96 Bd77
Lutherstadt Wittenberg (D) 97 Bf77
Lütjenburg (D) 83 Bb72
Luton (GB) 74 Su77
Lüttich = Liège (B) 93 Am79
Luxembourg (L) 99 An81
Luxeuil-les-Bains (F) 149 An85
Luz (P) 177 Sf104
Luzern (CH) 105 Ar86
Luzzara (I) 118 Bb91
Lwówek Śląski (PL) 205 Bm78
Lyckeby (S) 53 Bm68
Lycksele (S) 21 Bs51
Lydford (GB) 77 Sm79
Lygna (N) 38 Bb60
Lyme Regis (GB) 77 Sp79
Lymington (GB) 78 Sr79
Lymm (GB) 64 Sq74
Lyngby (DK) 80 Ar67
Lynge (DK) 81 Be69
Lynton (GB) 77 Sn78
Lyon (F) 153 Ak89
Lysekil (S) 48 Bc64
Lystrup (DK) 81 Ba67
Lytham Saint Anne's (GB) 64 So73

M

Maaninka (FIN) 24 Cp54
Maarianhamina = Mariehamn (AX) 41 Bu60
Maasbracht (NL) 93 Am78
Maaselkä (FIN) 25 Cu52
Maastricht (NL) 93 Am79

Mablethorpe (GB) 65 Aa74
Macael (E) 186 Sq106
Mação (P) 177 Se101
Macclesfield (GB) 64 Sq74
Macduff (GB) 56 Sq65
Macedo de Cavaleiros (P) 171 Sg97
Macerata (I) 125 Bg94
Machault (F) 141 Af84
Machynlleth (GB) 72 Sn75
Macinaggio (F) 161 At95
Mackenrode (D) 96 Ba77
Macomér (I) 120 As100
Mâcon (F) 148 Ak88
Macroom = Maigh Chromtha (IRL) 70 Sc77
Maddaloni (I) 126 Bi98
Madona (LV) 194 Cn67
Madonna di Campiglio (I) 112 Bb88
Madrid (E) 173 Sn100
Madridejos (E) 179 Sn102
Madrigal de las Altas Torres (E) 172 Sk98
Madrigal de la Vera (E) 172 Sk100
Maella (E) 175 Aa98
Maentwrog (GB) 72 Sn75
Maesteg (GB) 72 Sn77
Mafra (P) 176 Sb103
Magdalena, La (E) 164 Si95
Magdeburg (D) 90 Bd76
Màggia (CH) 111 As88
Maghera (GB) 62 Sg71
Magherafelt (GB) 62 Sg71
Magione (I) 124 Be94
Maglaj (BIH) 232 Bp91
Magleby (DK) 84 Bo70
Magliano in Toscana (I) 123 Bc95
Maglić (SRB) 228 Bu90
Màglie (I) 129 Br100
Mahide (E) 163 Sh97
Maia (P) 162 Qk105
Maidenhead (GB) 74 St77
Maidstone (GB) 79 Ab78
Maigh Chromtha (IRL) 70 Sc77
Maillezais (F) 145 St88
Mainistir Fhear Maí (IRL) 70 Sd76
Mainistir na Búille (IRL) 67 Sd73
Maintenon (F) 140 Ad83
Mainz (D) 100 Ar81
Mairena del Alcor (E) 184 Si106
Maišiagala (LT) 198 Ck71
Maisons-Laffitte (F) 140 Ae83
Maizières (F) 139 Su82
Majavatn (N) 12 Bg50
Majdan (PL) 208 Cd75
Majdanpek (SRB) 235 Cd92
Majur (SRB) 228 Bu91
Makarska (HR) 236 Bp94
Mäkelä (FIN) 17 Ct48
Mäkikylä (FIN) 24 Cq54
Makkola (FIN) 34 Cn56
Makó (H) 224 Ca88
Maków Mazowiecki (PL) 208 Cc75
Mala (IRL) 70 Sc76
Malå (S) 14 Bs50
Malacky (SK) 218 Bp84
Málaga (E) 185 Sm107
Malagón (E) 179 Sn102
Malahide = Mullach Íde (IRL) 68 Sh74
Malataverne (F) 153 Ai90
Malbork (PL) 202 Bt72
Malcesine (I) 112 Bb89
Malchin (D) 90 Bf73
Malchow (D) 90 Be74
Maldegem (B) 92 Ag78
Maldon (GB) 75 Ab77
Malestroit (F) 144 Sq85
Malgrat de Mar (E) 169 Af97
Målilla (S) 53 Bm66
Mali Lošinj (HR) 230 Bi91
Malines = Mechelen (B) 93 Ai78
Małkinia Górna (PL) 209 Ce75
Mallaig (GB) 54 Si66
Mallow = Mala (IRL) 70 Sc76
Mallwyd (GB) 72 Sn75
Malmbäck (S) 49 Bi65
Malmberget (S) 8 Ca46
Malmédy (B) 99 An80
Malmesbury (GB) 73 Sq77
Malmköping (S) 50 Bo62
Malmö (S) 84 Bf69
Malmslätt (S) 50 Bl64
Malo-les-Bains (F) 135 Ae78
Måløy (N) 26 Al57
Malpartida de Plasencia (E) 172 Sh101
Malpica (E) 162 Sc94
Malpica de Bergantiños = Malpica (E) 162 Sc94
Malung (S) 39 Bh59
Malungsfors (S) 39 Bh59
Mamers (F) 139 Aa84
Mámmola (I) 131 Bn104
Mamonovo (RUS) 196 Bu72
Manacor (E) 187 Ag101
Mancha Real (E) 185 Sn105
Manchester (GB) 64 Sq74
Manciano (I) 124 Bd95
Mandal (N) 46 Ap64
Mandúria (I) 129 Bq100
Manfredònia (I) 127 Bm97
Mangualde (P) 171 Se99
Maniago (I) 113 Bf88
Manises (E) 181 Su102
Manlleu (E) 169 Ae96
Mannersdorf am Leithagebirge (A) 109 Bo85
Mannheim (D) 100 Ar82
Manoppello (I) 125 Bi96
Manorbier (GB) 72 Sl77
Manosque (F) 160 Am93
Manresa (E) 169 Ad97
Mans, Le (F) 139 Aa85
Mansfield (GB) 65 Ss74
Mansfield Woodhouse (GB) 65 Ss74
Mansilla de las Mulas (E) 164 Sk95
Mantes-la-Jolie (F) 140 Ad83
Mantes-la-Ville (F) 140 Ad83
Mantova (I) 118 Bb90
Mänttä (FIN) 33 Ck56
Manzanares (E) 179 So103
Manzaneda (E) 163 Sf96
Manziana (I) 124 Be96
Maó (E) 187 Ai101
Maqueda (E) 173 Sm100
Maranchón (E) 174 Sq98
Marateca (P) 176 Sc103
Marbach (D) 95 Au79
Marbella (E) 184 Sl107
Marburg (D) 95 As79
Marcali (H) 222 Bp87
Marcaria (I) 118 Bb90
Marcé (F) 145 Su85
March (GB) 75 Aa75
Marche-en-Famenne (B) 136 Al80
Marchena (E) 184 Sk106
Marciana (I) 118 Bb93
Marcianise (I) 126 Bi98
Marcigny (F) 148 Ai88
Marcilla (E) 166 Sr96
Marcilly (F) 139 Ss83
Marcinkonys (LT) 198 Ci72
Mårdsjö (S) 20 Bm54
Marennes (F) 150 Ss89
Margam (GB) 72 Sn77
Margate (GB) 79 Ac78
Margecany (SK) 221 Cc83
Margherita di Savóia (I) 128 Bn98
Marguerittes (F) 159 Ai93
Maria Alm am Steinernen Meer (A) 107 Bf86
Mariager (DK) 80 Au67
Mariannelund (S) 50 Bm65
Mariánské Lázně (CZ) 210 Bf81
Mariapfarr (A) 108 Bh86
Mariazell (A) 109 Bl85
Maribo (DK) 84 Bd71
Maribor (SLO) 115 Bm87
Mariefred (S) 50 Bp62
Mariehamn (AX) 41 Bu60
Marieholm (S) 52 Bg69
Mariestad (S) 49 Bh63
Marigliano (I) 126 Bi99
Marignane (F) 159 Al94
Marigny (F) 139 Ss82
Marijampolė (LT) 197 Cg71
Marín (E) 162 Sc96
Marina di Amendolara (I) 128 Bo101
Marina di Arbus (I) 121 Ar101
Marina di Camerota (I) 128 Bl100
Marina di Cécina (I) 123 Ba94
Marina di Pietrasanta (I) 117 Ba93
Marina di Pisa (I) 118 Ba93
Marina di San Lorenzo (I) 124 Bf97
Marineo (I) 132 Bg105
Marinha Grande (P) 176 Sc101
Marino (I) 124 Bf97
Märjamaa (EST) 189 Ci63
Markaryd (S) 52 Bh68
Market Drayton (GB) 73 Sq75
Market Harborough (GB) 74 St76
Markethill (GB) 62 Sg72
Markgröningen (D) 105 At83
Marki (PL) 208 Cc76
Markneukirchen (D) 102 Be80
Markovac (SRB) 234 Cb92
Marktheidenfeld (D) 101 Au81
Marktoberdorf (D) 106 Bb85
Marktredwitz (D) 102 Be80
Marlborough (GB) 78 Sr78
Marmagne (F) 147 Ae86
Marmande (F) 150 Aa91
Marmolejo (E) 179 Sm104
Marnay (F) 145 Aa88
Marne (D) 89 At73
Marostica (I) 112 Bd89
Marotta (I) 119 Bg93
Marradi (I) 118 Bd92
Marsac (F) 150 Aa89
Marsais (F) 145 St88
Marsala (I) 132 Be105
Marsciano (I) 124 Be95
Marseillan (F) 157 Aa94
Marseille (F) 160 Al94
Marstal (DK) 83 Bb71
Marstrand (S) 48 Bc65
Martigny (CH) 149 Ap88
Martigues (F) 159 Al94
Martin (SK) 219 Bs82
Martina Franca (I) 129 Bp99
Martinsicuro (I) 125 Bh95
Marton (GB) 65 St74
Martonvásár (H) 223 Bs86
Martorell (E) 169 Ad98
Martos (E) 185 Sn105
Marttila (FIN) 42 Cf59
Marvejols (F) 152 Ag91
Maryport (GB) 61 So71
Masa (E) 165 Sn95
Maside (E) 162 Sd96
Masłowice (PL) 207 Bs78
Masnou, el (E) 169 Ae98
Massa (I) 117 Ba92
Massafra (I) 129 Bp99
Massa Lubrense (I) 126 Bi99
Massa Marittima (I) 123 Bb94
Massarosa (I) 118 Ba93
Masseube (F) 157 Ab94
Masugnsbyn (S) 9 Ce46
Maszewo (PL) 205 Bk76
Mata, La (E) 173 Sm101
Matabuena (E) 173 Sn98
Mataporquera (E) 165 Sm95
Mataró (E) 169 Ae97
Mataruge (MNE) 234 Bu94
Matélica (I) 125 Bg94
Matera (I) 128 Bo99
Mátészalka (H) 221 Ce85
Mathopen (N) 36 Al60
Matlock (GB) 64 Sr74
Matosinhos (P) 170 Sc98
Mátrafüred (H) 220 Bu85
Matre (N) 36 Am59
Matrei am Brenner (A) 106 Bc86
Matrei in Osttirol (A) 113 Bf87
Mattersburg (A) 109 Bn85
Mattighofen (A) 108 Bg84
Matulji (HR) 114 Bi90
Maubeuge (F) 135 Ah80
Maubourguet (F) 157 Aa94
Mauguio (F) 159 Ai93
Maulbronn (D) 100 As82
Mauléon (F) 145 St87
Mauléon-Licharre (F) 156 St94
Maunu (S) 9 Ce44
Maurens (F) 150 Aa91
Mauriac (F) 151 Ae90
Maybole (GB) 60 Sl70
Mayen (D) 99 Ap80
Mayenne (F) 139 St84
Mayfield (GB) 64 Sr74
Mayorga (E) 164 Sk96
Mayrhofen (A) 106 Bd86
Mazamet (F) 158 Ae94
Mazara del Vallo (I) 132 Bf105
Mazarrón (E) 187 Ss105
Mažeikiai (LT) 193 Ce68
Mazerolles (F) 146 Ab88
Mazsalaca (LV) 189 Ck65
Mazzarino (I) 133 Bi106
Mealhada (P) 170 Sd100
Meathas Troim (IRL) 67 Se73
Meaux (F) 141 Af83
Mechelen (B) 93 Ai78
Mechernich (D) 94 Ao79
Meckenheim (D) 100 Ar82
Meda (P) 171 Sf99
Medemblik (NL) 86 Al75
Medicina (I) 118 Bd92
Medinaceli (E) 174 Sq98
Medina del Campo (E) 172 Sl98
Medina de Pomar (E) 165 So95
Medina de Ríoseco (E) 164 Sk97
Medina-Sidonia (E) 184 Si108
Medininkai (LT) 198 Cm71
Medjedja (BIH) 233 Bs92
Medveđa (SRB) 235 Cc92
Medzev (SK) 220 Cb83
Medzilaborce (SK) 221 Cd82
Meen Laragh (IRL) 62 Sd70
Megève (F) 154 Ao89
Mehamn (N) 5 Cq38
Meilen (CH) 105 As86
Meilhan (F) 156 St93
Meillant (F) 147 Af87
Meinerzhagen (D) 94 Aq78
Meiningen (D) 96 Ba79
Meiringen (CH) 110 Ar87
Meisenheim (D) 100 Aq81
Meißen (D) 97 Bg78
Melbu (N) 7 Bk43
Méldola (I) 119 Be92
Meldorf (D) 83 At72
Melegnano (I) 111 At90
Melfi (I) 128 Bm98
Melgar de Fernamental (E) 165 Sm96
Melhus (N) 18 Ba54
Mélito di Porto Salvo (I) 131 Bm105
Melk (A) 109 Bl84
Melksham (GB) 78 Sq78
Mellakoski (FIN) 16 Ci48
Melle (F) 145 Su88
Mellerud (S) 48 Be63
Mellrichstadt (D) 101 Ba80
Melnica (SRB) 235 Cd92
Mělník (CZ) 211 Bi80
Melrose (GB) 59 Sp69
Melsungen (D) 95 Au78
Meltaus (FIN) 16 Cl47
Melton Mowbray (GB) 74 St75
Melun (F) 141 Af83
Melvich (GB) 55 Sn63
Mélykút (H) 224 Bt88
Membrilla (E) 179 So103
Membrío (E) 177 Sf101
Memmingen (D) 106 Ba85
Menasalbas (E) 179 Sm101
Mende (F) 152 Ah91
Menden (Sauerland) (D) 94 Aq78
Menen (B) 92 Ag79
Menfi (I) 132 Bf105
Mengíbar (E) 185 Sn105
Mentana (I) 124 Bf96
Menton (F) 161 Ap93
Meppel (NL) 87 An75
Meppen (D) 88 Ap75
Mequinenza (E) 175 Aa98
Mer (F) 146 Ad85
Meråker (N) 19 Bd54
Meran = Merano (I) 112 Bc87
Merano = Meran (I) 112 Bc87
Merasjärvi (S) 9 Cd45
Merate (I) 111 At89
Mercato San Severino (I) 127 Bk99
Mercato Saraceno (I) 119 Be93
Merelbeke (B) 92 Ah79
Méricourt (F) 135 Af80
Mérida (E) 178 Sh103
Merikarvia (FIN) 32 Cd57
Merkinė (LT) 197 Ci72
Merklín (CZ) 210 Bf80
Merseburg (D) 96 Bd78
Merthyr Tydfil (GB) 73 So77
Mértola (P) 183 Se105
Méru (F) 140 Ae82
Merville (F) 135 Af79
Merzig (D) 99 Ao82
Mesagne (I) 129 Bq99
Meschede (D) 95 Ar78
Mesoraca (I) 131 Bo102
Messeix (F) 152 Af89
Messelt (N) 28 Bb58
Messina (I) 131 Bm104
Meßkirch (D) 105 At84
Mestre (I) 113 Be90
Metajna (HR) 230 Bk91
Methil (GB) 59 So68
Metković (HR) 236 Bq94
Metlika (SLO) 115 Bl89
Metovnica (SRB) 235 Ce93
Metsäkylä (FIN) 17 Cr50
Mettlach (D) 99 Ao81
Mettmann (D) 94 Ao78
Metz (F) 142 An82
Metzingen (D) 105 At83
Meulebeke (B) 92 Ag79
Meuse (F) 142 Am85
Meymac (F) 151 Ae89
Meyzieu (F) 153 Al89
Mèze (F) 159 Ah94
Mézel (F) 160 An93
Mézidon-Canon (F) 139 Su82
Mezőberény (H) 225 Cc87
Mezőcsát (H) 220 Cb85
Mezőkeresztes (H) 220 Cb85
Mezőkovácsháza (H) 225 Cb88
Mezőkövesd (H) 220 Cb85
Mezőtúr (H) 225 Cb86
Mezzolombardo (I) 112 Bc88
Mġarr (M) 131 Bi109
Miajadas (E) 178 Si102
Miastko (PL) 201 Bo72
Michalovce (SK) 221 Cd83
Michałów (PL) 214 Ca80
Michałowice (PL) 208 Cb77
Michałowo (PL) 204 Ch74
Michelbach (D) 100 Ar80
Michelfeld (D) 101 Au82
Michelstadt (D) 101 At81
Mickleton (GB) 61 Sq71
Mickūnai (LT) 198 Cm71
Middelburg (NL) 92 Ah77
Middelfart (DK) 83 Au69
Middlesbrough (GB) 65 Ss71
Middleton (GB) 59 So69
Middletown (GB) 62 Sg72
Midsomer Norton (GB) 78 Sq78
Midtskogberget (N) 38 Be58
Miechów (PL) 214 Ca80
Miedniewice (PL) 208 Ca76
Międzychód (PL) 205 Bm75
Międzylesie (PL) 203 Ca73
Międzyrzec Podlaski (PL) 209 Cf77
Międzyrzecz (PL) 205 Bm76
Miélan (F) 157 Aa94
Mielec (PL) 214 Cc80
Mielno (PL) 201 Bn72
Mieres (E) 164 Si94
Mierzyn (PL) 200 Bi74
Miesbach (D) 106 Bd85
Miesenbach, Ramstein- (D) 100 Aq82
Miglionico (I) 128 Bo99
Migueltura (E) 179 Sn103
Mihajlovac (SRB) 229 Cb91
Mikkeli (FIN) 34 Cp57
Mikołów (PL) 213 Bs80
Mikulov (CZ) 218 Bo83
Miłakowo (PL) 203 Ca72
Milano (I) 111 At90
Milazzo (I) 133 Bl104
Mileto (I) 131 Bn103
Milevsko (CZ) 217 Bi82
Milford (GB) 61 Sr70
Milford Haven (GB) 72 Sk77
Milicz (PL) 206 Bp77
Milín (CZ) 211 Bi81
Militello in Val di Catánia (I) 133 Bk106
Millac (F) 146 Ab88
Millau (F) 158 Ag92
Millom (GB) 64 So72
Millstatt (A) 114 Bh87
Milltown (IRL) 66 Sc73
Milna (HR) 236 Bn94
Milovice (CZ) 211 Bk80
Miltenberg (D) 101 At81
Milton (GB) 55 Sl65
Milton Keynes (GB) 74 St76
Mimizan (F) 150 Ss92
Mindelheim (D) 106 Ba84
Minden (D) 88 As76
Mindszent (H) 224 Ca87
Minehead (GB) 77 So78
Minervino Murge (I) 128 Bn98
Mińsk Mazowiecki (PL) 208 Cd76
Minster (GB) 79 Ab78
Minturno (I) 126 Bh98
Mions (F) 153 Ak89
Mira (I) 113 Be90
Mira (P) 170 Sc100
Miramas (F) 159 Al93
Mirambeau (F) 150 St90
Miramont-de-Guyenne (F) 150 Aa91
Miranda de Ebro (E) 165 Sp95
Miranda del Castañar (E) 172 Si100
Miranda do Douro (P) 171 Sh98
Mirande (F) 157 Aa93
Mirandela (P) 171 Sf98
Mirándola (I) 118 Bc91
Mirano (I) 113 Be90
Mirebeau (F) 145 Aa87
Mirecourt (F) 142 An84
Mirepoix (F) 158 Ad94
Mirosławiec (PL) 201 Bn74
Mirotice (CZ) 217 Bi82
Misilmeri (I) 132 Bg104
Miskolc (H) 220 Cb84
Mistelbach (A) 109 Bo83
Misterbianco (I) 133 Bl105
Mistretta (I) 133 Bi105
Mitchelstown = Baile Mhistéala (IRL) 70 Sd76
Mitry-Mory (F) 141 Af83
Mittelberg (A) 106 Ba86
Mittenwald (D) 106 Bc86
Mittenwalde (D) 91 Bh74
Mitterdorf an der Raab (A) 109 Bm86
Mittersill (A) 107 Be86
Mitterteich (D) 102 Be81
Mittweida (D) 97 Bf79
Mjällby (S) 52 Bk68
Mjölby (S) 50 Bl64
Mjøndalen (N) 38 Ba61
Mladá Boleslav (CZ) 211 Bk80
Mladenovac (SRB) 234 Cb92
Mlado (MK) 239 Cd96
Mława (PL) 203 Ca74
Mnichov (CZ) 210 Bf80
Mnichovo Hradiště (CZ) 211 Bk79
Mníšek pod Brdy (CZ) 211 Bi81
Mniszek (PL) 202 Bs74
Mo (N) 26 Ap56
Mocejón (E) 173 Sn101
Möckern (D) 90 Bd76
Möckmühl (D) 101 At82
Modane (F) 154 Ao90
Módena (I) 118 Bb91
Módica (I) 133 Bk107
Modigliana (I) 118 Bd92
Mödling (A) 109 Bn84
Modra (SK) 218 Bp84
Modriča (BIH) 232 Br91
Modugno (I) 129 Bo98
Moelv (N) 38 Bb59
Moers (D) 94 Ao78
Moeskroen = Mouscron (B) 92 Ag79
Moffat (GB) 61 So70
Mogadouro (P) 171 Sg98
Møgeltønder (DK) 82 As71
Mogilno (PL) 206 Bq75
Mogliano (I) 125 Bg94
Moguer (E) 183 Sg106
Mohács (H) 223 Bs88
Moheda (S) 52 Bk67
Mohill (IRL) 67 Se73
Mohora (H) 219 Bt85
Moimenta da Beira (P) 171 Se99
Mo i Rana (N) 12 Bi48
Mõisaküla (EST) 189 Cl64
Moissac (F) 157 Ac92
Mojácar (E) 186 Sr106
Mojkovac (MNE) 234 Bu95
Mokronoge (BIH) 231 Bn92
Moksi (FIN) 33 Cl56
Mola di Bari (I) 129 Bp98
Molar, El (E) 173 Sn99
Moldava nad Bodvou (SK) 221 Cc83
Molde (N) 26 Ap55
Molėtai (LT) 198 Cl70
Molfetta (I) 128 Bo98
Molina (E) 174 Sr99
Molina de Segura (E) 181 Ss104
Molinella (I) 118 Bd91
Molinos, Los (E) 173 Sm99
Molins de Rei (E) 169 Ae98
Moliterno (I) 128 Bm100
Möllenbeck (D) 89 At76
Mollet del Vallès (E) 169 Ae97
Mölln (D) 89 Bb73
Mölndal (S) 48 Be65
Molsheim (F) 143 Ap83
Molveno (I) 112 Bb88
Monaghan = Muineachán (IRL) 62 Sg72
Monasterace Marina (I) 131 Bo104
Monastier-sur-Gazeille, Le (F) 152 Ah91
Monastir (I) 121 At102
Moncada (E) 181 Su101
Moncalieri (I) 116 Aq90
Mönchengladbach (D) 94 An78
Moncófa (E) 181 Su101
Mondéjar (E) 173 So100
Mondoñedo (E) 163 Sf94
Mondovì (I) 116 Aq92
Mondragone (I) 126 Bh98
Monéglia (I) 117 Au92
Monesterio (E) 178 Sh104
Monfalcone (I) 113 Bg89
Monforte (P) 177 Sf102
Monforte de Lemos (E) 163 Se95
Monheim (D) 106 Bb83
Monifieth (GB) 59 Sp68
Mońki (PL) 204 Cf74
Monmouth (GB) 73 Sp77
Monnickendam (NL) 86 Al76
Monópoli (I) 129 Bp99
Monor (H) 224 Bt86
Monóvar (E) 181 St104
Monreal del Campo (E) 174 Ss99
Monreale (I) 132 Bg104
Monroyo (E) 175 Su99
Mons (B) 135 Ah80
Monsanto (P) 171 Sf100
Monschau (D) 94 An79
Monsélice (I) 118 Bd90
Monster (NL) 86 Ai76
Mönsterås (S) 53 Bn66
Monsummano Terme (I) 118 Bb93
Montabaur (D) 100 Aq80
Montagnana (I) 118 Bc90
Montaigu (F) 145 Ss87
Montalbano Iónico (I) 128 Bo100
Montalcino (I) 124 Bc94
Montalegre (P) 171 Se97
Montalto di Castro (I) 124 Bd96
Montalto Uffugo (I) 131 Bn102
Montañana (E) 175 St97
Montánchez (E) 178 Sh102
Montargil (P) 176 Sd102
Montargis (F) 151 Ad90
Montauban (F) 157 Ab95
Montbard (F) 148 Ai85
Montbazon (F) 146 Ab86
Montbéliard (F) 149 Ao85
Montbenoît (F) 149 An87
Montblanc (E) 168 Ac98
Montbrison (F) 153 Ai89
Montbron (F) 151 Ab89
Montceau-les-Mines (F) 148 Ai87
Mont-de-Marsan (F) 156 Su93
Montdidier (F) 135 Af81
Mont-Dore (F) 152 Af89
Monte (E) 162 Sd93
Montebello Iónico (I) 131 Bm105
Montebelluna (I) 113 Be89
Monte-Carlo (MC) 161 Ap93
Montecastrilli (I) 124 Be95
Montecatini Terme (I) 118 Bb93
Montécchio (I) 123 Bc94
Montech (F) 157 Ac93
Montecorvino Rovella (I) 127 Bk99
Montefalco (I) 124 Bf95
Montefiascone (I) 124 Be95
Montegrotto Terme (I) 112 Bd90
Montehermoso (E) 171 Sh100
Montélimar (F) 153 Ak91
Montella (I) 127 Bl99
Montellano (E) 184 Si107
Montemayor (E) 173 Sm97
Montemor-o-Novo (P) 176 Sd103
Montemor-o-Velho (P) 170 Sc100
Montendre (F) 150 Su90
Montenero di Bisàccia (I) 127 Bk97
Montepulciano (I) 124 Bd94
Montereale (I) 125 Bg95
Montereau-Fault-Yonne (F) 141 Af84
Monteriggioni (I) 123 Bc94
Monterotondo (I) 124 Bf96
Montesano sulla Marcellana (I) 128 Bm100
Monte San Savino (I) 124 Bd94
Monte Sant'Ángelo (I) 127 Bm97
Montesárchio (I) 127 Bk98
Montesilvano Marina (I) 125 Bi95
Montespèrtoli (I) 118 Bc93
Montesquieu (F) 150 Aa92
Montesquiou (F) 157 Aa93
Montevarchi (I) 118 Bd93
Montfaucon (F) 142 Al82
Montferrat (F) 153 Am90
Montgaillard (F) 157 Aa94
Montgomery (GB) 73 So75
Monthey (CH) 149 Ao88
Monti (I) 120 At99
Montiano (I) 119 Be92
Montier-en-Der (F) 142 Ak84
Montignac (F) 151 Ac90
Montijo (E) 177 Sg103
Montijo (P) 176 Sc103
Montilla (E) 185 Sl105
Montivilliers (F) 134 Aa81
Montjean (F) 145 Aa88
Montlaur (F) 158 Af93
Montlouis-sur-Loire (F) 146 Ab86
Montluçon (F) 147 Af88
Montmédy (F) 136 Al81
Montmirail (F) 140 Ab84
Montmorillon (F) 146 Ab88
Montoro (E) 179 Sm104
Montpellier (F) 159 Ah93
Montpon-Ménestérol (F) 150 Aa90
Montréal (F) 148 Ai85
Montréjeau (F) 157 Ab94
Montrésor (F) 146 Ac86
Montreux (CH) 149 Ao88
Montrichard (F) 146 Ac86
Mont-roig del Camp (E) 168 Ab98
Montrond (F) 148 Am87
Montrose (GB) 56 Sq67
Montuïri (E) 187 Af101
Monza (I) 111 At89
Monzón (E) 167 Aa97
Moosbach (D) 102 Be81
Moosburg an der Isar (D) 107 Bd84
Mór (H) 223 Br86
Mora (E) 179 Sn101
Mora (P) 176 Sd103
Mora (S) 39 Bk58
Mora de Rubielos (E) 175 St100
Morąg (PL) 202 Bu73
Mórahalom (H) 224 Bu88
Móra la Nova (E) 168 Ab98
Moral de Calatrava (E) 179 Sn103
Morano Cálabro (I) 128 Bn101
Morata de Jalón (E) 174 Ss98
Moratalla (E) 184 Sk105
Moravská Třebová (CZ) 212 Bo81
Moravské Budějovice (CZ) 217 Bm83
Moravský Krumlov (CZ) 218 Bn82
Morbegno (I) 111 Au88
Morcenx (F) 156 St92
Morcote (CH) 111 As89
Morecambe (GB) 64 Sp72
Moreira (P) 162 Sd96
Morella (E) 175 Su99
Móres (I) 120 As99
Moreton-in-Marsh (GB) 73 Sr77
Mörfelden-Walldorf (D) 100 As81
Morges (CH) 149 An87
Moriani-Plage (F) 161 Au96
Morjärv (S) 15 Cf48
Morlaix (F) 137 Sn83
Morley (GB) 64 Sr73
Mormanno (I) 128 Bm101
Morón de la Frontera (E) 184 Sk106
Morpeth (GB) 61 Sr70
Mortagne-au-Perche (F) 140 Ab83
Mortara (I) 117 As90
Mortavika (N) 46 Am62
Mortemart (F) 146 Ab88
Morud (DK) 83 Ba70
Morzine (F) 149 Ao88
Mosbach (D) 101 At82
Mościska (PL) 214 Cc80
Mosina (PL) 206 Bo76
Mosjö (S) 21 Bq54
Mosjøen (N) 12 Bg49
Moskenes (N) 6 Bg45
Mosonmagyaróvár (H) 218 Bp85
Moss (N) 48 Bb62
Mossat (GB) 56 Sp66
Most (CZ) 210 Bh79
Mostar (BIH) 236 Bq94
Móstoles (E) 173 Sn100
Mosty (PL) 200 Bk73
Mota del Cuervo (E) 180 Sp102
Motala (S) 49 Bk63
Motherwell (GB) 59 Sn69
Motilla del Palancar (E) 180 Sr101
Motovun (HR) 114 Bh90
Motril (E) 185 Sn107
Motta (I) 112 Bd89
Móttola (I) 129 Bp99
Moulins (F) 145 Ss85
Mountain Ash (GB) 73 So77
Moura (P) 177 Sf104
Mourão (P) 177 Sf104
Mourenx (F) 156 St94
Mouscron (B) 92 Ag79
Moustiers-Sainte-Marie (F) 160 An93
Moutier (CH) 149 Ap86
Moûtiers (F) 154 Ao90
Mouzon (F) 136 Al81
Moyeuvre-Grande (F) 142 An82
Moy Lodge (GB) 58 Sl67
Mozac (F) 152 Ag89
Mozgovo (SRB) 235 Cd93
Mrągowo (PL) 203 Cc73
Mrkonjić Grad (BIH) 232 Bp92
Mrocza (PL) 201 Bq74
Mszana Dolna (PL) 214 Ca81
Mszczonów (PL) 208 Cb77
Mučibaba (SRB) 235 Ce94
Mugardos (E) 162 Sd94
Mügeln (D) 97 Bg77
Mùggia (I) 113 Bh89
Mühlacker (D) 105 As83
Mühlberg (D) 96 Bb79
Mühldorf am Inn (D) 107 Bf84
Mühlhausen (D) 102 Bb81
Muhola (FIN) 23 Cl54
Muhos (FIN) 24 Cm51
Muimenta (E) 162 Sc95
Muineachán (IRL) 62 Sg72
Mula (E) 181 Ss104
Mülheim an der Ruhr (D) 94 Ao78
Mulhouse (F) 149 Ap85
Mullach Íde (IRL) 68 Sh74
Mullagh (IRL) 67 Sg73
Müllheim (D) 104 Aq85
Mullingar = An Muileann-gCearr (IRL) 67 Sf73
Mullion (GB) 76 Sk80
Mullsjö (S) 21 Bu53
Münchberg (D) 102 Bd80
Müncheberg (D) 91 Bi75
München (D) 106 Bd84
Munera (E) 180 Sq102
Mungia (E) 165 Sp94
Muñico (E) 172 Sk99
Munkedal (S) 48 Bd64
Munkfors (S) 39 Bh61
Münnerstadt (D) 101 Ba80
Münsingen (D) 105 At84
Münster (CH) 110 Ar88
Münster (D) 100 As81
Munster (D) 89 Ba75
Muodoslompolo (S) 9 Cg45
Muonio (FIN) 9 Ch45
Murano (I) 113 Be90
Murat (F) 152 Af90
Murato (F) 161 At95
Murau (A) 108 Bi86
Murça (P) 171 Sf98
Murcia (E) 187 Ss105
Mure, La (F) 153 Am91
Mureaux, Les (F) 140 Ad83
Muret (F) 157 Ac94
Muret, le (F) 150 St92
Muri (CH) 105 Ar86
Müritz, Graal- (D) 84 Be72
Murnau am Staffelsee (D) 106 Bc85
Muro Lucano (I) 127 Bl99
Muros (E) 162 Sb95
Murowana Goślina (PL) 206 Bp75
Murten (CH) 149 Ap87
Murtosa (P) 170 Sc99
Murtovaara (FIN) 17 Ct49
Murvica (HR) 230 Bl92
Mürzzuschlag (A) 109 Bm85
Musselburgh (GB) 59 So69
Mussidan (F) 150 Aa90
Mussomeli (I) 132 Bh106
Mustamaa (FIN) 24 Co52
Mustér = Disentis (CH) 111 As87
Mustolanmäki (FIN) 24 Cr53
Muurola (FIN) 16 Cl48
Muy, Le (F) 160 Ao94
Muzillac (F) 144 Sq85
Myjava (SK) 219 Bq83
Myllykoski (FIN) 32 Cf54
Myllykylä (FIN) 10 Co46
Myre (N) 7 Bl43
Mysen (N) 38 Bc61
Myślenice (PL) 213 Bu81
Myślibórz (PL) 200 Bk75
Mysłowice (PL) 213 Bt80
Myszków (PL) 213 Bt79
Myszyniec (PL) 203 Cc74

N

Naaldwijk (NL) 93 Ai77
Naantali (FIN) 42 Cd60
Naarden (NL) 86 Al76
Nabburg (D) 102 Be82
Náchod (CZ) 212 Bn80
Nádudvar (H) 225 Cc86
Nærbø (N) 46 Am63
Næstved (DK) 84 Bd70
Näfels (CH) 105 At86
Nagold (D) 105 As83
Nagyatád (H) 222 Bp88
Nagykálló (H) 221 Cd85
Nagykanizsa (H) 222 Bo88
Nagykáta (H) 224 Bu86
Nagykőrös (H) 224 Bu86
Nagyvázsony (H) 223 Bq87
Nairn (GB) 55 Sn65
Najac (F) 151 Ad92
Nakło (PL) 213 Br79
Nakskov (DK) 84 Bc71
Näljänkä (FIN) 17 Cr50
Namen = Namur (B) 136 Ak80
Náměšť nad Oslavou (CZ) 218 Bn82
Námestovo (SK) 219 Bt82
Namsos (N) 19 Bc52
Namur (B) 136 Ak80
Namysłów (PL) 206 Bq78
Nancy (F) 142 An83
Nangis (F) 141 Ag83
Nanterre (F) 140 Ae83
Nantes (F) 144 Sr86
Nantwich (GB) 64 Sp74
Nápoli (I) 126 Bi99
Narbonne (F) 158 Af94
Narbonne-Plage (F) 158 Ag94
Nardò (I) 129 Br100
Narni (I) 124 Bf95
Naro (I) 132 Bh106
Narva (EST) 191 Cr62
Narva-Jõesuu (EST) 191 Cq62
Narvik (N) 7 Bp44
Nås (S) 20 Bo54
Näs (S) 39 Bk60
Näset (S) 20 Bl51
Našice (HR) 227 Br90
Nasielsk (PL) 208 Cb75
Nassereith (A) 106 Bb86
Näsviken (S) 20 Bl53
Nattavaara (S) 15 Cb47
Naturno = Naturns (I) 112 Bb87
Naturns = Naturno (I) 112 Bb87
Nauders (A) 112 Ba87
Naujoji Akmenė (LT) 193 Cf68
Naumburg (D) 95 At78
Navacerrada (E) 173 Sm99
Navalcán (E) 172 Sk100
Navalcarnero (E) 173 Sm100
Navalmoral de la Mata (E) 178 Si101
Navalvillar de Pela (E) 178 Sk102
Navan = An Uaimh (IRL) 67 Sg73
Navas de la Concepción, Las (E) 184 Sk105
Navas del Madroño (E) 177 Sg101
Navas del Marqués, Las (E) 173 Sm99
Navas de Oro (E) 173 Sm98
Navas de San Juan (E) 179 So104
Navatrasierra (E) 178 Sk101
Nävekvarn (S) 50 Bo63
Navia (E) 163 Sg93
Nay-Bourdettes (F) 156 Su94
Nazaré (P) 176 Sb101
Neath (GB) 72 Sn77
Neckargemünd (D) 100 As82
Neckarsulm (D) 101 At82
Neditz (D) 90 Bd76
Nedre Soppero (S) 9 Cd44
Neede (NL) 87 Ao76
Negenborn (D) 89 Au75
Negotino (MK) 238 Cb97
Neheim (D) 94 Aq78
Neidín (IRL) 69 Sa77
Nejdek (CZ) 210 Bf80
Neksø = Nexø (DK) 85 Bl70
Nelaug (N) 47 As63
Nelson (GB) 64 Sq73
Neman (RUS) 197 Ce70
Nemenčinė (LT) 198 Cl71
Nemėžis (LT) 198 Cl71
Nemours (F) 141 Af84
Nenagh = An tAonach (IRL) 70 Sd75
Nentershausen (D) 100 Aq80
Nepomuk (CZ) 216 Bh82
Nérac (F) 157 Aa92
Neratovice (CZ) 211 Bi80
Neresheim (D) 106 Ba83
Neresnica (SRB) 235 Cd92
Nereta (LV) 194 Cl68
Neringa (LT) 196 Cc70
Nerja (E) 185 Sn107
Nerva (E) 183 Sg105
Nes (N) 18 Bb53
Nes (NL) 87 Am74
Nesna (N) 12 Bg48
Nesodden (N) 38 Bb61
Nesoddtangen (N) 38 Bb61
Nesterov (RUS) 197 Cf71
Neston (GB) 64 So74
Nesvatn (N) 47 At63
Netherton (GB) 56 So67
Nettetal (D) 94 An78
Nettuno (I) 126 Bf98
Neubrandenburg (D) 91 Bg73
Neuburg (D) 90 Bd73
Neuchâtel (CH) 149 Ao86
Neuenbürg (D) 105 As83
Neuendorf (D) 85 Bg71
Neuenkirchen (D) 82 As72
Neuenstein (D) 101 Au82
Neufchâteau (B) 136 Al81
Neufchâteau (F) 142 Am84
Neufchâtel-en-Bray (F) 134 Ac81
Neuhardenberg (D) 91 Bi75
Neuhaus (D) 89 Bb74
Neuhof (D) 100 Ar80
Neu-Isenburg (D) 100 As80
Neukirchen (D) 102 Bd82
Neukloster (D) 89 Au74
Neumark (D) 96 Bc78
Neumarkt in der Oberpfalz (D) 102 Bc82
Neumünster (D) 83 Au72
Neunburg vorm Wald (D) 102 Be82
Neunkirchen (A) 109 Bn85
Neunkirchen (D) 101 At81
Neuruppin (D) 90 Bf75
Neusiedl am See (A) 109 Bo85
Neuss (D) 94 Ao78
Neustadt (D) 101 Au81
Neustadt, Titisee- (D) 105 Ar85
Neustadt (Wied) (D) 94 Ap79
Neustadt am Rübenberge (D) 89 At75
Neustadt an der Aisch (D) 102 Bb81
Neustadt-Glewe (D) 90 Bd74
Neustadt in Holstein (D) 83 Bb72
Neustift an der Lafnitz (A) 109 Bm86
Neustrelitz (D) 91 Bg74
Neu-Ulm (D) 106 Ba84
Neuves-Maisons (F) 142 An83
Neuville-sur-Saône (F) 153 Ak89
Neuwied (D) 99 Ap80
Nevade (SRB) 234 Ca92
Neveklov (CZ) 211 Bk81
Nevers (F) 147 Ag87
Neves, As (E) 162 Sd94
Neviges (D) 94 Ap78
New Abbey (GB) 60 Sn71
Newark on Trent (GB) 65 St74
Newbiggin-by-the-Sea (GB) 61 Sr70
Newbridge (IRL) 67 Sd73
Newburgh (GB) 56 Sq66
Newbury (GB) 78 Ss78
Newcastle (IRL) 70 Se76
Newcastle-under-Lyme (GB) 64 Sq74
Newcastle upon Tyne (GB) 61 Sr71
Newcastle West = An Caisleán Nua (IRL) 69 Sb76
New Cumnock (GB) 60 Sm70
New Galloway (GB) 60 Sm70

Newhaven (GB) 79 Aa 79
New Inn (IRL) 67 Sd 74
Newmarket (GB) 75 Aa 76
New Mills (GB) 64 Sq 74
Newport (GB) 73 Sp 77
New Quay (GB) 72 Sm 76
Newquay (GB) 76 Sk 80
New Ross = Ros Mhic Thriúin (IRL) 71 Sg 76
Newry (GB) 63 Sh 72
Newton (GB) 54 Sf 65
Newton Abbot (GB) 77 Sn 79
Newton Aycliffe (GB) 61 Sr 71
Newton-le-Willows (GB) 64 Sp 74
Newton Stewart (GB) 60 Sm 71
Newtown (GB) 73 So 75
Nexø (DK) 85 Bl 70
Nexon (F) 151 Ac 89
Nibe (DK) 80 Au 67
Nicastro (I) 131 Bn 103
Nice (F) 161 Ap 93
Nickelsdorf (A) 109 Bp 85
Nicosia (I) 133 Bi 105
Nidzica (PL) 203 Ca 74
Niebla (E) 183 Sg 106
Nieborów (PL) 208 Ca 76
Niebüll (D) 82 As 71
Nieby (D) 83 Au 71
Niederbronn-les-Bains (F) 143 Aq 83
Niedźwiedź (PL) 205 Bl 76
Niegosławice (PL) 205 Bm 77
Niemelä (FIN) 17 Cs 47
Niemenkylä (FIN) 32 Cc 58
Niemisel (S) 15 Ce 49
Niemisjärvi (FIN) 34 Cn 56
Nienburg (Weser) (D) 89 At 75
Niendorf (D) 84 Be 72
Niepołomice (PL) 214 Ca 80
Nierstein (D) 100 Ar 81
Niesky (Niska) (D) 98 Bk 78
Nieuwkoop (NL) 86 Ak 76
Nieuwpoort (B) 92 Af 78
Niinimäki (FIN) 24 Cn 53
Níjar (E) 186 Sq 107
Nijkerk (NL) 87 Am 76
Nijmegen (NL) 93 Am 77
Nijvel = Nivelles (B) 93 Ai 79
Nikkaluokta (S) 8 Bs 45
Nikšić (MNE) 237 Bs 95
Nîmes (F) 159 Ai 93
Niort (F) 145 Su 88
Niš (SRB) 235 Cd 94
Niscemi (I) 133 Bi 106
Niška Banja (SRB) 235 Ce 94
Nisko (PL) 215 Ce 79
Nissinvaara (FIN) 17 Ct 48
Nitra (SK) 219 Br 84
Nitry (F) 147 Ah 85
Nittenau (D) 102 Be 82
Nivala (FIN) 23 Ck 53
Nivelles (B) 93 Ai 79
Niwiska (PL) 205 Bl 77
Njavve (S) 14 Br 47
Njurunda (S) 30 Bp 56
Njutånger (S) 30 Bp 57
Noailles (F) 140 Ae 82
Noáin (E) 166 Sr 95
Nocera Inferiore (I) 127 Bk 99
Nocera Umbra (I) 124 Bf 94
Noci (I) 129 Bp 99
Nödinge (S) 48 Be 65
Nœux-les-Mines (F) 135 Af 80
Nogara (I) 118 Bc 90
Nogaro (F) 156 Su 93
Nogent-le-Rotrou (F) 140 Ab 84
Nogent-sur-Seine (F) 141 Ah 84
Nohfelden (D) 99 Ap 81
Noia (E) 162 Sc 95
Noirmoutier-en-l'Île (F) 144 Sq 86
Nola (I) 127 Bk 99
Nontron (F) 151 Ab 89
Nonza (F) 161 At 95
Noordwijk aan Zee (NL) 86 Ai 76
Nørager (DK) 80 Au 67
Norberg (S) 40 Bm 60
Norcia (I) 125 Bg 95
Nordanås (S) 13 Bn 50
Nordborg (DK) 83 Au 70
Nordby (DK) 81 Bb 69
Nordby (N) 38 Bb 61
Norddeich (D) 88 Ap 73
Norden (D) 88 Ap 73
Nordenham (D) 88 Ar 73
Norderney (D) 88 Ap 73
Norderstedt (D) 89 Au 73
Nordhausen (D) 96 Bb 77
Nordheim (D) 101 At 82
Nordhorn (D) 88 Ap 76
Nordingrå (S) 31 Br 55
Nordkjosbotn (N) 2 Bu 42
Nordli (N) 12 Bh 50
Nördlingen (D) 106 Ba 83
Nordmela (N) 7 Bm 42
Nordreisa = Storslett (N) 3 Cc 41
Norg (NL) 87 An 74
Noriūnai (LT) 194 Ck 69
Norra Bredåker (S) 15 Cc 49
Norrahammar (S) 49 Bi 65
Norrbäck (S) 21 Bq 51
Norrberg (S) 20 Bo 50
Norrboda (S) 40 Bl 58
Nørre Aaby (DK) 83 Au 70
Nørre Åby = Nørre Aaby (DK) 83 Au 70
Nørreby (DK) 81 Ba 69
Nørre Vorupør (DK) 80 Ar 67
Norrfjärden (S) 15 Cc 50
Norrköping (S) 50 Bn 63
Norrtälje (S) 41 Bs 61
Norsjö (S) 21 Bu 51
Nort Ballachulish (GB) 58 Sk 67
Northallerton (GB) 65 Ss 72
Northampton (GB) 74 St 76
North Berwick (GB) 59 Sp 68
Northeim (D) 95 Au 77
North Tidworth (GB) 78 Sr 78
North Walsham (GB) 75 Ac 75
Northwich (GB) 64 Sp 74
Norton (GB) 65 St 72
Norwich (GB) 75 Ac 75
Nossa Senhora da Torega (P) 176 Sd 104
Noto (I) 133 Bl 107
Notodden (N) 37 At 61
Nottingham (GB) 65 Ss 75
Nová Baňa (SK) 219 Bs 84
Nová Dubnica (SK) 219 Br 83
Nova Gorica (SLO) 114 Bh 89
Nova Gradiška (HR) 226 Bp 90
Novalja (HR) 230 Bk 91
Novara (I) 111 As 90
Nova Varoš (SRB) 234 Bu 94
Nová Ves (CZ) 210 Bf 81
Nové Hrady (CZ) 212 Bn 81
Novelda (E) 181 St 104
Nové Město nad Moravě (CZ) 212 Bn 81
Nové Mesto nad Váhom (SK) 219 Bq 83
Nové Zámky (SK) 219 Br 85
Novi Grad (BIH) 226 Bn 90
Novi Lígure (I) 117 As 91
Noville (B) 93 Al 79
Novi Pazar (SRB) 234 Cb 94
Novi Sad (SRB) 228 Bu 90
Novi Travnik (BIH) 232 Bq 92
Novi Vinodolski (HR) 230 Bk 90
Novo mesto (SLO) 115 Bl 89
Novo Selo (SRB) 228 Bt 91
Novska (HR) 226 Bo 90
Nový Bor (CZ) 211 Bk 79
Nový Jičín (CZ) 213 Br 81
Nowa Dęba (PL) 214 Cd 80
Nowa Ruda (PL) 212 Bo 79
Nowa Sarzyna (PL) 215 Ce 80
Nowa Sól (PL) 205 Bm 77
Nowa Wieś (PL) 205 Bl 78
Nowa Wieś Królewska (PL) 202 Bs 74
Nowe (PL) 202 Bs 73
Nowe Miasteczko (PL) 205 Bm 77
Nowe Miasto Lubawskie (PL) 202 Bu 74
Nowe Miasto nad Pilicą (PL) 208 Cb 77
Nowogard (PL) 200 Bl 73
Nowogród (PL) 203 Cd 74
Nowogród Bobrzański (PL) 205 Bl 77
Nowosady (PL) 204 Cg 74
Nowosiółki (PL) 204 Ch 74
Nowy Dwór (PL) 204 Ch 73
Nowy Dwór Gdański (PL) 202 Bt 72
Nowy Dwór Mazowiecki (PL) 208 Cb 76
Nowy Sącz (PL) 214 Cb 81
Nowy Targ (PL) 220 Ca 82
Nowy Tomyśl (PL) 206 Bn 76
Noyon (F) 135 Ag 81
Nueva Carteya (E) 185 Sm 105
Nuits-Saint-Georges (F) 148 Ak 86
Nules (E) 181 Su 101
Nummi (FIN) 42 Ce 59
Nuneaton (GB) 74 Ss 75
Nunnanen (FIN) 10 Ci 44
Nuorgam (FIN) 5 Cq 40
Nuoro (I) 120 At 100
Nurmes (FIN) 25 Ct 53
Nurmijärvi (FIN) 25 Cu 53
Nürnberg (D) 102 Bc 82
Nürtingen (D) 105 At 83
Nyborg (DK) 83 Bb 70
Nybyn (S) 15 Cc 48
Nydala (S) 52 Bi 66
Nyergesújfalu (H) 219 Bs 85
Nyfors (S) 22 Cb 50
Nyíradony (H) 225 Cd 85
Nyírbátor (H) 221 Ce 85
Nyíregyháza (H) 221 Cd 85
Nyírmada (H) 221 Ce 84
Nyírtelek (H) 221 Cd 84
Nykarleby (FIN) 22 Ce 53
Nyker (DK) 85 Bk 70
Nykøbing Falster (DK) 84 Bd 71
Nykøbing Mors (DK) 80 As 67
Nykøbing Sjælland (DK) 81 Bd 69
Nyköping (S) 50 Bp 63
Nyland (S) 21 Bp 54
Nymburk (CZ) 211 Bl 80
Nynäshamn (S) 51 Bq 63
Nyon (CH) 149 An 88
Nyons (F) 153 Al 92
Nýřany (CZ) 210 Bg 81
Nýrsko (CZ) 216 Bg 82
Nysa (PL) 212 Bp 80
Nysted (DK) 84 Bd 71

O

Oakham (GB) 74 St 75
Oban (GB) 58 Sk 68
Oberdrauburg (A) 113 Bf 87
Obergurgl (A) 112 Bb 87
Oberhausen (D) 94 Ao 78
Oberkirchen (D) 95 Ar 78
Obernai (F) 143 Ap 84
Oberschleißheim (D) 106 Bd 84
Oberstdorf (D) 106 Ba 86
Oberstein, Idar- (D) 99 Ap 81
Obervellach (A) 114 Bg 87
Oberviechtach (D) 102 Be 82
Oberwart (A) 109 Bn 86
Oberwölz-Stadt (A) 108 Bi 86
Óbidos (P) 176 Sb 102
Oborniki (PL) 206 Bo 75
Oborniki Śląskie (PL) 206 Bo 78
Obrenovac (SRB) 228 Ca 91
Obrež (SRB) 228 Bu 91
Ocaña (E) 173 So 101
Occhiobello (I) 118 Bd 91
Ochle (PL) 207 Bs 76
Ochsenfurt (D) 101 Ba 81
Ochsenhausen (D) 105 Au 84
Ockelbo (S) 40 Bo 59
Öckerö (S) 48 Bd 65
Öcsa (H) 224 Bt 86
Odby (DK) 80 As 67
Odda (N) 36 Ao 60
Odder (DK) 81 Ba 69
Odeceixe (P) 182 Sc 106
Odemira (P) 182 Sc 105
Odense (DK) 83 Ba 70
Odensjö (S) 49 Bi 65
Oderzo (I) 113 Be 89
Odivelas (P) 176 Sb 103
Odolanów (PL) 206 Bq 77
Odžaci (SRB) 228 Bt 89
Oeiras (P) 176 Sb 103
Oelsnitz (D) 102 Be 80
Offenbach am Main (D) 100 As 80
Offenburg (D) 104 Aq 84
Offida (I) 125 Bh 95
Ogre (LV) 194 Ck 67
Ogulin (HR) 115 Bl 90
Ohrid (MK) 238 Cb 98
Öhringen (D) 101 Au 82
Oignies (F) 135 Af 80
Oil Terminal (GB) 57 So 63
Oissel (F) 140 Ac 82
Oisterwijk (NL) 93 Al 77
Ojakylä (FIN) 23 Cl 53
Okonek (PL) 201 Bo 73
Olaine (LV) 193 Ch 67
Oława (PL) 206 Bp 78
Olbernhau (D) 97 Bg 79
Ólbia (I) 120 At 99
Ølby Lyng (DK) 84 Be 70
Olching (D) 106 Bc 84
Oldenburg (Oldenburg) (D) 88 Ar 74
Oldenburg in Holstein (D) 83 Bb 72
Oldendorf (D) 88 Ar 76
Oldenzaal (NL) 87 Ao 76
Olderdalen (N) 3 Cb 41
Oldervik (N) 12 Bg 47
Oldham (GB) 64 Sq 73
Oldham (GB) 78 Sq 78
Olecko (PL) 204 Cf 72
Oléggio (I) 111 As 89
Oleiros (P) 177 Se 101
Oleksianka (PL) 208 Cd 76
Olesa de Montserrat (E) 169 Ad 97
Oleśnica (PL) 206 Bp 78
Olesno (PL) 213 Br 79
Olévano Romano (I) 126 Bg 97
Olgiate Comasco (I) 111 As 89
Ølgod (DK) 80 As 69
Olhão (P) 183 Se 106
Olhava (FIN) 16 Cl 50
Oliena (I) 120 At 100
Olite (E) 166 Sr 96
Oliva (E) 181 Su 103
Oliveira do Douro (P) 170 Sc 98
Oliveira do Hospital (P) 171 Se 100
Olivenza (E) 177 Sf 103
Olivet (F) 146 Ad 85
Olkusz (PL) 213 Bu 80
Ollioules (F) 160 Am 94
Ollon (CH) 149 Ap 88
Olmedillo de Roa (E) 173 Sn 97
Olmedo (E) 172 Sl 98
Olofsfors (S) 21 Bt 53
Olofström (S) 52 Bk 68
Olomouc (CZ) 212 Bp 81
Olonne-sur-Mer (F) 144 Sr 87
Oloron-Sainte-Marie (F) 156 St 94
Olot (E) 169 Ae 96
Olovo (BIH) 233 Bs 92
Olpe (D) 94 Aq 78
Olszanica (PL) 205 Bm 78
Olsztyn (PL) 213 Bt 79
Olsztynek (PL) 203 Ca 73
Olszyna (PL) 205 Bk 77
Olten (CH) 149 Aq 86
Olvera (E) 184 Sk 107
Omagh (GB) 63 Sf 71
Omeath (IRL) 63 Sh 72
Omegna (I) 110 Ar 89
Omiš (HR) 236 Bo 94
Omišalj (HR) 230 Bk 90
Ommen (NL) 87 An 75
Onda (E) 175 Su 101
Ondarroa (E) 166 Sq 94
Ondřejov (CZ) 210 Bg 80
Onkamo (FIN) 17 Ct 47
Onsala (S) 48 Bd 66
Onstwedde (NL) 87 Ap 74
Ontinyent (E) 181 St 103
Oostende (B) 92 Af 78
Oosterhout (NL) 93 Ak 77
Oosterwolde (NL) 87 Am 76
Opatija (HR) 114 Bi 90
Opatów (PL) 207 Br 78
Opava (CZ) 212 Bq 81
Opinogóra (PL) 208 Cb 75
Opočno (CZ) 212 Bn 80
Opoczno (PL) 208 Ca 78
Opole (PL) 212 Bq 79
Oppdal (N) 27 Au 55
Oppegård (N) 38 Bb 61
Oppenheim (D) 100 Ar 81
Orahovac (SRB) 238 Cb 96
Orahovica (HR) 227 Bq 89
Orange (F) 159 Ak 92
Oranienburg (D) 91 Bg 75
Orašac (SRB) 228 Ca 91
Orbe (CH) 149 Ao 87
Orbetello (I) 123 Bc 96
Örby (S) 49 Bf 66
Orcières (F) 154 An 91
Orduña (E) 165 So 95
Örebro (S) 50 Bl 62
Orellana la Vieja (E) 178 Si 102
Ória (I) 111 At 88
Orihuela (E) 181 St 104
Oriniemi (FIN) 35 Cu 55
Oriolo (I) 128 Bn 100
Oristano (I) 121 As 101
Orkanger (N) 18 Au 54
Örkelljunga (S) 52 Bg 68
Örkény (H) 224 Bt 86
Orléans (F) 146 Ad 85
Orlová (CZ) 213 Br 81
Ormea (I) 116 Aq 92
Ormskirk (GB) 64 Sp 73
Ornäs (S) 40 Bl 59
Orneta (PL) 203 Ca 72
Örnsköldsvik (S) 21 Bs 54
Oropesa (E) 178 Sk 101
Orosei (I) 120 Au 100
Orosháza (H) 224 Cb 87
Oroszlány (H) 223 Br 86
Orpesa (E) 175 Aa 100
Orsa (S) 39 Bk 58
Orsay (F) 140 Ae 83
Ørslev (DK) 83 Au 70
Örsundsbro (S) 40 Bp 61
Orta Nova (I) 128 Bm 98
Ortenberg (D) 101 At 80
Orthez (F) 156 St 94
Ortigueira (E) 163 Se 93
Ortisei = Sankt Ulrich (I) 112 Bd 87
Orton (GB) 64 Sp 72
Ortona (I) 125 Bi 96
Örträsk (S) 21 Bt 52
Ørum (DK) 80 Au 68
Orvieto (I) 124 Be 95
Orzechowo (PL) 202 Bs 74
Orzysz (PL) 203 Cd 73
Osby (S) 52 Bh 68
Oschersleben (Bode) (D) 96 Bc 76
Óschiri (I) 120 At 99
Osen (N) 18 Bb 52
Osie (PL) 202 Br 73
Osiek (PL) 201 Bp 74
Osijek (HR) 227 Bs 89
Ósimo (I) 125 Bh 94
Osiny (PL) 209 Ce 77
Osipaonica (SRB) 229 Cc 91
Oskarshamn (S) 53 Bn 66
Oskarström (S) 52 Bf 67
Oslavany (CZ) 218 Bn 82
Ošljane (SRB) 235 Ce 93
Oslo (N) 38 Bb 61
Øsløs (DK) 80 At 66
Ösmo (S) 51 Bq 63
Osnabrück (D) 88 Ar 76
Osor (HR) 230 Bi 91
Osorno (E) 165 Sm 96
Osowa (PL) 204 Cf 72
Ospedale, L' (F) 161 At 97
Ospedaletto (I) 112 Bd 89
Oss (NL) 93 Am 77
Ossa de Montiel (E) 180 Sp 103
Ossett (GB) 64 Sr 73
Ossiach (A) 114 Bh 87
Östanbäck (S) 21 Bq 53
Östavall (S) 30 Bl 56
Ostende = Oostende (B) 92 Af 78
Osterburg (Altmark) (D) 90 Bd 75
Østerby (DK) 80 Au 66
Østerby Havn (DK) 81 Bc 66
Osterholz-Scharmbeck (D) 88 As 74
Osterode am Harz (D) 96 Ba 77
Östersund (S) 20 Bk 54
Øster Vrå (DK) 81 Ba 66
Osterwieck (D) 96 Bb 77
Ostfildern (D) 105 At 83
Östhammar (S) 41 Br 60
Ostiglia (I) 118 Bc 90
Östmark (S) 39 Bf 60
Ostrau (D) 97 Be 77
Ostrava (CZ) 213 Br 81
Ostróda (PL) 202 Bu 73
Ostromecko (PL) 202 Br 74
Ostrov (CZ) 210 Bf 80
Ostrówek (PL) 207 Br 78
Ostrowiec Świętokrzyski (PL) 214 Cc 79
Ostrowite (PL) 202 Bt 74
Ostrów Lubelski (PL) 209 Cf 78
Ostrów Mazowiecka (PL) 208 Cd 75
Ostrów Wielkopolski (PL) 206 Bq 77
Ostrožac (BIH) 231 Bm 91
Østrup (DK) 80 At 67
Ostrzeszów (PL) 206 Bq 78
Ostuni (I) 129 Bq 99
Osuna (E) 184 Sk 106
Oswestry (GB) 73 So 75
Oświęcim (PL) 207 Br 78
Otepää (EST) 190 Cn 64
Otmuchów (PL) 212 Bp 80
Otnes (N) 18 Ar 54
Otočac (HR) 230 Bl 91
Otok (HR) 227 Bs 90
Otranto (I) 129 Br 100
Otrokovice (CZ) 219 Bq 82
Otta (N) 27 Au 57
Ottana (I) 120 At 100
Ottendorf-Okrilla (D) 97 Bh 78
Ottenschlag (A) 109 Bl 84
Ottenstein (D) 88 Ao 76
Otterburn (GB) 61 Sq 70
Otterndorf (D) 88 As 73
Otterup (DK) 83 Ba 69
Ottobeuren (D) 106 Ba 85
Ottobrunn (D) 106 Bd 84
Ottweiler (D) 99 Ap 82
Otwock (PL) 208 Cc 76
Oudenaarde (B) 92 Ah 79
Oud Gastel (NL) 93 Ai 77
Oulainen (FIN) 23 Ck 52
Oulu (FIN) 23 Cm 50
Ourense (E) 163 Se 96
Ourique (P) 182 Sd 105
Oust (F) 157 Ac 95
Outeiro (P) 170 Sc 97
Ovada (I) 117 As 91
Ovanåker (S) 30 Bm 58
Ovar (P) 170 Sc 99
Ovelgönne (D) 88 Ar 74
Øverås (N) 27 Ar 55
Overby (DK) 81 Bc 69
Øvergård (N) 8 Bt 42
Övertorneå (S) 15 Cg 48
Överum (S) 50 Bn 65
Oviedo (E) 164 Si 94
Övre Soppero (S) 9 Cd 44
Øvstedal (N) 26 Ap 56
Oxelösund (S) 50 Bp 63
Oxford (GB) 74 Ss 77
Oyonnax (F) 148 Am 88
Ózd (H) 220 Ca 84
Ozersk (RUS) 197 Ce 72
Ozieri (I) 120 At 99
Ozimek (PL) 213 Br 79
Ozoir-la-Ferrière (F) 141 Af 83
Ozorków (PL) 207 Bt 77

P

Paavola (FIN) 23 Cl 51
Pabianice (PL) 207 Bt 77
Pabradė (LT) 198 Cm 71
Paca, La (E) 186 Sr 105
Paceco (I) 132 Bf 105
Pachino (I) 133 Bl 107
Paczków (PL) 212 Bp 80
Padborg (DK) 83 At 71
Paderborn (D) 95 As 77
Padež (SRB) 235 Cc 93
Padise (EST) 189 Ci 62
Padova (I) 112 Bd 90
Padrón (E) 162 Sc 95
Padru (I) 120 Au 99
Padul (E) 185 Sn 106
Padula (I) 128 Bm 100
Pag (HR) 230 Bl 92
Pagėgiai (LT) 196 Cd 70
Paide (EST) 190 Cm 63
Paimpol (F) 138 So 83
Paisley (GB) 59 Sm 69
Paittasjärvi (S) 9 Cf 44
Pajęczno (PL) 207 Bs 78
Pakrac (HR) 226 Bp 90
Pakruojis (LT) 193 Ch 69
Palacios y Villafranca, Los (E) 184 Si 106
Palafrugell (E) 169 Ag 97
Palais, Le (F) 144 So 86
Palamós (E) 169 Ag 97
Palanga (LT) 192 Cb 69
Palau (I) 120 At 98
Palavas-les-Flots (F) 159 Ah 93
Palazzolo Acréide (I) 133 Bk 106
Palazzolo sull'Oglio (I) 111 Au 89
Paldiski (EST) 189 Ci 62
Pale (BIH) 233 Bs 93
Palencia (E) 164 Sl 96
Palermo (I) 132 Bg 104
Palestrina (I) 124 Bf 97
Palhais (P) 176 Sb 103
Palinuro (I) 128 Bl 100
Paljakka (FIN) 17 Cu 48
Pallanza (I) 111 As 89
Palma del Condado, La (E) 183 Sg 106
Palma del Río (E) 184 Sk 105
Palma de Mallorca (E) 187 Af 101
Palma di Montechiaro (I) 132 Bh 106
Palmanova (I) 113 Bg 89
Palmar, El (E) 187 Ss 105
Palmas de Gran Canaria, Las (E) 182 Rk 124
Palmela (P) 176 Sc 103
Palmi (I) 131 Bm 104
Palojoensuu (FIN) 9 Cg 44
Palomares del Campo (E) 174 Sp 101
Paltamo (FIN) 24 Cq 52
Paltaniemi (FIN) 24 Cq 52
Pamiers (F) 157 Ad 94
Pamplona = Iruña (E) 166 Sr 95
Pandėlys (LT) 194 Cl 68
Panevėžys (LT) 198 Ci 69
Pantelleria (I) 132 Bd 107
Panticosa (E) 167 Su 95
Páola (I) 131 Bn 102
Pápa (H) 222 Bp 86
Pape (LV) 192 Cb 68
Papenburg (D) 88 Ap 74
Pappinen (FIN) 33 Cm 57
Paprotnia (PL) 208 Cd 76
Paraćin (SRB) 235 Cc 93
Paradas (E) 184 Si 106
Paradela (E) 162 Sd 94
Paradiso (I) 133 Bl 104
Parainen (FIN) 42 Ce 60
Paray-le-Monial (F) 148 Ai 88
Parchim (D) 90 Bd 74
Parczew (PL) 206 Bq 77
Pardubice (CZ) 211 Bm 80
Paredes de Nava (E) 164 Sl 96
Parentis-en-Born (F) 150 Ss 92
Pargas = Parainen (FIN) 42 Ce 60
Paris (F) 140 Ae 83
Parisot (F) 151 Ad 92
Parkkila (FIN) 23 Cl 53
Parma (I) 118 Ba 91
Pärnu (EST) 189 Ci 64
Pärnu-Jaagupi (EST) 189 Ck 63
Parsberg (D) 102 Bd 82
Partala (FIN) 24 Cp 53
Partanna (I) 132 Bf 105
Parthenay (F) 145 Su 87
Partille (S) 48 Be 65
Partinico (I) 132 Bg 104
Partizánske (SK) 219 Br 83
Pasai San Pedro (E) 166 Sr 94
Pasewalk (D) 91 Bh 73
Pasiene (LV) 195 Cr 68
Passau (D) 107 Bg 83
Passow (D) 90 Be 73
Pastrana (E) 173 Sp 100
Pasvalys (LT) 194 Ci 68
Pasym (PL) 203 Cb 73
Pásztó (H) 220 Bu 85
Paterna (E) 181 Su 101
Paterna de Rivera (E) 184 Si 107
Paternion (A) 114 Bh 87
Paternò (I) 133 Bk 105
Patrickswell (IRL) 70 Sc 75
Pattada (I) 120 At 99
Pattensen (D) 89 Au 76
Patti (I) 133 Bk 104
Pau (F) 156 Su 94
Pauillac (F) 150 St 90
Pavia (I) 117 At 90
Pavia (P) 176 Sd 103
Pavullo nel Frignano (I) 118 Bb 92
Pawłów (PL) 209 Cg 78
Pawłowice (PL) 206 Bo 77
Payerne (CH) 149 Ao 87
Pazin (HR) 114 Bh 90
Péage, le (F) 140 Ac 83
Peć (SRB) 238 Ca 95
Pécel (H) 224 Bt 86
Pechina (E) 186 Sq 107
Pécs (H) 223 Br 88
Pedrógão (P) 170 Sc 101
Pedrógão Grande (P) 170 Sd 101
Pedro-Martínez (E) 185 So 106
Pedro Muñoz (E) 180 Sp 102
Pedroñeras, Las (E) 180 Sp 102
Peebles (GB) 59 So 69
Peel (GBM) 60 Sl 72
Pegnitz (D) 102 Bd 81
Pego (E) 181 Su 103
Peine (D) 89 Ba 76
Peitz (Picnjo) (D) 98 Bi 77
Pełczyce (PL) 200 Bl 74
Pelhřimov (CZ) 217 Bl 82
Pelkosenniemi (FIN) 11 Cp 46
Péllaro (I) 131 Bm 104
Pello (FIN) 16 Ci 47
Pello (S) 16 Ch 47
Pelplin (PL) 202 Bs 73
Pembroke (GB) 72 Sl 77
Pembroke Dock (GB) 72 Sl 77
Peñafiel (E) 173 Sm 97
Penafiel (P) 170 Sd 98
Peñaflor (E) 175 St 97
Peñalsordo (E) 178 Sk 103
Peñaranda de Bracamonte (E) 172 Sk 99
Peñarroya-Pueblonueva (E) 178 Sk 104
Penarth (GB) 77 So 78
Peniche (P) 176 Sb 102
Penicuik (GB) 59 So 69
Peñíscola (E) 175 Aa 100
Penmarc'h (F) 137 Sm 85
Penne (I) 125 Bh 96
Penrith (GB) 61 Sp 71
Penzance (GB) 76 Si 80
Perales de Alfambra = Perales del Alfambra (E) 174 Ss 99
Perales del Alfambra (E) 174 Ss 99
Peralveche (E) 174 Sq 99
Perä-Posio (FIN) 17 Cq 48
Perchtoldsdorf (A) 109 Bn 84
Pereira (E) 163 Se 96
Pereiro (P) 176 Sd 101
Perelló, el (E) 175 Ab 99
Perho (FIN) 23 Ci 54
Périgueux (F) 151 Ab 90
Perkáta (H) 223 Bs 86
Perleberg (D) 90 Bd 74
Pernau = Pärnu (EST) 189 Ci 64
Pernes-les-Fontaines (F) 159 Al 93
Péronne (F) 135 Af 81
Perosa Argentina (I) 116 Ap 91
Pérouges (F) 153 Al 89
Perpignan (F) 158 Af 95
Perros-Guirec (F) 138 So 83
Persan (F) 140 Ae 82
Pershore (GB) 73 Sq 76
Perstorp (S) 52 Bg 68
Perth (GB) 59 So 68
Pertisau (A) 106 Bd 86
Perúgia (I) 124 Be 94
Pésaro (I) 119 Bf 93
Pescara (I) 125 Bi 96
Pescasséroli (I) 126 Bh 97
Péscia Romana (I) 124 Bc 96
Pescina (I) 125 Bh 96
Peshkopi (AL) 238 Ca 97
Peso da Régua (P) 171 Se 98
Petäjäjärvi (FIN) 16 Co 49
Petäjäskoski (FIN) 16 Cl 48
Petäjävesi (FIN) 33 Cl 56
Pétange (L) 99 Am 81
Peterborough (GB) 74 Su 75
Peterhead (GB) 56 Sr 65
Peterlee (GB) 61 Ss 71
Petersberg (D) 95 Au 79
Petersdorf (D) 106 Bc 83
Petershagen (D) 88 As 76
Petília Policastro (I) 131 Bo 102
Petralia Sottana (I) 133 Bi 105
Petrer (E) 181 St 104
Petrinja (HR) 226 Bn 90
Petrovac (SRB) 235 Cc 92
Petrovaradin (SRB) 228 Bu 90
Petrovce (SK) 220 Ca 84
Petrovice (CZ) 210 Bh 79
Peveragno (I) 116 Aq 92
Peyrehorade (F) 156 Ss 93
Pézenas (F) 158 Ag 94
Pezinok (SK) 218 Bp 84
Pfaffendorf (D) 102 Bb 80
Pfaffenhofen an der Ilm (D) 107 Bd 83
Pfarrkirchen (D) 107 Bf 84
Pforzheim (D) 105 As 83
Pfronten (D) 106 Bb 85
Pfullendorf (D) 105 At 85
Pfungstadt (D) 100 As 81
Philippsburg (D) 100 Ar 82
Piacenza (I) 117 Au 90
Piana (F) 161 As 96
Piana degli Albanesi (I) 132 Bg 105
Pianella (I) 123 Bc 94
Pianoro (I) 118 Bc 92
Piaseczno (PL) 200 Bk 74
Piasek (PL) 200 Bi 75
Piaski (PL) 202 Bu 72
Piastów (PL) 208 Cb 76
Pļaviņas (LV) 194 Cm 67
Piazza Armerina (I) 133 Bi 106
Piazzola sul Brenta (I) 112 Bd 89
Picassent (E) 181 Su 102
Pickering (GB) 65 St 72
Piecki (PL) 203 Cc 73
Piedimonte Matese (I) 126 Bi 98
Piedrahíta (E) 172 Sk 100
Piekary Śląskie (PL) 213 Bs 80
Pieksämäki (FIN) 34 Cp 56
Pieniężno (PL) 203 Ca 72
Pierowall (GB) 57 Sp 62
Pierrelatte (F) 153 Ak 92
Pierrepont (F) 135 Ah 81
Piešťany (SK) 219 Bq 83
Pieszyce (PL) 212 Bo 79
Pietarsaari = Jakobstad (FIN) 22 Ce 53
Pietraperzia (I) 133 Bi 106
Pietrasanta (I) 118 Ba 93
Pieve di Cadore (I) 113 Be 88
Pihlajalahti (FIN) 33 Ch 57
Pihlajavaara (FIN) 24 Cr 51
Pihtipudas (FIN) 23 Cl 54
Piła (PL) 201 Bo 74
Pilas (E) 184 Sh 106
Pilica (PL) 213 Bu 79
Piliscsaba (H) 223 Bs 85
Pilisvörösvár (H) 223 Bs 85
Piltene (LV) 192 Cd 66
Pilviškiai (LT) 197 Cg 71
Pilzno (PL) 214 Cc 81
Pin, Le (F) 147 Ah 88
Pinarellu (F) 161 At 97
Pińczów (PL) 214 Cb 79
Pinerolo (I) 116 Ap 91
Pineto (I) 125 Bi 95
Pinheiro (P) 170 Sd 98
Pinhel (P) 171 Sf 99
Pinilla (E) 180 Sp 103
Pinneberg (D) 89 Au 73
Pino (F) 161 At 95
Pinos-Puente (E) 185 Sn 106
Pinto (E) 173 Sn 100
Piombino (I) 123 Bb 95
Pionerskij (RUS) 196 Ca 71
Pionki (PL) 208 Cc 78
Piotrków Kujawski (PL) 207 Br 75
Piotrków Trybunalski (PL) 207 Bu 78
Piotrów (PL) 207 Br 77
Piotrowice (PL) 206 Bn 78
Piove di Sacco (I) 118 Be 90
Piran (SLO) 114 Bh 89
Pirk (D) 102 Be 80
Pirmasens (D) 100 Aq 82
Pirna (D) 97 Bh 79
Pirot (SRB) 235 Cf 94
Pirttijärvi (FIN) 32 Cd 57
Pirttikoski (FIN) 17 Cp 48
Pirttikylä (FIN) 33 Ch 56
Pirttimäki (FIN) 24 Co 53
Pisa (I) 118 Ba 93
Pisarovina (HR) 115 Bm 89
Pisarzowice (PL) 205 Bl 78
Písek (CZ) 217 Bi 82
Pisticci (I) 128 Bo 100
Pistóia (I) 118 Bb 93
Pisz (PL) 203 Cd 73
Piteå (S) 15 Cc 50
Pithiviers (F) 140 Ae 84
Pitkäjärvi (FIN) 33 Ck 57
Pitkälahti (FIN) 34 Cq 55
Pitlochry (GB) 59 Sn 67
Pitmedden (GB) 56 Sq 66
Pitomača (HR) 226 Bp 89
Pivnice (SRB) 228 Bt 90
Pizzo (I) 131 Bn 103
Plaisance (F) 146 Ab 88
Planá (CZ) 210 Bf 81
Plasencia (E) 172 Sh 100
Plášťovce (SK) 219 Bs 84
Plasy (CZ) 210 Bg 81
Platì (I) 131 Bn 104
Plattling (D) 107 Bf 83
Plau am See (D) 90 Be 74
Plauen (D) 97 Be 79
Plav (MNE) 238 Bu 95
Plavna (SRB) 228 Bt 90
Playa Blanca (E) 183 Rn 123
Playa de las Américas (E) 182 Rg 124
Pleaux (F) 151 Ae 90
Plešivec (SK) 220 Ca 83
Pleszew (PL) 206 Bq 77
Plettenberg (D) 94 Aq 78
Pliego (E) 187 Ss 105
Pljevlja (MNE) 237 Bt 94
Ploče (HR) 236 Bp 94
Plochingen (D) 105 At 83
Płock (PL) 207 Bu 75
Ploërmel (F) 144 Sq 85
Plombières-les-Bains (F) 142 An 85
Plön (D) 83 Ba 72
Płońsk (PL) 208 Ca 75
Płoty (PL) 200 Bl 73
Plougastel-Daoulas (F) 137 Sm 84
Plouguerneau (F) 137 Sm 83
Plungė (LT) 192 Cd 69
Plymouth (GB) 77 Sm 80
Plzeň (CZ) 210 Bg 81
Pniewy (PL) 206 Bn 75
Pobiedziska (PL) 206 Bp 76
Pobla, Sa (E) 187 Ag 101
Pobla de Segur, la (E) 168 Ab 96
Pobla de Vallbona, la (E) 181 St 101
Podbořany (CZ) 210 Bg 80
Podbrezová (SK) 220 Bu 83
Poddębice (PL) 207 Bs 77
Poděbrady (CZ) 211 Bl 80
Podgora (HR) 236 Bp 94
Podgorac (SRB) 235 Cf 93
Podgorica (MNE) 237 Bt 96
Podole (PL) 214 Cb 81
Poggibonsi (I) 123 Bc 94
Poggioreale (I) 126 Bi 99
Pogórze (PL) 212 Bq 80
Pohja (FIN) 24 Cn 54
Pohjaslahti (FIN) 17 Co 48
Pohjoiskylä (FIN) 32 Ce 55
Pohořelice (CZ) 218 Bo 83
Põide (EST) 189 Cg 63
Poissy (F) 140 Ae 83
Poitiers (F) 145 Aa 87
Poix-de-Picardie (F) 134 Ad 81
Pojan (AL) 240 Bt 99
Pokka (FIN) 10 Cm 44
Pola de Lena (E) 164 Si 94
Pola de Siero (E) 164 Si 94
Polanica Zdrój (PL) 212 Bo 80
Połczyn Zdrój (PL) 201 Bn 73
Polessk (RUS) 196 Cc 71
Polgárdi-Tekeres (H) 223 Br 86
Poliçan (AL) 240 Ca 100
Policoro (I) 128 Bo 100
Polignano a Mare (I) 129 Bp 99
Poligny (F) 148 Am 87
Polístena (I) 131 Bn 104
Poljčane (SLO) 115 Bl 88
Polkowice (PL) 206 Bn 77
Polla (I) 127 Bl 99
Pöllä̈kkä (FIN) 34 Co 56
Pollença (E) 187 Ag 101
Polling (D) 106 Bc 85
Poltár (SK) 220 Bu 84
Põlva (EST) 190 Cp 64
Pomarance (I) 123 Bb 94
Pomáz (H) 224 Bt 85
Pombal (P) 170 Sc 101
Pomellen (D) 91 Bi 74
Pomezí (CZ) 210 Be 80
Pomézia (I) 124 Bf 97
Pompey (F) 142 An 83
Pomposa (I) 119 Be 91
Ponferrada (E) 163 Sg 95
Poniatów (PL) 207 Bu 78
Poniatowa (PL) 209 Ce 78
Ponor (SRB) 235 Ce 93
Ponta Delgada (P) 162 Ps 101
Pont-à-Mousson (F) 142 An 83
Pontardawe (GB) 72 Sn 77
Pontarlier (F) 149 An 87
Pontassieve (I) 118 Bc 93
Pont-Audemer (F) 140 Ab 82
Pontchâteau (F) 144 Sq 86
Pont de Suert, el (E) 168 Ab 96
Pontebba (I) 113 Bg 88
Pontecagnano-Faiano (I) 127 Bk 99
Pontecorvo (I) 126 Bh 98
Ponte de Lima (P) 170 Sc 97
Pontedera (I) 118 Bb 93
Ponte de Sor (P) 176 Sd 102
Pontedeume (E) 162 Sd 94
Pontefract (GB) 65 Ss 73
Ponteland (GB) 61 Sr 70
Pontelandolfo (I) 127 Bk 98
Ponte Leccia (F) 161 At 96
Ponte nelle Alpi (I) 113 Be 88
Pontet, Le (F) 159 Ak 93
Pontevedra (E) 162 Sc 96
Pontivy (F) 138 Sp 84
Pont-l'Abbé (F) 137 Sm 85
Pont-l'Évêque (F) 139 Aa 82
Pontoise (F) 140 Ae 82
Pontorson (F) 138 Sr 83
Pontrémoli (I) 117 Au 92
Pontresina (CH) 111 Au 87
Pont-Saint-Esprit (F) 153 Ak 92
Pontycymer (GB) 72 Sn 77
Pontypool (GB) 73 So 77
Pontypridd (GB) 73 So 77
Ponza (I) 126 Bf 99
Poole (GB) 78 Sr 79
Poperinge (B) 92 Af 79
Pópoli (I) 125 Bh 96
Poppenhausen (D) 101 Ba 80
Poppi (I) 118 Bd 93
Poprad (SK) 220 Ca 82
Porcelette (F) 143 Ao 82
Porcuna (E) 185 Sm 105
Pordenone (I) 113 Bf 89
Poreč (HR) 114 Bh 90
Pori (FIN) 32 Cd 58
Porjus (S) 14 Bu 47
Porkkala (FIN) 24 Cm 52
Pornic (F) 144 Sq 86
Pornichet (F) 144 Sq 86
Porrentruy (CH) 149 Ap 86
Porretta Terme (I) 118 Bb 92
Porriño, O (E) 162 Sc 96
Porsgrunn-Skien (N) 37 At 62
Port, Es (E) 186 Ad 102
Portadown (GB) 63 Sh 72
Portalegre (P) 177 Sf 102
Port Askaig (GB) 58 Sh 69
Porta Westfalica (D) 88 As 76
Port-Barcarès (F) 158 Ag 95
Portbou (E) 169 Ag 96
Port d'Andratx (E) 186 Ae 101
Port-de-Bouc (F) 159 Ak 94
Port de Pollença (E) 187 Ag 101
Port de Sóller (E) 186 Af 101
Portel (P) 177 Se 104
Portela (P) 171 Se 98
Port Ellen (GB) 58 Sh 69
Port-en-Bessin-Huppain (F) 139 St 82
Port Erin (GBM) 60 Sl 72
Porthmadog (GB) 72 Sm 75
Porticcio (F) 161 As 97
Pórtici (I) 126 Bi 99
Portimão (P) 182 Sc 106
Portinatx (E) 186 Ad 102
Portishead (GB) 77 Sp 78
Port Láirge (IRL) 70 Sf 76
Port-la-Nouvelle (F) 158 Ag 94
Port Laoise (IRL) 67 Sf 74
Port-Leucate (F) 158 Ag 95
Portnacroish (GB) 58 Sk 67
Porto (F) 161 As 96
Porto Azzurro (I) 123 Ba 95
Porto Cervo (I) 120 Au 98
Portocristo (E) 187 Ag 101
Porto do Son (E) 162 Sb 95
Porto Empédocle (I) 132 Bh 106
Portoferráio (I) 123 Ba 95
Portofino (I) 117 At 92
Port of Ness (GB) 54 Sh 64
Portogruaro (I) 113 Bf 89
Porto Levante (I) 119 Be 90
Portomaggiore (I) 118 Bd 91
Porto Recanati (I) 125 Bh 94
Porto Rotondo (I) 120 Au 98
Porto San Giórgio (I) 125 Bh 94
Porto Sant'Elpídio (I) 125 Bh 94
Porto Santo Stéfano (I) 123 Bc 96
Portoscuso (I) 121 Ar 102
Porto Tórres (I) 120 Ar 99
Porto-Vécchio (F) 161 At 97
Portovénere (I) 117 Au 92
Porto Viro (I) 119 Be 90
Portrush (GB) 62 Sg 70
Port-Saint-Louis-du-Rhône (F) 159 Ak 94
Portsmouth (GB) 78 Ss 79
Port Talbot (GB) 72 Sn 77
Portugalete (E) 165 So 94
Port-Vendres (F) 158 Ag 95
Porvoo (FIN) 44 Cm 60
Porzuna (E) 179 Sm 102
Posadas (E) 184 Sk 105
Poschiavo (CH) 111 Ba 88
Pößneck (D) 96 Bd 79
Postira (HR) 236 Bo 94
Postojna (SLO) 114 Bi 89
Posušje (BIH) 236 Bp 94

Poświętne (PL) 204 Cf75
Poteau, le (F) 144 Sp85
Potenza (I) 128 Bm99
Potenza Picena (I) 125 Bh94
Potes (E) 164 Sl94
Potočani (BIH) 227 Br90
Potoci (BIH) 231 Bo92
Potsdam (D) 91 Bg76
Pouillon (F) 156 St93
Považská Bystrica (SK) 219 Br82
Póvoa de Varzim (P) 170 Sc98
Poynton (GB) 64 Sq74
Požarevac (SRB) 229 Cc91
Požega (HR) 227 Bq90
Požega (SRB) 234 Ca93
Poznań (PL) 206 Bo76
Pozo Alcón (E) 186 Sp105
Pozoblanco (E) 178 Sl104
Pozo-Cañada (E) 180 Sr103
Pozuelo de Alarcón (E) 173 Sn100
Pozuelos de Calatrava, Los (E) 179 Sm103
Pozzallo (I) 133 Bk107
Pozzillo (I) 132 Bf105
Pozzo (I) 113 Bf89
Pozzuoli (I) 126 Bi99
Prabuty (PL) 202 Bt73
Prachatice (CZ) 216 Bh82
Prades (F) 158 Ad95
Prado (E) 162 Sd95
Prado del Rey (E) 184 Si107
Pradoluengo (E) 165 So96
Praha (CZ) 211 Bi80
Praia (P) 176 Sc101
Pranjani (SRB) 234 Ca92
Prato (I) 118 Bc93
Pràtola Peligna (I) 125 Bh96
Pratteln (CH) 149 Aq85
Pravia (E) 164 Sh94
Prayssac (F) 151 Ac91
Preetz (D) 83 Ba72
Preiļi (LV) 195 Co68
Prémery (F) 147 Ag86
Premià de Mar (E) 169 Ae98
Prenzlau (D) 91 Bh74
Přerov (CZ) 218 Bp82
Prerow (D) 84 Bf72
Prescot (GB) 64 Sp74
Preševo (SRB) 239 Cd96
Prešov (SK) 221 Cc83
Prestatyn (GB) 64 So74
Preston (GB) 64 Sp73
Prestwick (GB) 60 Sl70
Priboj (BIH) 233 Bs91
Priboj (SRB) 233 Bu93
Příbor (CZ) 213 Br81
Příbram (CZ) 211 Bi81
Priego (E) 174 Sq100
Priego de Córdoba (E) 185 Sm106
Priekulė (LT) 192 Cd68
Priekule (LV) 196 Cc69
Prienai (LT) 197 Ch71
Prien am Chiemsee (D) 107 Be85
Priesca (E) 164 Sk93
Prievidza (SK) 219 Bs83
Prijedor (BIH) 231 Bo91
Prijepolje (SRB) 234 Bu94
Prilep (MK) 239 Cd98
Prima Porta (I) 124 Be96
Přimda (CZ) 210 Bf81
Primošten (HR) 231 Bm93
Priština (SRB) 239 Cc95
Pritzier (D) 85 Bh72
Pritzwalk (D) 90 Be74
Privas (F) 153 Ak91
Priverno (I) 126 Bg98
Privlaka (HR) 227 Bs90
Prizren (SRB) 238 Cb96
Prnjavor (SRB) 228 Bt91
Probištip (MK) 239 Ce97
Prohor Pčinjski (SRB) 239 Cd96
Prokuplje (SRB) 235 Cd94
Propriano (F) 161 As97
Prostějov (CZ) 218 Bp82
Proszowice (PL) 214 Ca80
Protivín (CZ) 217 Bi82
Provins (F) 141 Ag83
Pruchnik (PL) 215 Cf81
Prudhoe (GB) 61 Sr71
Prudnik (PL) 212 Bq80
Prüm (D) 99 An80
Pruszcz Gdański (PL) 202 Bs72
Pruszków (PL) 207 Bt77
Przasnysz (PL) 203 Cb74
Przechlewo (PL) 201 Bp73
Przedbórz (PL) 207 Bu78
Przemków (PL) 205 Bm77
Przemyśl (PL) 215 Cf81
Przeworsk (PL) 215 Ce80
Przyborów (PL) 205 Bm77
Przysucha (PL) 208 Cb78
Psary (PL) 206 Bo77
Pszczyna (PL) 213 Bs81
Ptuj (SLO) 115 Bm88
Púchov (SK) 219 Br82
Puck (PL) 202 Br71
Puçol (E) 181 Su101
Puebla de Alcocer (E) 178 Sk103
Puebla de Almoradiel, La (E) 179 So101
Puebla de Cazalla, La (E) 184 Sk106
Puebla de Don Fadrique (E) 186 Sq105
Puebla de Don Rodrigo (E) 179 Sl102
Puebla de la Calzada (E) 177 Sg103
Puebla del Río, La (E) 184 Sh106
Puebla de Sanabria (E) 163 Sg96
Puente-Genil (E) 184 Sl106
Puente La Reina (E) 166 Sr95
Puertas (E) 164 Sl94
Puerto, El (E) 164 Si94
Puerto de la Cruz (E) 182 Rg124
Puerto del Rosario (E) 183 Rn124
Puerto de Mazarrón (E) 187 Ss105
Puerto de Santa María, El (E) 184 Sh107
Puertollano (E) 179 Sm103
Puerto Lumbreras (E) 186 Sr105
Puerto Real (E) 184 Sh107
Puhos (FIN) 17 Cq50
Puigcerdà (E) 169 Ad96
Puig-Reig (E) 169 Ad97
Pujols (F) 150 Su91
Pukë (AL) 238 Bu96
Pula (HR) 230 Bh91
Pula (I) 121 As102
Puławy (PL) 208 Cd78
Pulkkila (FIN) 24 Cm52
Pułtusk (PL) 208 Cc75
Pumpėnai (LT) 194 Ci69
Punta Umbría (E) 183 Sg106
Puolanka (FIN) 24 Cq51
Purbach am Neusiedler See (A) 109 Bo85
Purchena (E) 186 Sq106
Purkersdorf (A) 109 Bn84
Purmerend (NL) 86 Ak75
Püspökladány (H) 225 Cc86
Pusztaszabolcs (H) 223 Bs86
Putbus (D) 85 Bg72
Putignano (I) 129 Bp99
Putnok (H) 220 Ca84
Puttgarden (D) 84 Bc72
Püttlingen (D) 99 Ao82
Puy, le (F) 153 Ai89
Puylaurens (F) 158 Ae93
Pwllheli (GB) 72 Sm75
Pyhäjärvi (FIN) 11 Cp46
Pyhäjoki (FIN) 23 Ci52
Pyle (GB) 72 Sn77
Pyrzyce (PL) 200 Bk74
Pyzdry (PL) 206 Bq76

Q

Qinam (AL) 238 Bu98
Quakenbrück (D) 88 Aq75
Quarteira (P) 182 Sd106
Quartu Sant'Elena (I) 121 At102
Quedlinburg (D) 96 Bc77
Queenborough (GB) 79 Ab78
Queimada (P) 170 Qd103
Queluz (P) 176 Sc104
Querfurt (D) 96 Bd78
Quesada (E) 185 So105
Quesnoy, le (F) 135 Ah80
Quiberon (F) 144 So86
Quillan (F) 158 Ae95
Quimper (F) 137 Sm85
Quimperlé (F) 137 Sn85
Quinn (IRL) 70 Sc75
Quintanar de la Orden (E) 180 So101
Quintanar de la Sierra (E) 165 So97
Quintanar del Rey (E) 180 Sr102
Quinto (E) 175 St98
Quissac (F) 159 Ai93

R

Raahe (FIN) 23 Ci51
Raalte (NL) 87 An76
Rab (HR) 230 Bk91
Rabat (M) 131 Bi109
Rabí (CZ) 216 Bh82
Rabka-Zdrój (PL) 213 Bu81
Rača (SRB) 233 Bu93
Racalmuto (I) 132 Bh106
Racconigi (I) 116 Aq91
Racibórz (PL) 213 Br80
Ráckeve (H) 223 Bs86
Racksund (S) 14 Bq48
Racławice (PL) 213 Bu80
Råda (S) 49 Bg64
Råda, S. (S) 49 Bi63
Radeberg (D) 97 Bh78
Radebeul (D) 97 Bh78
Radeče (SLO) 115 Bl88
Radegast (D) 90 Bd73
Radlin (PL) 213 Br80
Radłów (PL) 213 Bs79
Radolfzell am Bodensee (D) 105 As85
Radom (PL) 208 Cc78
Rådom (S) 20 Bo54
Radomsko (PL) 207 Bt78
Radošina (SK) 219 Bq83
Radoszyce (PL) 208 Ca78
Radoviš (MK) 239 Ce97
Radstadt (A) 108 Bg86
Radviliškis (LT) 193 Ch69
Radzanów (PL) 203 Ca75
Radziejów (PL) 207 Bs75
Radzymin (PL) 208 Cc76
Radzyń Chełmiński (PL) 202 Bs74
Radzyń Podlaski (PL) 209 Cf77
Raffadali (I) 132 Bh106
Ragunda (S) 30 Bn54
Ragusa (I) 133 Bk107
Råholt (N) 38 Bc60
Rakkestad (N) 38 Bc62
Rakoniewice (PL) 206 Bn76
Rakovica (HR) 231 Bm91
Rakovník (CZ) 210 Bh80
Rakvere (EST) 190 Cn62
Ramacca (I) 133 Bk106
Rämälä (FIN) 33 Ci55
Ramberg (N) 6 Bg44
Rambervillers (F) 143 Ao84
Rambouillet (F) 140 Ad83
Rame (GB) 76 Sk80
Rämmen (S) 39 Bi60
Ramnäs (S) 40 Bn61
Ramsbottom (GB) 64 Sq73
Ramsele (S) 20 Bo53
Ramsgate (GB) 79 Ac78
Ramsjö (S) 30 Bm56
Ramstein-Miesenbach (D) 100 Aq82
Ramygala (LT) 197 Ci70
Randaberg (N) 46 Am63
Randalstown (GB) 63 Sh71
Randazzo (I) 133 Bk105
Randers (DK) 81 Ba68
Rankweil (A) 105 Au86
Rannankylä (FIN) 24 Cn53
Rannoch Station (GB) 58 Sl67
Ranovac (SRB) 229 Cc91
Rantakylä (FIN) 33 Ck55
Ranua (FIN) 16 Co49
Rapallo (I) 117 At92
Räpina (EST) 190 Cp64
Rapla (EST) 189 Ck62
Rapolano Terme (I) 124 Bd94
Rapolla (I) 128 Bm99
Rapperswil (CH) 105 As86
Rårup (DK) 80 Au69
Rascafría (E) 173 Sn99
Raseiniai (LT) 197 Cg70
Rasimäki (FIN) 24 Cp53
Rasivaara (FIN) 35 Cu56
Raška (SRB) 234 Cb94
Rastatt (D) 105 Ar83
Råsted (DK) 80 Au67
Rastede (D) 88 Ar74
Rasti (FIN) 10 Cl45
Rätansbyn (S) 29 Bi56
Rathenow (D) 90 Be75
Ratingen (D) 94 Ao78
Rattenberg (A) 106 Bd86
Rättvik (S) 40 Bl59
Ratzeburg (D) 89 Bb73
Raufoss (N) 38 Bb59
Rauma (FIN) 42 Cc58
Rautalampi (FIN) 34 Co55
Rautavaara (FIN) 24 Cr54
Ravanusa (I) 132 Bh106
Ravello (I) 127 Bk99
Ravenglass (GB) 64 So72
Ravenna (I) 119 Be92
Ravensburg (D) 105 Au85
Ravna Reka (SRB) 235 Cd92
Ravne na Koroškem (SLO) 114 Bk87
Ravnište (SRB) 234 Cb94
Rawa Mazowiecka (PL) 208 Ca77
Rawicz (PL) 206 Bo77
Reading (GB) 78 St78
Recanati (I) 125 Bh94
Recklinghausen (D) 94 Ap77
Recoaro Terme (I) 112 Bc89
Recz (PL) 201 Bm74
Reda (PL) 202 Br71
Redange-sur-Attert (L) 99 Am81
Redditch (GB) 73 Sr76
Redon (F) 144 Sq85
Redondela, La (E) 162 Sc96
Redondo (P) 177 Se103
Reftele (S) 52 Bh66
Regen (D) 103 Bg83
Regensburg (D) 102 Be82
Reggello (I) 118 Bd93
Réggio nell'Emilia (I) 118 Bb91
Reguengos de Monsarraz (P) 177 Se104
Rehau (D) 102 Be80
Rehlingen (D) 106 Bb83
Reichenbach (D) 104 Aq84
Reigate (GB) 79 Su78
Reims (F) 141 Ai82
Reinach (CH) 105 Ar86
Reine (N) 6 Bg45
Reinheim (D) 100 As81
Reinosa (E) 165 Sm94
Reisbach (D) 107 Bf83
Reisjärvi (FIN) 23 Ck53
Reistad (N) 27 Ap55
Reit im Winkl (D) 107 Be85
Remagen (D) 94 Ap79
Remiremont (F) 143 Ao84
Remscheid (D) 94 Ap78
Rena (N) 38 Bc58
Renaix = Ronse (B) 92 Ah79
Rendsburg (D) 83 Au72
Renedo (E) 165 Sm94
Rennes (F) 138 Sr84
Rensjön (S) 20 Bn54
Rentería (E) 166 Sr94
Réole, La (F) 150 Su91
Requena (E) 181 Ss102
Réquista (F) 158 Af92
Resana (I) 112 Bd89
Resen (DK) 80 As68
Resko (PL) 200 Bl73
Resmo (S) 53 Bn67
Reszel (PL) 203 Cc72
Rethel (F) 136 Ai81
Retz (A) 109 Bm83
Reuden (D) 97 Be76
Reugny (F) 146 Ab86
Reus (E) 168 Ac98
Reuterstadt Stavenhagen (D) 90 Bf73
Reutlingen (D) 105 At83
Reutte (A) 106 Bb86
Revel (F) 158 Ae94
Revigny-sur-Ornain (F) 142 Ak83
Revin (F) 136 Ak81
Revsnes (N) 12 Bd50
Revúca (SK) 220 Ca83
Rēzekne (LV) 195 Cp67
Rhade (D) 89 At74
Rheda-Wiedenbrück (D) 95 Ar77
Rheinbach (D) 94 Ao79
Rheine (D) 88 Ap76
Rheinhausen (D) 104 Aq84
Rheinsberg (D) 90 Bf74
Rheydt (D) 94 An78
Rho (I) 111 At89
Rhondda (GB) 73 So77
Rhyl (GB) 64 So74
Riaño (E) 164 Si94
Rians (F) 160 Am93
Ribadavia (E) 162 Sd96
Ribadeo (E) 163 Sf93
Ribadesella (E) 164 Sk94
Ribari (SRB) 228 Bt91
Ribariće (SRB) 234 Ca95
Riba-roja d'Ebre (E) 175 Aa98
Ribe (DK) 82 As70
Ribeauville (F) 135 Ae81
Ribécourt-Dreslincourt (F) 135 Af81
Ribeira (E) 162 Sc95
Ribeira Seca (P) 170 Qe103
Ribeirinha (P) 170 Qd102
Ribera (I) 132 Bg105
Ribérac (F) 150 Aa90
Ribes de Freser (E) 169 Ae96
Ribnica (SLO) 114 Bk89
Ribnica (SRB) 233 Bu93
Ribnitz-Damgarten (D) 84 Be72
Říčany (CZ) 211 Bk81
Riccione (I) 119 Bf92
Richmond (GB) 64 Sr72
Ried (D) 106 Bc83
Ried im Innkreis (A) 108 Bg84
Riedlingen (D) 105 At84
Riesa (D) 97 Bg78
Riesi (I) 133 Bi106
Rietavas (LT) 196 Cd69
Rietberg (D) 95 Ar77
Rieti (I) 124 Bf96
Rieumes (F) 157 Ac94
Rieux (F) 144 Sq85
Rīga (LV) 193 Ch67
Riihimäki (FIN) 35 Cs55
Rijeka (HR) 114 Bi90
Rijswijk (NL) 86 Ai76
Rimavská Sobota (SK) 220 Ca84
Rimbach (D) 100 As81
Rimbo (S) 41 Br61
Rimini (I) 119 Bf92
Rimske Toplice (SLO) 115 Bl88
Ringe (DK) 81 Ba69
Ringkøbing (DK) 80 Ar68
Ringøy (N) 36 Ao60
Ringsted (DK) 84 Bd70
Ringwood (GB) 78 Sr79
Rinteln (D) 89 At76
Riofrío (E) 164 Si95
Rio Frio (P) 162 Sd97
Riola Sardo (I) 121 As101
Riolo Terme (I) 118 Bd92
Riom (F) 152 Ag89
Rio Maior (P) 176 Sc102
Rio Marina (I) 123 Ba95
Riom-ès-Montagnes (F) 152 Af90
Rionero in Vúlture (I) 128 Bm99
Riorges (F) 147 Ai88
Rioseco (E) 164 Sk94
Ripatransone (I) 125 Bh94
Ripley (GB) 64 Sr72
Ripoll (E) 169 Ae96
Ripon (GB) 64 Sr72
Riposto (I) 133 Bl105
Riquewihr (F) 143 Ap84
Risbäck (S) 20 Bm51
Risberg (S) 21 Bu51
Risca (GB) 73 So77
Riscle (F) 156 Su93
Risinge (S) 50 Bm63
Risør (N) 47 At63
Risøyhamn (N) 7 Bm43
Risti (EST) 189 Ci62
Ristijärvi (FIN) 24 Cr52
Riudoms (E) 168 Ac98
Riutta (FIN) 23 Ci53
Riuttala (FIN) 32 Cf57
Riva-Bella (F) 139 Su82
Riva del Garda (I) 112 Bb89
Rivesaltes (F) 158 Af95
Rjukan (N) 37 As61
Roadside (GB) 55 So63
Roa-Lunner (N) 38 Bb60
Roanne (F) 147 Ai88
Röbel/Müritz (D) 90 Bf74
Robledo (E) 163 Sg96
Rocamadour (F) 151 Ad91
Roccadàspide (I) 128 Bl100
Rocca Imperiale (I) 128 Bo100
Roccastrada (I) 123 Bc94
Roccella Iónica (I) 131 Bn104
Rochdale (GB) 64 Sq73
Rochebeaucourt-et-Argentine, La (F) 150 Aa90
Roche-Chalais, la (F) 150 Aa90
Rochechouart (F) 151 Ab89
Rochefort (B) 136 Al80
Rochefort (F) 150 St89
Rochefoucauld, La (F) 150 Aa89
Rochegude (F) 153 Ai92
Rochelle, La (F) 145 Ss88
Rochester (GB) 79 Aa78
Rochlitz (D) 97 Bf78
Rociana del Condado (E) 183 Sg106
Rocío, El (E) 183 Sh106
Rødby (DK) 84 Bc71
Rødbyhavn (DK) 84 Bc71
Rødding (DK) 80 As67
Rødekro (DK) 83 At70
Rodel = Roghadal (GB) 54 Sg65
Roden (NL) 87 An74
Rodez (F) 152 Af92
Rodi Gargánico (I) 127 Bm97
Roding (D) 103 Bf82
Roermond (NL) 93 An78
Roeselare (B) 92 Ag79
Rogalin (PL) 206 Bo76
Rogaška Slatina (SLO) 115 Bm88
Rogatica (BIH) 233 Bt93
Roggiano Gravina (I) 128 Bn101
Rogliano (I) 131 Bn102
Rognan (N) 7 Bl46
Rogne (N) 26 An55
Rogów (PL) 208 Ca78
Rogowo (PL) 206 Bq75
Rogoznica (HR) 231 Bm93
Rogoźno (PL) 206 Bo75
Rohr (D) 102 Bb82
Rohrbach (D) 102 Bd82
Roissy-en-France (F) 141 Af82
Roja (LV) 193 Cf65
Rokietnica (PL) 206 Bo75
Rokiškis (LT) 194 Cm69
Rokitno (PL) 209 Cg76
Rokycany (CZ) 210 Bh81
Rollag (N) 37 At60
Rolle (CH) 149 An88
Roma (I) 124 Be97
Romanshorn (CH) 105 At85
Romans-sur-Isère (F) 153 Al90
Rombas (F) 142 An82
Romilly-sur-Seine (F) 141 Ah83
Romont (CH) 149 Ao87
Romorantin-Lanthenay (F) 146 Ad86
Romsey (GB) 78 Ss78
Roncade (I) 113 Be89
Roncesvalles (E) 166 Ss94
Ronchi dei Legionari (I) 113 Bg89
Ronco Campo Canneto (I) 117 Ba91
Ronda (E) 184 Sk107
Rong (N) 36 Ak59
Rønne (DK) 85 Bk70
Ronneburg (D) 101 At80
Ronneby (S) 53 Bl68
Rønningen (N) 2 Br42
Ronquillo, El (E) 184 Sh105
Ronse (B) 92 Ah79
Roosendaal (NL) 93 Ai77
Ropczyce (PL) 214 Cd80
Ropotovo (MK) 239 Cc98
Roquebrune (F) 150 Aa91
Roquefort (F) 156 Su92
Roquetas de Mar (E) 186 Sp107
Roquetes (E) 175 Aa99
Røros (N) 28 Bc55
Rorschach (CH) 105 At86
Rørvik (N) 18 Ba53
Rosal de la Frontera (E) 183 Sf105
Rosário (P) 177 Sf103
Rosarno (I) 131 Bm104
Rosbach (D) 94 Aq79
Roscoff (F) 137 Sn83
Roscommon = Ros Comáin (IRL) 67 Sd73
Ros Cré (IRL) 70 Se75
Roscrea = Ros Cré (IRL) 70 Se75
Rosenberg, Sulzbach- (D) 102 Bd81
Rosendahl (D) 94 Ap76
Rosenheim (D) 107 Be85
Rosenthal (D) 95 As79
Roses (E) 169 Ag96
Rosheim (F) 143 Ap84
Rosice (CZ) 218 Bn82
Rosières (F) 152 Ah90
Rosignano Maríttimo (I) 123 Ba94
Rosignano Solvay (I) 123 Ba94
Roskilde (DK) 84 Be69
Ros Láir (IRL) 71 Sh76
Ros Mhic Thriúin (IRL) 71 Sg76
Rosnay (F) 145 Ss87
Rosolini (I) 133 Bk107
Rossano (I) 128 Bo101
Roßbach (D) 102 Be82
Roßdorf (D) 100 As81
Rosslare = Ros Láir (IRL) 71 Sh76
Ross-on-Wye (GB) 73 Sp77
Rossow (D) 90 Bf74
Rossum (NL) 87 Ao76
Rostock (D) 84 Be72
Rostrenen (F) 138 So84
Rostrevor (GB) 63 Sh72
Rot (S) 29 Bi58
Rota (E) 184 Sh107
Rotenburg (Wümme) (D) 89 At74
Rotenburg an der Fulda (D) 95 Au79
Roth (D) 102 Bc82
Rötha (D) 97 Be78
Rothbury (GB) 61 Sr70
Rothenburg ob der Tauber (D) 101 Ba82
Rotherham (GB) 65 Ss74
Rothesay (GB) 58 Sk69
Rothwell (GB) 65 Ss73
Rotondella (I) 128 Bo100
Rottach-Egern (D) 106 Bd85
Rottenburg am Neckar (D) 105 As84
Rotterdam (NL) 93 Ai77
Röttingen (D) 101 Au81
Rottne (S) 53 Bk66
Rottweil (D) 105 As84
Roubaix (F) 135 Ag79
Roudnice nad Labem (CZ) 211 Bi80
Rouen (F) 140 Ac82
Rouffach (F) 143 Ap85
Roulers = Roeselare (B) 92 Ag79
Rousínov (CZ) 218 Bo82
Rousset (F) 153 Al91
Roussillon (F) 153 Ak90
Rouvray (F) 148 Ai86
Rovaniemi (FIN) 16 Cl48
Rovereto (I) 112 Bc89
Rovigo (I) 118 Bd90
Rovinj (HR) 230 Bh90
Royal Tunbridge Wells (GB) 79 Aa78
Royan (F) 150 Ss89
Roye (F) 135 Af81
Røyken (N) 38 Ba61
Røyrvik (N) 19 Bg51
Royston (GB) 74 Su76
Royton (GB) 64 Sq73
Rožaje (MNE) 234 Ca95
Różan (PL) 208 Cc75
Rozas de Madrid, Las (E) 173 Sn100
Rožmitál pod Třemšínem (CZ) 210 Bh81
Rožňava (SK) 220 Cb83
Rožnov pod Radhoštěm (CZ) 210 Br82
Roztoka (PL) 208 Ca76
Rúa, A (E) 163 Sf96
Rubí (E) 169 Ae98
Rubik (AL) 238 Bu97
Ruciane-Nida (PL) 203 Cd73
Rückersdorf (D) 102 Bc82
Ruda (PL) 207 Bs78
Rudabánya (H) 220 Cb84
Ruda Śląska (PL) 213 Bs80
Rüdersdorf bei Berlin (D) 91 Bh76
Rüdesheim am Rhein (D) 100 Aq81
Rūdiškės (LT) 198 Ck71
Rudka (PL) 209 Cf75
Rudkøbing (DK) 83 Bb71
Rudna Glava (SRB) 235 Ce92
Rudnica (SRB) 234 Cb94
Rudnik (PL) 213 Br80
Rudniki (PL) 207 Bs78
Rudno (PL) 213 Bs80
Rudno (SRB) 234 Ca94
Rudolstadt (D) 96 Bc79
Rue (F) 134 Ad80
Ruffec (F) 150 Aa88
Rugby (GB) 74 Ss76
Rugeley (GB) 73 Sr75
Ruhla (D) 96 Ba79
Ruhnu (EST) 189 Cg65
Ruhpolding (D) 107 Bf85
Rūjiena (LV) 189 Cl65
Ruma (SRB) 228 Bu90
Rumburk (CZ) 211 Bk79
Rumia (PL) 202 Br71
Rumilly (F) 154 Am89
Runcorn (GB) 64 Sp74
Ruokojärvi (FIN) 10 Ci46
Rusinów (PL) 205 Bm77
Rusko (PL) 201 Bn72
Rusnė (LT) 196 Cc70
Rüsselsheim (D) 100 Ar80
Rustefjelbma (N) 5 Cr40
Rutalahti (FIN) 33 Cm56
Rute (E) 185 Sm106
Rüthen (D) 95 Ar78
Rutherglen (GB) 59 Sm69
Ruthin (GB) 64 So74
Ruthwell (GB) 61 So71
Rutigliano (I) 129 Bp98
Ruuhijärvi (FIN) 16 Ck47
Ruukki (FIN) 23 Ck51
Ruurlo (NL) 87 An76
Ruutana (FIN) 24 Co53
Ruvo di Púglia (I) 128 Bn98
Ružomberok (SK) 219 Bt82
Rybnik (PL) 213 Bs80
Rybno (PL) 202 Bu74
Rychnov nad Kněžnou (CZ) 212 Bn80
Ryczywół (PL) 206 Bo75
Rydaholm (S) 52 Bi67
Ryde (GB) 78 Ss79
Rydet (S) 48 Bd66
Rydzyna (PL) 206 Bo77
Rygge (N) 38 Bb62
Ryki (PL) 208 Cd77
Rýmařov (CZ) 212 Bp81
Ryn (PL) 202 Bu73
Rypin (PL) 202 Bt74
Rysstad (N) 46 Ap62
Rząśnik (PL) 205 Bm78
Rzeczyca (PL) 206 Bo78
Rzeszów (PL) 215 Ce80
Rzgów (PL) 207 Br76
Rzuchów (PL) 213 Br80

S

Saa (E) 163 Se95
Saá = Saa (E) 163 Se95
Sääksjärvi (FIN) 23 Ch54
Saalfeld (D) 96 Bc79
Saalfelden am Steinernen Meer (A) 107 Bf86
Saanen (CH) 149 Ap88
Saarbrücken (D) 99 Ap82
Saarburg (D) 99 Ao81
Saari (FIN) 35 Cu57
Saarijärvi (FIN) 32 Ce57
Saarikoski (FIN) 16 Cm49
Saarivaara (FIN) 25 Cu51
Saarlouis (D) 99 Ao82
Saarwellingen (D) 99 Ao82
Saas Fee (CH) 149 Aq88
Šabac (SRB) 228 Bu91
Sabadell (E) 169 Ae97
Sabáudia (I) 126 Bg98
Sabile (LV) 193 Cf66
Sabiñánigo (E) 167 Su95
Sabinar, El (E) 166 Ss96
Sabinov (SK) 221 Cc82
Sables-d'Olonne, Les (F) 144 Sr88
Sablé-sur-Sarthe (F) 145 Su85
Sabóia (P) 182 Sd106
Sabugal (P) 171 Sf100
Sa Calobra (E) 187 Af101
Sacavém (P) 176 Sb103
Sacedón (E) 174 Sp100
Sachsenhausen (D) 95 At78
Sada (Miño) (E) 162 Sd94
Sádaba (E) 166 Ss96
Sadków (PL) 206 Bo78
Sæby (DK) 81 Bb66
Sætre (N) 38 Bb61
Safara (P) 177 Sf104
Säffle (S) 49 Bf62
Säfsnäs (S) 39 Bi60
Sagres (P) 182 Sc106
Sagunt (E) 181 Su101
Sahagún (E) 164 Sk96
Šahy (SK) 219 Bs84
Saint-Affrique (F) 158 Af93
Saint-Agnan (F) 151 Ac90
Saint-Agrève (F) 153 Ai90
Saint-Aignan (F) 146 Ac86
Saint Albans (GB) 74 Su77
Saint-Amand-les-Eaux (F) 135 Ag80
Saint-Amand-Montrond (F) 147 Af87
Saint-Amans-des-Cots (F) 152 Af91
Saint-Amour (F) 148 Al88
Saint-André (F) 157 Ab94
Saint Andrews (GB) 59 Sp68
Saint Andrews Major (GB) 77 So78
Saint-Angel (F) 147 Af88
Saint-Antoine (F) 153 Al90
Saint Asaph (GB) 64 So74
Saint-Astier (F) 150 Aa91
Saint-Auban (F) 160 Ao93
Saint-Auban-sur-l'Ouvèze (F) 153 Al92
Saint-Aubin (F) 148 Ak87
Saint-Aubin-sur-Loire (F) 147 Ah87
Saint-Aubin-sur-Mer (F) 134 Ab81
Saint-Augustin (F) 150 Ss89
Saint Austell (GB) 76 Sl80
Saint-Avertin (F) 146 Ab86
Saint-Avold (F) 143 Ao82
Saint-Bard (F) 152 Ae89
Saint-Benoît (F) 145 Aa87
Saint-Bertrand-de-Comminges (F) 157 Ab94
Saint Boswells (GB) 59 Sp69
Saint-Brieuc (F) 138 Sp83
Saint-Céré (F) 151 Ad91
Saint-Chamant (F) 151 Ad90
Saint-Chamas (F) 159 Al93
Saint-Chamond (F) 153 Ak90
Saint-Chély-d'Apcher (F) 152 Ag91
Saint-Christol-lès-Alès (F) 159 Ai92
Saint-Ciers-sur-Gironde (F) 150 St90
Saint-Cirq-Lapopie (F) 151 Ad92
Saint-Claude (F) 148 Ai88
Saint-Clément (F) 143 Ao83
Saint-Crépin (F) 150 St88
Saint-Cyprien (F) 151 Ac91
Saint-Cyprien-Plage (F) 158 Ag95
Saint David's (GB) 72 Sk77
Saint-Denis (F) 145 Su88
Saint-Dié (F) 143 Ao84
Saint-Dizier (F) 142 Ak83
Sainte-Anne (F) 139 Aa84
Sainte-Catherine (F) 137 Sm83
Sainte-Colombe (F) 135 Ah80
Sainte-Croix (CH) 149 An87
Sainte-Croix (F) 148 Al87
Sainte-Enimie (F) 152 Ag92
Sainte-Foy-la-Grande (F) 150 Aa91
Sainte-Livrade-sur-Lot (F) 151 Ab92
Saint-Eloy-les-Mines (F) 147 Af88
Sainte-Marie (F) 152 Af91
Sainte-Marie-aux-Mines (F) 143 Ap84
Sainte-Maure-de-Touraine (F) 146 Ab86
Sainte-Maxime (F) 160 Ao94
Sainte-Menehould (F) 142 Ak82
Saint-Emilion (F) 150 Su91
Sainte-Odile (F) 143 Ap84
Saintes (F) 150 St89
Saintes-Maries-de-la-Mer (F) 159 Ai94
Saint-Estève (F) 158 Af95
Saint-Étienne (F) 153 Ai90
Saint-Fargeau (F) 147 Ag85
Saint-Félix (F) 145 St88
Saint-Florent (F) 147 Ae85
Saint-Florentin (F) 141 Ah84
Saint-Florent-le-Vieil (F) 145 Ss86
Saint-Florent-sur-Cher (F) 147 Ae87
Saint-Flour (F) 152 Ag90
Saint-Gaudens (F) 157 Ab94
Saint-Georges (F) 135 Ae80
Saint-Georges-de-Mons (F) 152 Af89
Saint-Germain-en-Laye (F) 140 Ae83
Saint-Germier (F) 145 Su88
Saint-Gervais-les-Bains (F) 154 Ao89
Saint-Gilles (F) 138 Sr84
Saint-Gilles-Croix-de-Vie (F) 144 Sr87
Saint-Girons (F) 157 Ac95
Saint-Girons-Plage (F) 156 Ss93
Saint Helens (GB) 64 Sp74
Saint-Helier (GBJ) 78 Sq82
Saint-Herblain (F) 144 Sr86
Saint-Hilaire (F) 157 Ac94
Saint-Hilaire-du-Harcouët (F) 139 Ss83
Saint-Hippolyte (F) 146 Ac86
Saint-Hippolyte-du-Fort (F) 159 Ah93
Saint-Hubert (B) 136 Al80
Saint-Hubert (F) 145 Aa85
Saint-Imier (CH) 149 Ao86
Saint Ives (GB) 76 Sk80
Saint-Jacques-de-la-Landes (F) 138 Sr84
Saint-Jean-d'Angély (F) 150 St89
Saint-Jean-de-Côle (F) 151 Ab90
Saint-Jean-de-Luz (F) 156 Sr94
Saint-Jean-de-Maurienne (F) 154 An90
Saint-Jean-de-Monts (F) 144 Sq87
Saint-Jean-le-Vieux (F) 153 Al88
Saint-Jean-Pied-de-Port (F) 156 Ss94
Saint-Juéry (F) 158 Ae93
Saint-Julien (F) 148 Al88
Saint-Julien-du-Sault (F) 141 Ag84
Saint-Julien-en-Genevois (F) 149 An88
Saint-Junien (F) 151 Ab89
Saint-Lary (F) 157 Ab93
Saint-Léon (F) 146 Ad88
Saint-Léonard-de-Noblat (F) 151 Ac89
Saint-Lizier (F) 157 Ac95
Saint-Lô (F) 139 Ss82
Saint-Loubès (F) 150 Su91
Saint-Louis (F) 149 Aq85
Saint-Loup-sur-Semouse (F) 149 An85
Saint-Lys (F) 157 Ac93
Saint-Maixent-l'École (F) 145 Su88
Saint-Malo (F) 138 Sq83
Saint-Marcellin (F) 153 Al90
Saint Margaret's Hope (GB) 57 Sp63
Saint-Martial (F) 150 Aa90
Saint-Martin (F) 143 Ap84
Saint-Martin-de-Seignanx (F) 156 Ss93
Saint-Martin-des-Puits (F) 158 Af94
Saint-Martin-du-Fouilloux (F) 145 St86
Saint-Martin-Vésubie (F) 161 Ap92
Saint-Maurice (CH) 149 Ao88
Saint-Maximin-la-Sainte-Baume (F) 160 Am94
Saint-Médard-en-Jalles (F) 150 St91
Saint-Méen-le-Grand (F) 138 Sq84
Saint-Mesmin (F) 141 Ah84
Saint-Michel (F) 136 Ai81
Saint-Mihiel (F) 142 Am83
Saint Monance (GB) 59 Sp68
Saint-Nazaire (F) 144 Sq86
Saint-Nectaire (F) 152 Af89
Saint Neot (GB) 76 Sl80
Saint-Nicolas = Sint-Niklaas (B) 93 Ai78
Saint-Omer (F) 135 Ae79
Saint-Palais (F) 156 Ss94
Saint-Pardoux (F) 145 Su87
Saint-Paul (F) 140 Ae82
Saint-Paul-de-Fenouillet (F) 158 Af95
Saint-Paul-lès-Dax (F) 156 Ss93
Saint-Paul-Trois-Châteaux (F) 153 Ak92
Saint Peter Port (GBG) 78 Sp82
Saint-Pierre-d'Oléron (F) 150 Ss89
Saint-Pierre-le-Moûtier (F) 147 Ag87
Saint-Pol-de-Léon (F) 137 Sn83
Saint-Pol-sur-Ternoise (F) 135 Ae80
Saint-Pons-de-Thomières (F) 158 Af94
Saint-Pourçain-sur-Sioule (F) 147 Ag88
Saint-Quay-Portrieux (F) 138 Sp83
Saint-Quentin (F) 135 Ag81
Saint-Raphaël (F) 160 Ao94
Saint-Rémy (F) 148 Ak87
Saint-Rémy-de-Provence (F) 159 Ak93
Saint-Rémy-sur-Avre (F) 140 Ac83
Saint-Romain (F) 145 Aa88
Saint-Saturnin (F) 147 Ae87
Saint-Sauvant (F) 145 Aa88
Saint-Sauveur (F) 137 Sn84
Saint-Savin (F) 146 Ab87
Saint-Sébastien-sur-Loire (F) 144 Sr86
Saint-Sever (F) 156 St93
Saint Stephen (GB) 76 Sl80
Saint-Sylvain (F) 134 Ab81
Saint-Thégonnec (F) 137 Sn83
Saint-Tropez (F) 160 Ao94
Saint-Vaast-la-Hougue (F) 139 Ss81
Saint-Valery-en-Caux (F) 134 Ab81
Saint-Vallier (F) 148 Ai87
Saint-Victor (F) 147 Af88
Saint-Vincent-de-Tyrosse (F) 156 Ss93
Saint-Vith (B) 99 An80
Saint-Yrieix-la-Perche (F) 151 Ac89
Sajószentpéter (H) 220 Cb84
Šakiai (LT) 197 Cf71
Sal (S) 49 Bf64
Sala (S) 40 Bo61
Šal'a (SK) 219 Bq84
Salacgrīva (LV) 189 Ci65
Sala Consilina (I) 128 Bm100
Salamanca (E) 172 Si99
Salantai (LT) 192 Cd68
Salas de los Infantes (E) 165 So96
Salaspils (LV) 194 Ci67
Salbris (F) 146 Ae86
Šalčininkai (LT) 198 Cl72
Salcombe (GB) 77 Sn80
Saldaña (E) 164 Sl95
Saldus (LV) 193 Cf67
Salemi (I) 132 Bf105
Sälen (S) 39 Bg58
Salernes (F) 160 An93
Salerno (I) 127 Bk99
Salers (F) 152 Ae90
Salford (GB) 64 Sq74
Salgótarján (H) 220 Bu84
Salies-de-Béarn (F) 156 St94
Salies-du-Salat (F) 157 Ab94
Salinas (E) 164 Si93
Salins-les-Bains (F) 148 Am87
Salisbury (GB) 78 Sr78
Salla (FIN) 17 Cs47
Sallent (E) 169 Ad97
Salles (F) 150 St91
Salmenkylä (FIN) 25 Cs54
Salmi (FIN) 32 Cg58
Salmivaara (FIN) 17 Cr47
Salò (I) 112 Bb89
Salobreña (E) 185 Sn107
Saloinen (FIN) 23 Ci51
Salon (F) 141 Ai83
Salon-de-Provence (F) 159 Al93
Salonkylä (FIN) 23 Ch53
Salorno = Salurn (I) 112 Bc88
Salses (F) 158 Af95
Salsomaggiore Terme (I) 117 Au91
Saltash (GB) 77 Sm80
Saltburn-by-the-Sea (GB) 65 St71
Saltcoats (GB) 58 Sl69
Saltsjöbaden (S) 51 Br62
Salurn = Salorno (I) 112 Bc88
Saluzzo (I) 116 Ap91
Salvada (P) 183 Se105
Salvaterra de Magos (P) 176 Sc102
Salvatierra = Agurain (E) 166 Sq95
Salvatierra de los Barros (E) 177 Sg104
Salzburg (A) 108 Bg85
Salzgitter (D) 89 Ba76
Salzwedel (D) 90 Bc75
Sama (E) 164 Si94
Sammatti (FIN) 32 Cg56
Samobor (HR) 115 Bm89
Šamorín (SK) 218 Bp84
Samugheo (I) 121 As101

San Andrés (E) 166 Sp96
San Andrés y Sauces (E) 182 Re123
Sanary-sur-Mer (F) 160 Am94
San Bartolomé de Tirajana (E) 182 Ri125
San Bartolomeo in Galdo (I) 127 Bl98
San Benedetto del Tronto (I) 125 Bh95
San Benedetto Po (I) 118 Bb90
San Bernardino (CH) 111 At88
San Bonifácio (I) 112 Bc90
San Cassiano (I) 112 Bd87
San Cataldo (I) 129 Br100
Sancerre (F) 147 Af86
San Ciprián (E) 163 Sf93
San Clemente (E) 186 Sp105
Sancoins (F) 147 Af87
San Cosme (Barreiros) (E) 163 Sf93
Sancti Petri (E) 184 Sh108
San Daniele del Friuli (I) 113 Bg88
Sandbach (GB) 64 Sq74
Sandby (DK) 81 Ba68
Sande (N) 26 Al56
Sandefjord (N) 48 Ba62
San Demétrio Corone (I) 128 Bn101
Sandersdorf (D) 107 Bd83
Sandnessjøen (N) 12 Bf49
Sandomierz (PL) 214 Cd79
San Donà di Piave (I) 113 Bf89
San Dorligo della Valle (I) 113 Bh89
Sandøy (N) 26 Ao55
Sandsjö (S) 14 Bq50
Sandvika (N) 38 Bb61
San Esteban de Gormaz (E) 173 So97
San Esteban del Valle (E) 172 Sl100
San Felice Circeo (I) 126 Bg98
San Ferdinando di Púglia (I) 128 Bn98
San Fernando (E) 184 Sh108
San Fernando de Henares (E) 173 Sn100
San Fratello (I) 133 Bk104
Sangatte (F) 134 Ad79
San Gavino Monreale (I) 121 As101
Sangerhausen (D) 96 Bc78
San Gimignano (I) 123 Bc94
San Ginésio (I) 125 Bg94
San Giórgio del Sánnio (I) 127 Bk98
San Giovanni in Fiore (I) 131 Bo102
San Giovanni in Persiceto (I) 118 Bc91
San Giovanni Rotondo (I) 127 Bm97
San Giovanni Suérgiu (I) 121 As102
Sangis (S) 15 Ch49
San Giuliano Terme (I) 118 Ba93
San Giuseppe Vesuviano (I) 127 Bk99
Sangüesa (E) 166 Ss95
San Ildefonso o La Granja (E) 173 Sm99
San Javier (E) 187 St105
San José del Valle (E) 184 Si107
San Juan de Aznalfarache (E) 184 Sh106
Sankt Andrä (A) 114 Bk87
Sankt Augustin (D) 94 Ap79
Sankt Gallen (CH) 105 At86
Sankt Gilgen (A) 108 Bg85
Sankt Ingbert (D) 99 Ap82
Sankt Johann im Pongau (A) 108 Bg86
Sankt Johann in Tirol (A) 107 Be85
Sankt Lambrecht (A) 114 Bi86
Sankt Leonhard in Passeier = San Leonardo in Passiria (I) 112 Bc87
Sankt Michael (A) 109 Bl84
Sankt Moritz (CH) 111 Au87
Sankt Paul im Lavanttal (A) 114 Bk87
Sankt Peter-Ording (D) 82 As72
Sankt Pölten (A) 109 Bm84
Sankt Ulrich = Ortisei (I) 112 Bd87
Sankt Valentin (A) 108 Bk84
Sankt Veit an der Glan (A) 114 Bi87
Sankt Wendel (D) 99 Ap82
Sankt Wolfgang im Salzkammergut (A) 108 Bg85
San Leo (I) 119 Be93
San Lorenzo (E) 173 Sm99
San Lorenzo de la Parrilla (E) 180 Sq101
Sanlúcar de Barrameda (E) 184 Sh107
Sanlúcar la Mayor (E) 184 Sh106
San Lúcido (I) 131 Bn102
San Luis de Sabinillas (E) 184 Sk108
Sanluri (I) 121 As101
San Marcello Pistoiese (I) 118 Bb92
San Marco Argentano (I) 128 Bn101
San Marco in Lámis (I) 127 Bm97
San Marcos (E) 162 Sd94
San Marino (RSM) 119 Be93
San Martín (E) 164 Sh94
San Martín del Pimpollar (E) 172 Sk100
San Martín de Valdeiglesias (E) 173 Sm100
San Martino di Castrozza (I) 112 Bd88
San Miniato (I) 118 Bb93
Sannicandro Gargànico (I) 127 Bm97
Sanok (PL) 215 Ce81
San Pablo = Sant Pau (E) 175 Su100
San Páolo (I) 111 Ba90
San Pedro (E) 165 Sn94
San Pedro Alcántara (E) 184 Sl108
San Pietro (I) 111 At88
San Pietro Vernótico (I) 129 Br100
San Quirico d'Órcia (I) 124 Bd94
San Remo (I) 116 Aq93
San Roque (E) 184 Sk108
San Salvatore (I) 117 Ba90
San Sebastián (E) 165 Sm94
San Sebastián = Donostia (E) 166 Sr94
San Sebastián de la Gomera (E) 182 Rf124
Sansepolcro (I) 119 Be93
San Severino Marche (I) 125 Bg94
San Severo (I) 127 Bl97
Sanski Most (BIH) 231 Bo91
San Sperate (I) 121 At102
Santa Ana (E) 180 Sq103
Santa Bárbara (E) 165 Sm96
Santa Bárbara (E) 175 Aa99
Santa Bárbara (P) 170 Qd104
Santa Bárbara de Casa (E) 183 Sf105
Santa Caterina di Pittinuri (I) 121 Ar100
Santa Caterina Villarmosa (I) 133 Bi105
Santa Cesárea Terme (I) 129 Br100
Santa Comba Dão (P) 170 Sd100
Santa Croce Camerina (I) 133 Bk107
Santa Croce di Magliano (I) 127 Bk97
Santa Croce sull'Arno (I) 118 Bb93
Santa Cruz (P) 176 Sb102
Santa Cruz de la Palma (E) 182 Re123
Santa Cruz de la Zarza (E) 173 So101
Santa Cruz de Mudela (E) 179 So103
Santa Cruz de Tenerife (E) 182 Rh124
Santadi (I) 121 As102
Santa Elena (E) 179 Sn104
Santa Espina, La (E) 172 Sk97
Santa Eufemia (E) 163 Se96
Santa Eugènia (E) 187 Af101
Santa Eugenia (Ribeira) = Santa Uxia (Ribeira) (E) 162 Sc95
Santa Eulalia (E) 164 Sk94
Santa Eulália (P) 177 Sf102
Santa Eulària des Riu (E) 186 Ad103
Santa Fé (E) 185 Sn106
Sant'Ágata di Militello (I) 133 Bk104
Santa Isabel (E) 175 St97
Santa Luzia (P) 170 Qd103
Santa Margherita Ligure (I) 117 At92
Santa Maria Cápua Vetere (I) 126 Bi98
Santa María del Páramo (E) 164 Si96
Santa-Maria-Siché (F) 161 As97
Santa Maria Val Müstair (CH) 111 Ba87
Santa Marina Salina (I) 130 Bk103
Santa Marinella (I) 124 Bd96
Santa Marta (E) 177 Sg103
Santana (P) 176 Sb104
Santana da Serra (P) 182 Sd105
Santander (E) 165 Sn94
Sant'Angelo (I) 113 Be89
Sant'Ángelo Lodigiano (I) 117 At90
Sant Antoni de Portmany (E) 186 Ac103
Santanyí (E) 187 Ag102
Santa Olalla del Cala (E) 184 Sh105
Santa Pola (E) 181 St104
Sant'Arcángelo (I) 128 Bn100
Santarcángelo di Romagna (I) 119 Be92
Santarém (P) 176 Sc102
Santa Severina (I) 131 Bo102
Santa Sofia (I) 118 Bd93
Santa Susana (P) 176 Sd104
Santa Teresa di Gallura (I) 120 At98
Santa Uxia (Ribeira) (E) 162 Sc95
Santa Uxia = Ribeira (E) 162 Sc95
Sant Carles de la Ràpita (E) 175 Ab99
Sant Celoni (E) 169 Ae97
Sant Cugat del Vallès (E) 169 Ae98
Sant'Elpídio a Mare (I) 125 Bh94
Santenay (F) 146 Ac85
Santesteban (E) 166 Sr94
Sant Feliu de Guíxols (E) 169 Ag97
Sant Francesc de Formentera (E) 186 Ac103
Santhià (I) 110 Ar90
Sant Hilari Sacalm (E) 169 Af97
Sant Hipòlit de Voltregà (E) 169 Ae96
Santiago del Teide (E) 182 Rg124
Santiago do Cacém (P) 176 Sc104
Santillana (E) 165 Sm94
Sant Joan de les Abadesses (E) 169 Ae96
Sant Josep de sa Talaia (E) 186 Ac103
Sant Mateu (E) 175 Aa100
Santo António (P) 170 Qd103
Santo Domingo de la Calzada (E) 165 Sp96
Santo Estêvão (P) 176 Sc103
Santoña (E) 165 So94
Santos de Maimona, Los (E) 178 Sh104
Santo Stéfano di Camastra (I) 133 Bi104
Sant Pau (E) 175 Su100
Sant Pere Pescador (E) 169 Ag96
Sant Sadurní d'Anoia (E) 169 Ad98
Santurtzi (E) 165 So94
Sant Vicenç de Castellet (E) 169 Ad97
Sant Vicenç dels Horts (E) 169 Ae98
San Vicente (E) 163 Sf96
San Vicente del Raspeig (E) 181 St104
San Vincenzo (I) 123 Bb94
San Vito (I) 121 At102
San Vito al Tagliamento (I) 113 Bf89
San Vito dei Normanni (I) 129 Bq99
San Vito lo Capo (I) 132 Bf104
São Domingos (P) 176 Sd101
São João da Madeira (P) 170 Sd99
São João dos Caldeireiros (P) 183 Se105
São Jorge (P) 170 Sd99
São Lourenço (P) 176 Sb103
São Marcos da Serra (P) 182 Sd106
São Matias (P) 177 Se101
São Pedro de Muel (P) 176 Sb101
São Pedro do Sul (P) 170 Sd99
São Vicente (P) 171 Sf97
Sapri (I) 128 Bm100
Sarajärvi (FIN) 17 Cp49
Sarajevo (BIH) 232 Br93
Šarbanovac (SRB) 235 Ce93
Sarbinowo (PL) 201 Bm72
Sárbogárd (H) 223 Bs87
Sárdara (I) 121 As101
Sarentino = Sarnthein (I) 112 Bc87
Sargans (CH) 105 At86
Sariñena (E) 167 Su97
Sarkad (H) 225 Cc87
Särkilahti (FIN) 33 Cm57
Sarlat-la-Canéda (F) 151 Ac91
Särna (S) 29 Bg57
Sarnen (CH) 110 Ar87
Sarno (I) 127 Bk99
Sarnthein = Sarentino (I) 112 Bc87
Saronno (I) 111 At89
Sárospatak (H) 221 Cd84
Sarpsborg, Fredrikstad- (N) 48 Bb62
Sarrebourg (F) 143 Ap83
Sarreguemines (F) 143 Ap82
Sarre-Union (F) 143 Ap83
Sarria (E) 163 Sf95
Sartène (F) 161 As97
Sárvár (H) 222 Bo86
Sarzana (I) 117 Au92
Sase (BIH) 233 Bt92
Sássari (I) 120 As99
Sassnitz (D) 85 Bh71
Sassocorvaro (I) 119 Be93
Sassoferrato (I) 124 Bf94
Sasso Marconi (I) 118 Bc92
Sassuolo (I) 118 Bb91
Sástago (E) 175 Su98
Sátão (P) 171 Se99
Säter (S) 40 Bm60
Sátoraljaújhely (H) 221 Cd84
Sauda (N) 36 An61
Saue (EST) 189 Ck62
Saugues (F) 152 Ah91
Saukkola (FIN) 33 Cl56
Saulgau, Bad- (D) 105 At84
Saulieu (F) 148 Ai86
Saulkrasti (LV) 194 Ci66
Saumur (F) 145 Su86
Saunakylä (FIN) 32 Ce57
Sauvetat, La (F) 152 Ah91
Sauveterre-de-Béarn (F) 156 St94
Sauzet (F) 151 Ac92
Savelli (I) 125 Bg95
Savenay (F) 144 Sr86
Saverdun (F) 157 Ad94
Saverne (F) 143 Ap83
Savigliano (I) 116 Aq91
Saviniemi (FIN) 24 Cq52
Savona (I) 116 Ar92
Savonlinna (FIN) 35 Cs57
Sävsjö (S) 49 Bk66
Sawin (PL) 209 Cg78
Saxhyttan (S) 39 Bi61
Saxnäs (S) 13 Bp50
Sázava (CZ) 211 Bm81
Scalasaig (GB) 58 Sh68
Scalea (I) 128 Bm101
Scandicci (I) 118 Bc93
Scansano (I) 123 Bc95
Scarborough (GB) 65 Su72
Schaffhausen (CH) 105 As85
Schagen (NL) 86 Ak75
Schärding (A) 108 Bg84
Scheibbs (A) 109 Bl85
Schenefeld (D) 83 At72
Schiedam (NL) 93 Ai77
Schieder-Schwalenberg (D) 95 At77
Schiermonnikoog = Skiermûntseach (NL) 87 An74
Schio (I) 112 Bc89
Schkeuditz (D) 97 Be78
Schladming (A) 108 Bh86
Schleiden (D) 94 An79
Schleiz (D) 96 Bd79
Schleswig (D) 83 Au71
Schliersee (D) 107 Bd85
Schlitz (D) 95 Au79
Schloß Holte-Stukenbrock (D) 95 As77
Schluderns = Sluderno (I) 112 Bb87
Schmalkalden (D) 96 Ba79
Schmallenberg (D) 95 Ar78
Schmelz (D) 99 Ao82
Schmiedeberg (D) 91 Bh74
Schmölln (D) 91 Bi74
Schnackenburg (D) 90 Bd74
Schneeberg (D) 97 Bf79
Schneverdingen (D) 89 Au74
Schömberg (D) 105 As83
Schönau (D) 100 As82
Schönberg (D) 102 Be80
Schönbrunn (D) 106 Bc84
Schönebeck (D) 90 Be74
Schönermark (D) 91 Bg74
Schongau (D) 106 Bb85
Schöngrabern (A) 109 Bn83
Schönhagen (D) 83 Ba71
Schönwalde (D) 91 Bg75
Schoonhoven (NL) 93 Ak77
Schopfheim (D) 104 Aq85
Schopfloch (D) 101 Ba82
Schoppernau (A) 105 Au86
Schotten (D) 95 At79
Schramberg (D) 105 Ar84
Schrobenhausen (D) 106 Bc83
Schuls = Scuol (CH) 111 Ba87
Schulzendorf (D) 91 Bg74
Schwabach (D) 102 Bc82
Schwabhausen (D) 106 Bb84
Schwäbisch Gmünd (D) 105 Au83
Schwäbisch Hall (D) 101 Au82
Schwabmünchen (D) 106 Bb84
Schwagstorf (D) 88 Aq75
Schwalbach (D) 99 Ao82
Schwalenberg, Schieder- (D) 95 At77
Schwalmstadt (D) 95 At79
Schwalmtal (D) 94 An78
Schwandorf (D) 102 Be82
Schwarzach (D) 104 Ar83
Schwarzenbach (D) 102 Bd81
Schwarzenbach an der Saale (D) 102 Bd80
Schwarzenbek (D) 89 Ba73
Schwarzenfeld (D) 102 Be82
Schwaz (A) 106 Bd86
Schwechat (A) 109 Bn84
Schwedt/Oder (D) 91 Bi74
Schweich (D) 99 Ao81
Schweinfurt (D) 101 Ba80
Schwelm (D) 94 Ap78
Schwenningen (D) 105 As84
Schwenningen, Villingen- (D) 105 As84
Schwerin (D) 90 Bc73
Schwetzingen (D) 100 As82
Schwyz (CH) 105 As86
Sciacca (I) 132 Bg105
Scicli (I) 133 Bk107
Scilla (I) 131 Bm104
Sconser (GB) 54 Sh66
Scopello (I) 110 Ar89
Scordia (I) 133 Bk106
Scourie (GB) 55 Sk64
Scunthorpe (GB) 65 St73
Scuol = Schuls (CH) 111 Ba87
Seaford (GB) 79 Aa79
Seaham (GB) 61 Ss71
Sebnitz (D) 98 Bi79
Seč (CZ) 210 Bh81
Seclin (F) 135 Ag79
Sečovce (SK) 221 Cd83
Seda (LT) 193 Ce68
Sedan (F) 136 Ak81
Sedlčany (CZ) 211 Bi81
Šeduva (LT) 197 Ch69
Sędziszów (PL) 214 Ca79
Sędziszów Małopolski (PL) 214 Cd80
Seeburg (D) 105 At84
Seedorf (D) 83 Ba72
Seefeld (D) 106 Bc84
Seefeld in Tirol (A) 106 Bc86
Seehausen (D) 88 As74
Seevetal (D) 89 Ba74
Segerstad (S) 39 Bg62
Segni (I) 126 Bg97
Segorbe (E) 181 Su101
Segovia (E) 173 Sm99
Seia (P) 171 Se100
Seinäjoki (FIN) 32 Cf55
Seirijai (LT) 197 Ch72
Seixal (P) 176 Sb103
Sejny (PL) 204 Cg72
Sękowa (PL) 220 Ca82
Selb (D) 102 Be80
Selbitz (D) 102 Bd80
Selby (GB) 65 Ss73
Selca (HR) 236 Bo94
Sélestat (F) 143 Ap84
Selet (S) 20 Bm54
Selevac (SRB) 234 Cb92
Seligenstadt (D) 100 As80
Selište (SRB) 235 Cc93
Selkirk (GB) 59 Sp69
Selles-sur-Cher (F) 146 Ad86
Sellin (D) 85 Bh72
Sellye (H) 223 Bq89
Selongey (F) 148 Al85
Selters (D) 101 At80
Sembrancher (CH) 149 Ap88
Semmering-Kurort (A) 109 Bm85
Sempach (CH) 105 Ar86
Semur-en-Auxois (F) 148 Ai86
Sénas (F) 158 Ag93
Senden (D) 106 Ba84
Senec (SK) 218 Bp84
Senftenberg (D) 98 Bi77
Senica (SK) 218 Bp83
Senigállia (I) 119 Bg93
Senise (I) 128 Bn100
Senj (HR) 230 Bk91
Senlis (F) 135 Ae79
Sennen (GB) 76 Si80
Sens (F) 141 Ag84
Senta (SRB) 228 Ca89
Sepúlveda (E) 173 Sn98
Seraing (B) 93 Am79
Seravezza (I) 118 Ba93
Sered' (SK) 219 Bq84
Seregélyes (H) 223 Bs86
Seregno (I) 111 At89
Šeriči (BIH) 232 Bq92
Sermoneta (I) 126 Bf97
Serock (PL) 202 Br74
Serpa (P) 183 Se105
Serra San Bruno (I) 131 Bn103
Serravalle (I) 116 Ar91
Serre (I) 116 Ap91
Sersale (I) 131 Bo102
Sertã (P) 176 Sd101
Sesimbra (P) 176 Sb104
Sessa Aurunca (I) 126 Bh98
Sesta Godáno (I) 117 Au92
Sestao (E) 165 So94
Sesto = Sexten (I) 113 Be87
Sesto Fiorentino (I) 118 Bc93
Sestriere (I) 116 Ao91
Sestri Levante (I) 117 At92
Sestu (I) 121 At102
Sesvete (HR) 226 Bn89
Sète (F) 159 Ah94
Setenil (E) 184 Sk107
Seter (N) 18 Ba53
Šetonje (SRB) 235 Cc92
Setúbal (P) 176 Sc103
Seui (I) 121 At101
Seurre (F) 148 Al86
Sevenoaks (GB) 79 Aa78
Sévérac-le-Château (F) 152 Ag92
Sevettijärvi (FIN) 5 Cr41
Sevilla (E) 184 Si106
Sexten = Sesto (I) 113 Be87
Seyne-sur-Mer, La (F) 160 Am94
Seysses (F) 157 Ac94
Sézanne (F) 141 Ah83
Sezimovo Ústí (CZ) 217 Bk82
Sezze (I) 126 Bg98
's-Gravenhage = Den Haag (NL) 86 Ai76
Shanklin (GB) 78 Ss79
Shannonbridge (IRL) 67 Sd74
Sheerness (GB) 79 Ab78
Sheffield (GB) 65 Ss74
Sherborne (GB) 77 Sp79
's-Hertogenbosch (NL) 93 Al77
Shiel Bridge (GB) 55 Sk66
Shildon (GB) 61 Sr71
Shkodër (AL) 238 Bu96
Shotton Colliery (GB) 61 Ss71
Shrewsbury (GB) 73 Sp75
Šiauliai (LT) 193 Cg69
Šibenik (HR) 231 Bm93
Sibinj (HR) 227 Bq90
Šid (SRB) 228 Bt90
Siderno (I) 131 Bn104
Sidmouth (GB) 77 So79
Sidzina (PL) 212 Bp79
Siedlce (PL) 209 Ce76
Siedlisko (PL) 201 Bn75
Siedliszcze (PL) 209 Cg78
Siegburg (D) 94 Ap79
Siegen (D) 95 Ar79
Sieglar (D) 94 Ap79
Siemianowice Śląskie (PL) 213 Bt80
Siemiatycze (PL) 209 Cf76
Siena (I) 123 Bc94
Sieniawka (PL) 211 Bk79
Sieppijärvi (FIN) 10 Ch46
Sieradz (PL) 207 Bs77
Sieraków (PL) 206 Bn75
Sierakowice (PL) 202 Bq72
Sierpc (PL) 207 Bu75
Sierre (CH) 149 Aq88
Sievi (FIN) 23 Ci53
Siewierz (PL) 213 Bt80
Sigean (F) 158 Af94
Sigmaringen (D) 105 At84
Sigtuna (S) 40 Bq61
Sigüeiro (E) 162 Sd95
Sigüenza (E) 174 Sp98
Sigulda (LV) 194 Ck66
Sikfors (S) 15 Cc49
Siklós (H) 223 Br89
Šilalė (LT) 197 Ce70
Siles (E) 180 Sp104
Silkeborg (DK) 80 Au68
Silla (E) 181 Su102
Sillamäe (EST) 191 Cq62
Sillé-le-Guillaume (F) 139 Su84
Silloth (GB) 61 So71
Silsand (N) 2 Bq42
Šilutė (LT) 196 Cc70
Silvaplana (CH) 111 Au88
Silves (P) 182 Sd106
Silvi Marina (I) 125 Bi95
Simancas (E) 172 Sl97
Simbach (D) 107 Bf83
Simmern/Hunsrück (D) 100 Aq81
Simontornya (H) 223 Bs87
Simrishamn (S) 85 Bi69
Sinalunga (I) 124 Bd94
Sindal (DK) 81 Ba66
Sindelfingen (D) 105 As83
Sindi (EST) 189 Ck64
Sinding (DK) 80 As68
Sines (P) 182 Sc105
Sinettä (FIN) 16 Cl47
Sinéu (E) 187 Ag101
Singen (Hohentwiel) (D) 105 As85
Siniscóla (I) 120 Au99
Sinj (HR) 231 Bo93
Sinnai (I) 121 At102
Sinsheim (D) 100 As82
Sint-Gillis-Waas (B) 93 Ai78
Sint-Niklaas (B) 93 Ai78
Sintra (P) 176 Sb103
Sint-Truiden (B) 93 Al79
Siófok (H) 223 Br87
Sion (CH) 149 Ap88
Šipkovica (MK) 238 Cb98
Sira (N) 46 Ao64
Siracusa (I) 133 Bl106
Sirkka (FIN) 10 Ck45
Siruela (E) 178 Sk103
Širvintos (LT) 198 Ck70
Sisak (HR) 226 Bn90
Sissone (F) 135 Ah81
Sisteron (F) 154 Am92
Sisto (E) 162 Sc94
Sitges (E) 169 Ad98
Sitno (PL) 200 Bk74
Sittard (NL) 93 Am78
Sittingbourne (GB) 79 Ab78
Sivac (SRB) 228 Bt89
Six-Fours-les-Plages (F) 160 Am94
Sjenica (SRB) 234 Ca94
Sjoa (N) 27 Au57
Sjöbo (S) 52 Bh69
Sjulsmark (S) 15 Cd49
Sjusjøen (N) 38 Bb58
Skåbu (N) 27 At57
Skælskør (DK) 84 Bc70
Skærbæk (DK) 82 As70
Skagen (DK) 80 Bb65
Skalica (SK) 218 Bp83
Skanderborg (DK) 80 Au68
Skänninge (S) 50 Bl64
Skanör (S) 84 Bf70
Skansnäs (S) 13 Bm50
Skara (S) 49 Bg64
Skarde (N) 36 Ao61
Skarpengland (N) 47 Aq64
Skarszewy (PL) 202 Br72
Skarżysko-Kamienna (PL) 208 Cb78
Skaudvilė (LT) 197 Cf70
Skaulo (S) 9 Cc46
Skedsmokorset (N) 38 Bb60
Skegness (GB) 65 Aa74
Skei (N) 12 Bd50
Skeie (N) 46 Ap64
Skellefteå (S) 22 Cc51
Skelleftehamn (S) 22 Cc51
Skelmersdale (GB) 64 Sp73
Skepplanda (S) 48 Be65
Skewen (GB) 72 Sn77
Ski (N) 38 Bb61
Skibbereen = An Sciobairin (IRL) 69 Sb77
Skien, Porsgrunn- (N) 37 At62
Skiermûntseach (NL) 87 An74
Skierniewice (PL) 208 Ca77
Skillingaryd (S) 49 Bh66
Skipton (GB) 64 Sq73
Skive (DK) 80 At67
Skjern (DK) 80 Ar69
Skjervøy (N) 3 Cc40
Skoczów (PL) 213 Bs81
Škofja Loka (SLO) 114 Bi88
Skog (N) 19 Bd51
Skog (S) 20 Bn51
Sköllersta (S) 50 Bl62
Skonseng (N) 12 Bi48
Skopje (MK) 239 Cc96
Skovby (DK) 80 Au68
Skövde (S) 49 Bh64
Skrad (HR) 114 Bk90
Skradin (HR) 231 Bm93
Skrīveri (LV) 194 Cl67
Skrunda (LV) 192 Cd67
Skudeneshavn (N) 46 Al62
Skultorp (S) 49 Bh64
Skuodas (LT) 192 Cd68
Skurup (S) 85 Bg70
Skutskär (S) 40 Bp59
Skwierzyna (PL) 205 Bm75
Slagelse (DK) 84 Bc70
Slane (IRL) 67 Sg73
Slano (HR) 236 Bq95
Slaný (CZ) 211 Bi80
Šlapanice (CZ) 211 Bi80
Slapton (GB) 74 St77
Slatina (BIH) 232 Bp91
Slatina (SRB) 233 Bu92
Slattum (N) 38 Bb60
Slavkov u Brna (CZ) 218 Bo82
Slavonski Brod (HR) 227 Br90
Sława (PL) 201 Bm73
Sławno (PL) 201 Bo72
Sleaford (GB) 65 Su75
Sleen (NL) 87 Ao75
Sletta (N) 18 At53
Šlienava (LT) 197 Ci71
Sligeach (IRL) 62 Sd72
Sligo = Sligeach (IRL) 62 Sd72
Słonowice (PL) 201 Bm73
Slough (GB) 74 St77
Slovenska Bistrica (SLO) 115 Bm88
Słubice (PL) 205 Bk76
Sluderno = Schluderns (I) 112 Bb87
Slunj (HR) 231 Bm90
Słupno (PL) 207 Bu75
Słupsk (PL) 201 Bp72
Smålandsstenar (S) 52 Bg66
Smalininkai (LT) 197 Cf70
Smedby (S) 53 Bn67
Smederevo (SRB) 229 Cb91
Smederevska Palanka (SRB) 234 Cb92
Smedjebacken (S) 40 Bl60
Śmigiel (PL) 206 Bo76
Smiltene (LV) 194 Cm66
Smögen (S) 48 Bc64
Smolmark (S) 38 Be61
Sneek = Snits (NL) 87 Am74
Snina (SK) 221 Ce83
Snits (NL) 87 Am74
Sobibór (PL) 209 Cg78
Sobota (PL) 205 Bm78
Sobótka (PL) 212 Bo79
Sobral de Monte Agraço (P) 176 Sb102
Søby (DK) 80 At67
Sochaczew (PL) 208 Ca76
Socuéllamos (E) 180 Sp102
Sodankylä (FIN) 10 Cn46
Söderås (S) 40 Bl59
Söderfors (S) 40 Bp60
Söderhamn (S) 30 Bo58
Söderköping (S) 50 Bn64
Södertälje (S) 50 Bp62
Soest (D) 95 Ar77
Soest (NL) 86 Al76
Søgne (N) 47 Aq64
Soignies (B) 93 Ai79
Soiniemi (FIN) 33 Cm57
Soinlahti (FIN) 24 Cp53
Soissons (F) 141 Ag82
Soko Banja (SRB) 235 Cd93
Sokolac (BIH) 233 Bs93
Sokółka (PL) 204 Ch74
Sokolov (CZ) 210 Bf80
Sokołów Małopolski (PL) 215 Ce80
Sokołów Podlaski (PL) 209 Ce76
Sól (PL) 215 Cf79
Sola (N) 46 Am63
Solberg (N) 4 Ck39
Solberg (S) 20 Bl54
Solberga (S) 48 Bd65
Solbjerg (DK) 80 As67
Solda = Sulden (I) 112 Bb87
Sölden (A) 112 Bc87
Solec Kujawski (PL) 202 Br74
Solenzara (F) 161 At97
Solheim (N) 26 Al57
Solihull (GB) 73 Sr76
Solingen (D) 94 Ap78
Sollefteå (S) 21 Bp54
Sollentuna (S) 41 Bq62
Sóller (E) 187 Af101
Solna (S) 51 Br62
Solothurn (CH) 149 Aq86
Solsona (E) 169 Ad97
Solstad (N) 2 Br42
Solt (H) 224 Bt87
Soltau (D) 89 Au75
Soltvadkert (H) 224 Bt87
Sölvesborg (S) 52 Bk68
Solvorn (N) 27 Ap58
Solymár (H) 223 Bs85
Sol y nieve (E) 185 So106
Solynieve = Sol y nieve (E) 185 So106
Somain (F) 135 Ag80
Sombor (SRB) 228 Bt89
Somma Lombardo (I) 111 As89
Sommatino (I) 132 Bh106
Sömmerda (D) 96 Bc78
Sommières (F) 159 Ai93
Somolinos (E) 173 So98
Soncino (I) 111 Au90
Sønderborg (DK) 83 Au71
Sønderby (DK) 80 As67
Sønderho (DK) 82 Ar70
Sondershausen (D) 96 Bb78
Sondrio (I) 111 Au88
Sonneberg (D) 102 Bc80
Sonseca (E) 179 Sn101
Son Servera (E) 187 Ag101
Sonthofen (D) 106 Ba85
Sopot (PL) 202 Bs72
Sopron (H) 222 Bo85
Šopsko Rudare (MK) 239 Cd96
Sora (I) 126 Bh97
Sorano (I) 124 Bd95
Sorbas (E) 186 Sq106
Sore (F) 150 St92
Soresina (I) 117 Au90
Sorgues (F) 159 Ak92
Soria (E) 174 Sq97
Soriano nel Cimino (I) 124 Be96
Sorinières, Les (F) 144 Sr86
Sørkjosen (N) 3 Cb41
Sørli (N) 19 Bh52
Sorø (DK) 84 Bd70
Sorrento (I) 126 Bi99
Sorsele (S) 14 Bq49
Sörsjön (S) 29 Bg58
Sortland (N) 7 Bl43
Sørumsand (N) 38 Bc61
Sørværøy (N) 6 Bf45
Sørvik (N) 7 Bn43
Sos del Rey Católico (E) 166 Ss96
Sosnowiec (PL) 213 Bt80
Sosnówka (PL) 209 Cg77
Sotillo de la Adrada (E) 172 Sl100
Sotkamo (FIN) 24 Cr52
Soufflenheim (F) 143 Aq83
Souillac (F) 150 Su90
Soulac-sur-Mer (F) 150 Ss89
Soustons (F) 156 Ss93
Souterraine, La (F) 146 Ac88
Southampton (GB) 78 Ss79
Southend-on-Sea (GB) 75 Ab77
South Hayling (GB) 78 St79
South Kirkby (GB) 65 Ss73
South Molton (GB) 77 Sn78
South Normanton (GB) 65 Ss74
South Petherton (GB) 77 Sp79
Southport (GB) 64 So73
South Shields (GB) 61 Ss70
Southwell (GB) 65 St74
Souto (E) 162 Sc95
Souto (P) 170 Sc99
Souvigny (F) 147 Ag87
Soverato (I) 131 Bo103
Sovetsk (RUS) 196 Cd70
Søvik (N) 26 An55
Spa (B) 93 Am79
Spalding (GB) 74 Su75
Spandau (D) 91 Bg75
Spangenberg (D) 95 Au78
Sparanise (I) 126 Bi98
Spean Bridge (GB) 58 Sl67
Speichersdorf (D) 102 Bd81
Spennymoor (GB) 61 Sr71
Sperlonga (I) 126 Bg98
Speyer (D) 100 Ar82
Spezzano Albanese (I) 128 Bn101
Spielfeld (A) 115 Bm87
Spiez (CH) 149 Aq87
Spigno Monferrato (I) 116 Ar91
Spilimbergo (I) 113 Bf88
Spinazzola (I) 128 Bn99
Spišská Belá (SK) 220 Ca82
Spišská Nová Ves (SK) 220 Cb83
Spišské Podhradie (SK) 220 Cb83
Spittal an der Drau (A) 114 Bg87
Spitz (A) 109 Bl84
Split (HR) 231 Bn93
Splügen (CH) 111 At87
Spodsbjerg (DK) 83 Bb71
Spoleto (I) 124 Bf95
Spremberg (Grodk) (D) 98 Bi77
Sprendlingen (D) 100 Aq81
Sprimont (B) 93 Am79
Springe (D) 89 Au76
Squinzano (I) 129 Br100
Srbica (SRB) 238 Cb96
Srbobran (SRB) 228 Bu89
Srebrenica (BIH) 233 Bt92
Śrem (PL) 206 Bp76
Sremska Mitrovica (SRB) 228 Bu91
Sremski Karlovci (SRB) 228 Bu90
Środa Śląska (PL) 206 Bo78
Środa Wielkopolska (PL) 206 Bp76
Stade (D) 89 At73
Stadskanaal (NL) 87 Ao75
Stadtoldendorf (D) 95 Au77
Staffelstein, Bad- (D) 102 Bb80
Stafford (GB) 73 Sq75
Staines (GB) 78 St78
Stalden (CH) 149 Aq88
Staldzene (LV) 192 Cd66
Stalowa Wola (PL) 215 Ce79
Stalybridge (GB) 64 Sq74
Stamford (GB) 74 Su75
Stammham (D) 106 Bc83
Stamsund (N) 6 Bh44
Stanišić (SRB) 228 Bt89
Stanisławów (PL) 207 Bs78
Stanley (GB) 59 So68
Stanowice (PL) 212 Bn79
Stanton (GB) 73 Sr76
Staphorst (NL) 87 An75
Stapleford (GB) 78 Sr78
Stąporków (PL) 208 Cb78
Stará Bystrica (SK) 219 Bs82
Starachowice (PL) 208 Cc78
Stará L'ubovňa (SK) 220 Cb82
Stara Moravica (SRB) 228 Bt89
Stara Novalja (HR) 230 Bk91
Stara Pazova (SRB) 228 Ca91
Stará Turá (SK) 219 Bq83
Stara Wieś (PL) 207 Bu76
Staré Město (CZ) 212 Bo80
Stargard Szczeciński (PL) 200 Bl74
Stari Grad (HR) 236 Bo94
Starnberg (D) 106 Bc84
Starogard Gdański (PL) 202 Bs73
Staro Nagoričane (MK) 239 Cd96
Starý Plzenec (CZ) 210 Bg81
Stary Sącz (PL) 214 Cb81
Starý Smokovec (SK) 220 Ca82
Staszów (PL) 214 Cc79
Staufenberg (D) 95 As79
Stavanger (N) 46 Am63
Stavelot (B) 99 Am80
Stavenhagen, Reuterstadt- (D) 90 Bf73
Stavern (N) 48 Ba63
Stavre (S) 20 Bl54
Staw (PL) 205 Bk75
Stawiski (PL) 203 Ce74
Stawiszyn (PL) 207 Br77
Štěchovice (CZ) 211 Bi81
Steenwijk (NL) 87 An75
Stege (DK) 84 Be71
Stein (D) 102 Bc82
Steinach (D) 101 Ba80
Stein am Rhein (CH) 105 As85
Steinau (D) 88 As73
Steinbach (D) 97 Bf78
Steinestø (N) 36 Al59
Steinfeld (D) 100 Ar82
Steinfurt (D) 88 Ap76
Steinhagen (D) 84 Bf72
Steinheim (D) 106 Ba84
Steinkjer (N) 19 Bc52
Steinsland (N) 12 Bg47
Stelpe (LV) 194 Ci67
Stendal (D) 90 Bd75
Stenlille (DK) 81 Be69
Sternberg (D) 90 Bd73
Šternberk (CZ) 212 Bp81
Sterzing = Vipiteno (I) 112 Bc87
Stęszew (PL) 206 Bo76
Stevenage (GB) 74 Su77
Stevenson (GB) 58 Sl69
Stewarton (GB) 58 Sl69
Steyr (A) 108 Bi84
Stężyca (PL) 201 Bq72
Stigliano (I) 128 Bn100
Stilo (I) 131 Bn104
Stintino (I) 120 Ar99
Štip (MK) 239 Ce97
Stirling (GB) 59 Sn68
Støa (N) 19 Bd52
Stockach (D) 105 At85
Stockbridge (GB) 78 Ss78
Stockerau (A) 109 Bn84
Stockholm (S) 51 Br62
Stockport (GB) 64 Sq74
Stockton-on-Tees (GB) 65 Ss71
Stoczek Łukowski (PL) 208 Cd77
Stod (CZ) 210 Bg81
Stoke-on-Trent (GB) 64 Sq74
Stokksund (N) 18 Ba52
Stokmarknes (N) 7 Bk43
Stolac (BIH) 236 Bq94
Stollberg/Erzgebirge (D) 97 Bf79
Stolpen (D) 98 Bi78
Stommeln (D) 94 Ao78
Stone (GB) 73 Sq75
Stonehaven (GB) 56 Sq67
Stone House (GB) 64 Sq72
Storå (S) 40 Bl61
Stora Höga (S) 48 Bd64
Stordal (N) 19 Bd52
Store Heddinge (DK) 84 Be70
Storfors (S) 39 Bi61
Storforshei (N) 12 Bi48
Storkow (D) 91 Bh76
Stornoway (GB) 54 Sh64
Storsjö (S) 21 Bq53
Storslett (N) 3 Cb41
Storsteinnes (N) 2 Bt42
Storuman (S) 13 Bo50
Storvik (S) 40 Bn59
Storvreta (S) 40 Bq61
Stourbridge (GB) 73 Sq76
Stourport-on-Severn (GB) 73 Sq76
Støvring (DK) 80 Au67
Strabane (GB) 62 Sf71
Strachur (GB) 58 Sk68
Stradbally (IRL) 67 Sf74
Stradella (I) 117 At90
Strakonice (CZ) 216 Bh82
Stralendorf (D) 90 Bc73
Stralsund (D) 85 Bg72
Štramberk (CZ) 213 Br81
Strand (N) 13 Bk47
Stranda (N) 26 Ao56
Strandby (DK) 80 At67
Strängnäs (S) 50 Bo62
Stranorlar (IRL) 62 Se71

Stranraer (GB) 60 Sk71
Strasbourg (F) 143 Aq83
Strasburg (Uckermark) (D) 91 Bh73
Straßberg (D) 105 At84
Stratford-upon-Avon (GB) 73 Sr76
Strathaven (GB) 59 Sm69
Strathcarron (GB) 55 Sk66
Strathpeffer (GB) 55 Sl65
Straubing (D) 107 Bf83
Straume (N) 26 Am57
Straumen (N) 12 Bh48
Straumsjøen (N) 7 Bi43
Straumsnes (N) 2 Bp42
Straža (SRB) 229 Cc91
Strážnice (CZ) 218 Bp83
Štrba (SK) 220 Ca82
Strečno (SK) 219 Bs82
Strenči (LV) 194 Cm65
Strezimirovci (SRB) 239 Ce95
Strezovce (SRB) 239 Cd95
Stříbro (CZ) 210 Bg81
Ström (S) 13 Bk49
Strömåker (S) 20 Bo51
Stromberg (D) 100 Aq81
Strömfors (S) 14 Ca50
Strömnäs (S) 14 Bq50
Stromness (GB) 57 So63
Strömsnäs (S) 15 Cf48
Strömsnäsbruk (S) 52 Bh67
Strömstad (S) 48 Bc63
Strömsund (S) 13 Bn50
Stróngoli (I) 131 Bp102
Stropkov (SK) 221 Cd82
Stroud (GB) 73 Sq77
Struer (DK) 80 As68
Strumica (MK) 239 Cf98
Strūžāni (LV) 195 Cp67
Strzegom (PL) 212 Bn79
Strzelce Krajeńskie (PL) 205 Bm75
Strzelce Opolskie (PL) 213 Br79
Strzelin (PL) 212 Bp79
Strzelno (PL) 207 Br75
Strzyżew (PL) 206 Bq77
Strzyżów (PL) 214 Cd81
Stubal (SRB) 234 Cb93
Stubbekøbing (DK) 84 Be71
Studenci (HR) 230 Bl91
Studley (GB) 73 Sr76
Stukenbrock, Schloß Holte- (D) 95 As77
Stupava (SK) 218 Bp84
Štúrovo (SK) 219 Bs85
Stuttgart (D) 105 At83
Suances (E) 165 Sm94
Subačius (LT) 198 Ck69
Subiaco (I) 126 Bg97
Subotica (SRB) 228 Bu88
Sucha (PL) 206 Bq76
Sucha Beskidzka (PL) 213 Bu81
Suchowola (PL) 209 Cf77
Sudoměřice (CZ) 211 Bk81
Sueca (E) 181 Su102
Suhl (D) 96 Bb79
Suippes (F) 142 Ak82
Sulden = Solda (I) 112 Bb87
Sulechów (PL) 205 Bm76
Sulęcin (PL) 205 Bl76
Sulejów (PL) 207 Bu78
Sulejówek (PL) 208 Cc76
Sulgrave (GB) 74 Ss76
Sulingen (D) 88 As75
Sulitjelma (N) 7 Bn46
Sulkava (FIN) 24 Co54
Sully-sur-Loire (F) 147 Ae85
Sulmierzyce (PL) 206 Bq77
Sulmona (I) 125 Bh96
Sułów (PL) 206 Bp78
Sulzbach (D) 102 Be82
Sulzbach-Rosenberg (D) 102 Bd81
Sulzfeld (D) 100 As82
Sümeg (H) 222 Bp87
Šumperk (CZ) 212 Bo81
Sundborn (S) 40 Bm59
Sundbyberg (S) 41 Bq62
Sunde bru (N) 47 At63
Sunderland (GB) 61 Ss71
Sundet (N) 18 Ba52
Sundsvall (S) 30 Bp56
Sundvollen (N) 38 Ba60
Sunnansjö (S) 21 Bt52
Sunndalsøra (N) 27 Ar55
Sunne (S) 20 Bi54
Suovaara (FIN) 24 Cr52
Superbagnères (F) 157 Ab95
Supetar (HR) 236 Bo94
Süpplingen (D) 89 Bb76
Surahammar (S) 40 Bn61
Šurany (SK) 219 Br84
Surch (NL) 86 Al74
Surdulica (SRB) 239 Ce95
Surgères (F) 145 St88
Süria (E) 169 Ad97
Sursee (CH) 105 Ar86
Sušice (CZ) 216 Bh82
Sutri (I) 124 Be96
Sutton (GB) 79 Su78
Sutton Coldfield (GB) 73 Sr75
Sutton in Ashfield (GB) 65 Ss74
Suure-Jaani (EST) 189 Cl63
Suva Reka (SRB) 238 Cb96
Suvi Do (SRB) 234 Ca94
Suwałki (PL) 204 Cf72
Svappavaara (S) 9 Cc45
Svarstad (N) 38 Au62
Svärtinge (S) 50 Bn63
Svartnäs (S) 40 Bn59
Svartnes (N) 12 Bi46
Svedala (S) 85 Bg69
Svedje (S) 21 Bs53
Sveg (S) 29 Bi56
Svelvik (N) 38 Ba61
Švenčionėliai (LT) 198 Cm70
Švenčionys (LT) 198 Cn70
Svendborg (DK) 83 Bb70
Svenljunga (S) 49 Bg65
Svenstavik (S) 29 Bi55
Svenstrup (DK) 80 Au67
Sveti Jurij (SLO) 115 Bm87
Sveti Nikole (MK) 239 Cd97
Svetlogorsk (RUS) 196 Ca71
Svetlyj (RUS) 196 Ca71
Svidník (SK) 221 Cd82
Svilajnac (SRB) 235 Cc92
Svinninge (DK) 81 Bc69
Svitavy (CZ) 212 Bn81
Svođe (SRB) 235 Ce95
Svojanov (CZ) 212 Bn81
Svolvær (N) 7 Bi44
Swadlincote (GB) 73 Sr75
Swansea (GB) 72 Sn77
Swarzędz (PL) 206 Bp76
Świdnik (PL) 209 Cf78
Świdwin (PL) 201 Bm73
Świebodzice (PL) 212 Bn79
Świecie (PL) 211 Bl79
Świeradów-Zdrój (PL) 211 Bl79
Swindon (GB) 73 Sr77
Świnoujście (PL) 200 Bi73
Swords (IRL) 68 Sh74
Sydänmaa (FIN) 32 Cf57
Sylte (N) 26 Am56
Sypniewo (PL) 201 Bo74
Sysslebäck (S) 39 Bf59
Szabadszállás (H) 224 Bt87
Szamotuły (PL) 206 Bo75
Szany (H) 222 Bp86
Szarvas (H) 224 Cb87
Szczawnica (PL) 220 Ca82
Szczawno-Zdrój (PL) 212 Bn79
Szczebrzeszyn (PL) 215 Cf79
Szczecin (PL) 200 Bk74
Szczecinek (PL) 201 Bo73
Szczerców (PL) 207 Bt78
Szczuczyn (PL) 204 Ce73
Szczytniki (PL) 200 Bl73
Szczytno (PL) 203 Cb73
Szécsény (H) 220 Bu84
Szeged (H) 224 Ca88
Szeghalom (H) 225 Cc86
Székesfehérvár (H) 223 Br86
Szekszárd (H) 223 Bs88
Szentendre (H) 224 Bt85
Szentes (H) 224 Ca87
Szentgotthárd (H) 222 Bn87
Szerencs (H) 221 Cc84
Szigetszentmiklós (H) 224 Bt86
Szigetvár (H) 223 Bq88
Szikszó (H) 220 Cb84
Szilvásvárad (H) 220 Ca84
Szklarska Poręba (PL) 211 Bm79
Szolnok (H) 224 Ca86
Szombathely (H) 222 Bo86
Szprotawa (PL) 205 Bm77
Szreniawa (PL) 206 Bo76
Szydłów (PL) 214 Cc79
Szydłowiec (PL) 208 Cb78
Szymbark (PL) 202 Bt73

T

Tabernas (E) 186 Sq106
Tábor (CZ) 217 Bk82
Tachov (CZ) 210 Bf81
Tafalla (E) 166 Sr95
Tággia (I) 116 Aq93
Tagliacozzo (I) 125 Bg96
Taipale (FIN) 16 Cl49
Taipaleensuu (FIN) 9 Cg45
Taivalkoski (FIN) 17 Cr49
Takamaa (FIN) 33 Ch57
Talamone (I) 123 Bc95
Talavera de la Reina (E) 172 Sl101
Talavera la Real (E) 177 Sg103
Tallard (F) 154 An92
Tallinn (EST) 189 Ci62
Talmont-Saint-Hilaire (F) 144 Sr88
Talsi (LV) 193 Ce66
Tamarite de Litera (E) 167 Aa97
Tamási (H) 223 Br87
Tammela (FIN) 17 Cu49
Tampere (FIN) 33 Ch57
Tamsalu (EST) 190 Cn62
Tamsweg (A) 108 Bh86
Tamworth (GB) 73 Sr75
Tancarville (F) 139 Aa82
Tando (S) 39 Bg59
Tangen (N) 3 Cg41
Tangermünde (D) 90 Bd75
Tannay (F) 136 Ak81
Tannila (FIN) 16 Cm50
Tanumshede (S) 48 Bc63
Taormina (I) 133 Bl105
Tapa (EST) 190 Cm62
Tápiószele (H) 224 Bu86
Tapolca (H) 222 Bp87
Tarancón (E) 173 So100
Táranto (I) 129 Bp100
Tarare (F) 153 Ai89
Tarascon (F) 159 Ak93
Tarascon-sur-Ariège (F) 157 Ad95
Tarazona (E) 166 Sr97
Tarazona de la Mancha (E) 180 Sr102
Tarbert (GB) 54 Sg65
Tarbert (IRL) 69 Sb75
Tarbes (F) 157 Aa94
Tarcento (I) 113 Bg88
Tarczyn (PL) 208 Cb77
Tarifa (E) 184 Si108
Tärnaby (S) 13 Bl49
Tårnby (DK) 84 Bf69
Tarnobrzeg (PL) 214 Cd79
Tarnogród (PL) 215 Cf80
Tarnów (PL) 205 Bk75
Tarnówko (PL) 200 Bk73
Tarnowo Podgórne (PL) 206 Bo76
Tarnowskie Góry (PL) 213 Bs80
Tarquínia (I) 124 Bd96
Tarragona (E) 168 Ac98
Tàrrega (E) 168 Ac97
Tärs (DK) 81 Ba66
Tartas (F) 156 St93
Tartu (EST) 190 Co64
Tarvisio (I) 113 Bh87
Tata (H) 223 Br85
Tatabánya (H) 223 Br85
Tatranská Lomnica (SK) 220 Ca82
Tauberbischofsheim (D) 101 Au81
Taufkirchen (D) 106 Bd84
Taunton (GB) 77 So78
Tauragė (LT) 197 Ce70
Taurianova (I) 131 Bn104
Tauste (E) 166 Ss97
Tavaux (F) 148 Al86
Taverna (I) 131 Bo102
Tavernelle (I) 117 Ba92
Taverny (F) 140 Ae82
Tavira (P) 183 Se106
Tavistock (GB) 77 Sm79
Taxenbach (A) 107 Bf86
Tayinloan (GB) 58 Si69
Tayport (GB) 59 Sp68
Tczew (PL) 202 Bs72
Teano (I) 126 Bi98
Teba (E) 184 Sl107
Tecklenburg (D) 88 Aq76
Teggiano (I) 128 Bm100
Teil, le (F) 153 Ai90
Telč (CZ) 217 Bl82
Telde (E) 182 Rk125
Telford (GB) 73 Sq75
Telfs (A) 106 Bc86
Telgárt (SK) 220 Ca83
Tellingstedt (D) 83 At72
Telšiai (LT) 193 Ce69
Tembleque (E) 179 Sn101
Temerin (SRB) 228 Bu90
Témpio Pausània (I) 120 At99
Templin (D) 91 Bh74
Temse (B) 93 Ai78
Tenby (GB) 72 Sl77
Tende (F) 161 Aq92
Tenhult (S) 49 Bi65
Tennevoll (N) 8 Bq43
Tennilä (FIN) 16 Cn48
Tenterden (GB) 79 Ab78
Teodorówka (PL) 208 Cb77
Tepasto (FIN) 10 Ck45
Teplá (CZ) 210 Bf81
Teplice (CZ) 210 Bh79
Tepsa (FIN) 10 Cm45
Téramo (I) 125 Bh95
Terespol (PL) 209 Ch76
Tergnier (F) 135 Ag81
Terlan = Terlano (I) 112 Bc87
Terlano = Terlan (I) 112 Bc87
Terlizzi (I) 128 Bo98
Termeno sulla Strada del Vino = Tramin (I) 112 Bc88
Términi Imerese (I) 132 Bh105
Térmoli (I) 127 Bk96
Termonde = Dendermonde (B) 93 Ai78
Terneuzen (NL) 92 Ah78
Terni (I) 124 Bf95
Terracina (I) 126 Bg98
Terralba (I) 121 As101
Terranuova Bracciolini (I) 118 Bd93
Terrassa (E) 169 Ae97
Terrasson-la-Villedieu (F) 151 Ac90
Terriente (E) 174 Sr100
Teruel (E) 174 Ss100
Tērvete (LV) 193 Cg68
Tervola (FIN) 16 Ck48
Teste, La (F) 150 Ss91
Teterow (D) 90 Bf73
Tetovo (MK) 238 Cb96
Tettau (D) 102 Bc80
Tettnang (D) 105 Au85
Teulada (I) 121 As103
Teuro (FIN) 43 Ch59
Tewkesbury (GB) 73 Sq77
Thale (D) 96 Bc77
Thann (F) 149 Ap85
Tharsis (E) 183 Sf105
Thetford (GB) 75 Ab76
Theux (B) 93 Am79
Thiene (I) 112 Bc89
Thiers (F) 152 Ah89
Thillot, le (F) 149 Ao85
Thionville (F) 142 An82
Thirsk (GB) 65 Ss72
Thisted (DK) 80 As67
Thiviers (F) 151 Ab90
Thoiry (F) 140 Ad83
Tholey (D) 99 Ap82
Thônes (F) 154 An89
Thonon-les-Bains (F) 149 An88
Thornbury (GB) 73 Sp77
Thorne (GB) 65 St73
Thornton Curtis (GB) 65 Su73
Thorsager (DK) 81 Ba68
Thouars (F) 145 Su87
Thuir (F) 158 Af95
Thum (D) 97 Bf79
Thun (CH) 149 Aq87
Thurles = Durlas (IRL) 70 Se75
Thurso (GB) 55 Sn63
Thyborøn (DK) 80 Ar67
Tibro (S) 49 Bi64
Tidaholm (S) 49 Bh64
Tiel (NL) 93 Al77
Tielt (B) 92 Ag79
Tienen (B) 93 Ak79
Tiengen, Waldshut- (D) 105 Ar85
Tignes (F) 154 Ao90
Tihany (H) 223 Bq87
Tikkala (FIN) 33 Cl56
Tilburg (NL) 93 Al77
Timmendorfer Strand (D) 83 Bb73
Timra (S) 30 Bp56
Tineo (E) 163 Sh94
Tingsryd (S) 53 Bk67
Tingwall (GB) 57 So62
Tintagel (GB) 76 Sl79
Tione di Trento (I) 112 Bb88
Tipperary = Tiobraid Árann (IRL) 70 Sd76
Tiranë (AL) 238 Bu98
Tirano (I) 111 Ba88
Tiriolo (I) 131 Bo103
Tirschenreuth (D) 102 Be81
Tišnov (CZ) 218 Bn82
Tisovec (SK) 220 Bu83
Tiszacsege (H) 225 Cb85
Tiszaföldvár (H) 224 Ca87
Tiszafüred (H) 225 Cb85
Tiszakécske (H) 224 Ca87
Tiszalök (H) 221 Cc84
Tiszaújváros (H) 221 Cc85
Tiszavasvári (H) 221 Cc85
Titisee-Neustadt (D) 104 Ar85
Titova Mitrovica = Kosovska Mitrovica (SRB) 234 Cb95
Titovo Užice = Užice (SRB) 233 Bu93
Tivat (MNE) 237 Bs96
Tiverton (GB) 77 So79
Tívoli (I) 124 Bf97
Tjørhom (N) 46 Ao63
Tłuszcz (PL) 208 Cc76
Tobarra (E) 180 Sr103
Tobermory (GB) 58 Sh67
Toblach = Dobbiaco (I) 113 Be87
Tobo (S) 40 Bq60
Tocina (E) 184 Si105
Toddington (GB) 73 Sr77
Todi (I) 124 Be95
Todmorden (GB) 64 Sq73
Todtnau (D) 104 Aq85
Togher (IRL) 68 Sh73
Toijala (FIN) 43 Ch58
Tokaj (H) 221 Cc84
Tokarnia (PL) 213 Bu81
Tokod (H) 223 Bs85
Toledo (E) 173 Sm101
Tolentino (I) 125 Bg94
Tolfa (I) 124 Bd96
Tolkmicko (PL) 202 Bu72
Tollarp (S) 52 Bh69
Tolmezzo (I) 113 Bf88
Tolna (H) 223 Bs88
Tolosa (E) 166 Sq94
Tomar (P) 176 Sd101
Tomaszów Mazowiecki (PL) 207 Bu77
Tomatin (GB) 55 Sn66
Tomelilla (S) 85 Bh69
Tomelloso (E) 179 So102
Tomintoul (GB) 56 So66
Tonara (I) 121 At100
Tonbridge (GB) 79 Aa78
Tondela (P) 170 Sd99
Tønder (DK) 82 As71
Tongeren (B) 93 Al79
Tongue (GB) 55 Sm64
Tonneins (F) 150 Aa92
Tonnerre (F) 147 Ah85
Tonnes (N) 12 Bf47
Tönning (D) 82 As72
Tønsberg (N) 48 Ba62
Tonstad (N) 46 Ao63
Tonyrefail (GB) 73 So77
Topola (SRB) 234 Cb92
Topoľčany (SK) 219 Br83
Toponica (SRB) 234 Cb93
Topusko (HR) 114 Bm90
Torbay (GB) 77 Sn80
Torcy-le-Grand (F) 134 Ac81
Torcy-le-Petit (F) 134 Ac81
Tordera (E) 169 Af97
Tordesillas (E) 172 Sk97
Töre (S) 15 Cf49
Töreboda (S) 49 Bi63
Torekov (S) 52 Bf68
Torelló (E) 169 Ae96
Torgau (D) 97 Bf77
Torhout (B) 92 Ag78
Torino (I) 116 Aq90
Torla (E) 167 Su95
Törmänen (FIN) 11 Cp43
Tornal'a (SK) 220 Ca84
Tornio (FIN) 16 Ci49
Toro (E) 172 Sk97
Törökbálint (H) 223 Bs86
Törökszentmiklós (H) 224 Ca86
Torquay (GB) 77 Sn80
Torralba de Calatrava (E) 179 Sn102
Torre Annunziata (I) 126 Bi99
Torreblanca (E) 175 Aa100
Torrecampo (E) 179 Sl104
Torrecilla (E) 174 Sq100
Torre del Campo (E) 185 Sn105
Torre del Greco (I) 126 Bi99
Torredembarra (E) 168 Ac98
Torre de Moncorvo (P) 171 Sf98
Torredonjimeno (E) 185 Sn105
Torrejoncillo (E) 177 Sh101
Torrejón de Ardoz (E) 173 So100
Torrejón el Rubio (E) 178 Sh101
Torrelaguna (E) 173 Sn99
Torrelapaja (E) 174 Sr97
Torrelavega (E) 165 Sm94
Torremaggiore (I) 127 Bl97
Torremolinos (E) 185 Sl107
Torre Mozza (I) 123 Bb95
Torrent (E) 181 Su102
Torrenueva (E) 179 So103
Torre Nuova (I) 120 Ar99
Torreperogil (E) 179 So104
Torres de Cotillas, La (E) 181 Ss104
Torres Vedras (P) 176 Sb102
Torrevieja (E) 187 St105
Torrijos (E) 173 Sm101
Torroella de Montgrí (E) 169 Ag96
Torrox-Costa (E) 185 Sn107
Torsåker (S) 30 Bq54
Torsås (S) 53 Bn68
Torsby (S) 39 Bf60
Torshälla (S) 40 Bn62
Torsken (N) 2 Bp42
Tortona (I) 117 As91
Tortorici (I) 133 Bk104
Tortosa (E) 175 Ab99
Toruń (PL) 202 Bs74
Torup (S) 52 Bg67
Torvik (N) 26 Am56
Tørvikbygd (N) 36 An60
Torvizcón (E) 185 So107
Tossa de Mar (E) 169 Af97
Tostedt (D) 89 Au74
Totana (E) 187 Ss105
Tôtes (F) 134 Ac81
Toul (F) 142 Am83
Toulon (F) 160 Am94
Toulouse (F) 157 Ac93
Touquet-Paris-Plage, Le (F) 134 Ad79
Tourcoing (F) 135 Ag79
Tour-du-Pin, La (F) 153 Al89
Tourlaville (F) 138 Sr81
Tournai (B) 92 Ag79
Tournaig (GB) 54 Si65
Tournon-sur-Rhône (F) 153 Ak90
Tournus (F) 148 Ak87
Tours (F) 146 Ab86
Toury (F) 140 Ad84
Traben-Trarbach (D) 99 Ap81
Traiguera (E) 175 Aa99
Trakai (LT) 198 Ck71
Tralee = Trá Lí (IRL) 69 Sa76
Trá Li (IRL) 69 Sa76
Tramariglio (I) 120 Ar99
Tramin = Termeno sulla Strada del Vino (I) 112 Bc88
Tranås (S) 49 Bk64
Tranche-sur-Mer, La (F) 145 Ss88
Trancoso (P) 171 Sf99
Tranebjerg (DK) 81 Bb69
Tranemo (S) 49 Bg66
Trani (I) 128 Bn98
Trápani (I) 132 Bf104
Trappes (F) 140 Ad83
Trarbach, Traben- (D) 99 Ap81
Traryd (S) 52 Bh67
Trasacco (I) 126 Bh97
Traunstein (D) 107 Bf85
Travemünde (D) 83 Bb73
Travnik (BIH) 232 Bq92
Trbovlje (SLO) 114 Bk88
Treben (D) 97 Be78
Třebenice (CZ) 210 Bh80
Třebíč (CZ) 217 Bm82
Trebinje (BIH) 237 Br95
Trebisacce (I) 128 Bo101
Trebišov (SK) 221 Cd83
Treblinka (PL) 209 Ce75
Třeboň (CZ) 217 Bk83
Trebujena (E) 184 Sh107
Tredegar (GB) 73 So77
Tréguier (F) 138 So83
Trèia (I) 125 Bg94
Trélazé (F) 145 Su86
Trelleborg (S) 85 Bg70
Tremblade, La (F) 150 Ss89
Tremp (E) 168 Ab96
Trenčianske Teplice (SK) 219 Br83
Trenčín (SK) 219 Br83
Trengereid (N) 36 Am60
Trento (I) 112 Bc88
Trepča (SRB) 234 Ca93
Tréport, Le (F) 134 Ac80
Trepuzzi (I) 129 Br100
Trešnjevica (SRB) 234 Ca93
Třešť (CZ) 217 Bl82
Treuchtlingen (D) 106 Bb83
Treuungen (N) 47 Ar62
Trevi (I) 124 Bf95
Treviglio (I) 111 Au89
Treviso (I) 113 Be89
Trezzo sull'Adda (I) 111 Au89
Trgovište (SRB) 235 Cd93
Trhové Sviny (CZ) 217 Bk83
Triberg im Schwarzwald (D) 105 Ar84
Tricárico (I) 128 Bn99
Tricase (I) 129 Br101
Trieben (A) 108 Bi86
Trier (D) 99 Ao81
Trieste (I) 113 Bh89
Trignac (F) 144 Sq86
Trigueros (E) 183 Sg106
Trilj (HR) 231 Bo93
Trindade (P) 171 Sf98
Třinec (CZ) 213 Bs81
Trinità (I) 116 Aq91
Trinitápoli (I) 128 Bn98
Trino (I) 116 Ar90
Triora (I) 116 Aq92
Trivento (I) 127 Bk97
Trnava (SK) 219 Bq84
Trnava (SRB) 233 Bu93
Trofaiach (A) 108 Bk86
Trofors (N) 12 Bg49
Trogir (HR) 231 Bn93
Tróia (I) 127 Bl98
Troina (I) 133 Bk105
Trollhättan (S) 48 Be64
Tromsø (N) 2 Bt41
Trondheim (N) 18 Ba54
Trönö (S) 30 Bo58
Tronvik (N) 18 Bb53
Troon (GB) 58 Sl69
Tropea (I) 131 Bm103
Troškūnai (LT) 198 Ck69
Trossingen (D) 105 As84
Trostberg (D) 107 Bf84
Trouville-sur-Mer (F) 139 Aa82
Trowbridge (GB) 78 Sq78
Troyes (F) 141 Ai84
Tršić (SRB) 233 Bt92
Trstená (SK) 220 Bu82
Trstenik (SRB) 235 Cc93
Trujillo (E) 178 Si102
Truro (GB) 76 Sk80
Trustrup (DK) 81 Ba68
Trutnov (CZ) 211 Bm79
Truust (DK) 80 Au68
Tryškiai (LT) 193 Cf68
Trzcianka (PL) 201 Bn74
Trzebiatów (PL) 200 Bl72
Trzebinia (PL) 212 Bq80
Trzebnica (PL) 206 Bp78
Trzemeszno (PL) 206 Bq75
Trzęsacz (PL) 200 Bk72
Tuaim (IRL) 66 Sc73
Tuam = Tuaim (IRL) 66 Sc73
Tübingen (D) 105 At83
Tubize (B) 93 Ai79
Tuchola (PL) 202 Bq73
Tuczno (PL) 201 Bn74
Tudela (E) 166 Sr96
Tudela de Duero (E) 172 Sl97
Tui (E) 162 Sc96
Tuin (MK) 238 Cc97
Tullamore = Tulach Mhór (IRL) 67 Sf74
Tulle (F) 151 Ad90
Tullins (F) 153 Al90
Tulln an der Donau (A) 109 Bn84
Tulsk (IRL) 67 Sd73
Tumba (S) 51 Bq62
Tune (DK) 84 Be69
Tunstall (GB) 64 Sp72
Tuolluvaara (S) 8 Ca45
Turaida (LV) 194 Ck66
Turčianske Teplice (SK) 219 Bs83
Turégano (E) 173 Sm98
Turek (PL) 207 Bs76
Türi (EST) 189 Cl63
Turija (SRB) 228 Bu89
Türkenfeld (D) 106 Bc84
Turku = Åbo (FIN) 42 Ce60
Turnhout (B) 93 Ak78
Turnov (CZ) 211 Bl79
Turów (PL) 207 Bs78
Turrach, Predlitz- (A) 114 Bh87
Turriff (GB) 56 Sq65
Turza (PL) 213 Br81
Tuscània (I) 124 Bd96
Tuszyn (PL) 207 Bu77
Tutin (SRB) 234 Ca95
Tuttlingen (D) 105 As85
Tutzing (D) 106 Bc85
Tuzla (BIH) 233 Bs91
Tveje-Merløse (DK) 81 Bd69
Tvrdošín (SK) 220 Bu82
Twardogóra (PL) 206 Bp78
Twyford (GB) 74 St75
Tychowo (PL) 201 Bn73
Tychy (PL) 213 Bt80
Tykocin (PL) 204 Cf74
Tylawa (PL) 221 Cd82
Tymowa (PL) 206 Bn78
Tyndrum (GB) 58 Sl68
Týnec n.S. (CZ) 211 Bk81
Tynemouth (GB) 61 Ss70
Týniště nad Orlicí (CZ) 212 Bn80
Týn nad Vltavou (CZ) 217 Bi82
Tyringe (S) 52 Bh68
Tytuvėnai (LT) 197 Cg69
Tywyn (GB) 72 Sm75

U

Ub (SRB) 234 Ca92
Úbeda (E) 179 So104
Überlingen (D) 105 At85
Ubli (MNE) 237 Bs95
Ubrique (E) 184 Sk107
Udby (DK) 81 Ba67
Uddevalla (S) 48 Bd64
Uden (NL) 93 Am77
Údine (I) 113 Bg88
Ueckermünde (D) 91 Bi73
Uelzen (D) 89 Bb75
Uetersen (D) 89 Au73
Ugāle (LV) 193 Ce66
Ugerløse (DK) 81 Bc69
Ugrinovci (SRB) 228 Ca91
Uherské Hradiště (CZ) 218 Bp82
Uherský Brod (CZ) 219 Bq82
Uig (GB) 54 Sh65
Uitgeest (NL) 86 Ak75
Ujazd (PL) 206 Bp77
Újfehértó (H) 221 Cd85
Újszász (H) 224 Ca86
Ukmergė (LT) 198 Ck70
Ulcinj (MNE) 237 Bt97
Ulefoss (N) 47 At62
Ulfborg (DK) 80 Ar68
Ullapool (GB) 55 Sk65
Ullared (S) 52 Bf66
Ullatti (S) 15 Cd47
Ulldecona (E) 175 Aa99
Ulm (D) 105 Au84
Ulnes (N) 37 At58
Ulricehamn (S) 49 Bg65
Ulsberg (N) 28 Ba55
Ulstrup (DK) 80 Au68
Ulverston (GB) 64 So72
Ulvöhamn (S) 31 Bs54
Umag (HR) 114 Bh90
Umbértide (I) 124 Be94
Umeå (S) 22 Ca53
Ummendorf (D) 105 Au84
Uncastillo (E) 166 Ss96
Uničov (CZ) 212 Bp81
Uniejów (PL) 207 Bs77
Unisław (PL) 202 Bs74
Unna (D) 94 Aq77
Untamala (FIN) 32 Cf54
Untergriesbach (D) 107 Bh83
Uopdal (N) 27 Ar58
Uppingham (GB) 74 St75
Upplands-Väsby (S) 41 Bq61
Uppsala (S) 40 Bp61
Upyna (LT) 193 Cf69
Urbánia (I) 119 Bf93
Urbino (I) 119 Bf93
Urk (NL) 87 Am75
Uroševac (SRB) 239 Cc96
Usseau (F) 145 St88
Ussel (F) 151 Ae89
Úštěk (CZ) 211 Bi79
Uster (CH) 105 As86
Ústí nad Labem (CZ) 211 Bi79
Ustka (PL) 201 Bo71
Utajärvi (FIN) 24 Cn51
Utåker (N) 36 Am61
Utbjoa (N) 36 Am61
Utena (LT) 198 Cm70
Utiel (E) 181 Ss101
Utne (N) 36 Ao60
Utrecht (NL) 86 Al76
Utrera (E) 184 Si106
Utrillas (E) 175 St99
Uttoxeter (GB) 73 Sr75
Uusikaarlepyy = Nykarleby (FIN) 22 Ce53
Uusikaupunki (FIN) 42 Cc59
Uusikylä (FIN) 33 Ci54
Úvaly (CZ) 211 Bk80
Uzerche (F) 151 Ad90
Uzès (F) 159 Ai92
Užice (SRB) 233 Bu93
Užventis (LT) 197 Cf69

V

Vaala (FIN) 24 Co51
Vaasa (FIN) 22 Cc54
Vabalninkas (LT) 194 Ck69
Vác (H) 219 Bt85
Vad (S) 40 Bm60
Vadsø (N) 5 Cu40
Vadstena (S) 49 Bk64
Vaduz (FL) 105 Au86
Våg (N) 12 Be50
Vågan (N) 18 At54
Våge (N) 27 Ap55
Vaggeryd (S) 49 Bi66
Vagnhärad (S) 51 Bq63
Vaihingen (D) 105 At83
Vaiņode (LV) 192 Cd68
Vaison-la-Romaine (F) 153 Al92
Valašské Klobouky (CZ) 219 Br82
Valašské Meziříčí (CZ) 219 Bq82
Vålberg (S) 39 Bg62
Valdagno (I) 112 Bc89
Valdeganga (E) 180 Sr102
Valdelacasa de Tajo (E) 178 Sk101
Valdemārpils (LV) 193 Cf66
Valdemarsvik (S) 50 Bo64
Valdepeñas (E) 179 So103
Valdepeñas de Jaén (E) 185 Sn105
Valderrobres (E) 175 Aa99
Val-d'Isère (F) 154 Ao90
Valdobbiádene (I) 113 Be89
Vale de Açor (P) 177 Se102
Valença do Minho (P) 162 Sc96
Valençay (F) 146 Ad86
Valence (F) 150 Aa89
València (E) 181 Su102
Valencia de Alcántara (E) 177 Sf102
Valencia de Don Juan (E) 164 Si96
Valencia de las Torres (E) 178 Sh104
Valenciennes (F) 135 Ah80
Valenza (I) 117 As90
Våler (N) 38 Bb61
Valevåg (N) 36 Al61
Valga (EST) 190 Cn65
Valguarnera Caropepe (I) 133 Bi106
Valjevo (SRB) 233 Bu92
Valkeakoski (FIN) 33 Ci58
Valkeiskylä (FIN) 24 Co54
Valkenburg aan de Geul (NL) 93 Am79
Valla (S) 48 Bd64
Valladolid (E) 172 Sl97
Vallberga (S) 52 Bg68
Valldemossa (E) 186 Af101
Vall de Uxó = Vall d'Uixó, La (E) 181 Su101
Vall d'Uixó, La (E) 181 Su101
Valle (N) 12 Bh46
Vallehermoso (E) 182 Rf124
Vallelunga Pratameno (I) 132 Bh105
Vallen (S) 20 Bn53
Vallentuna (S) 41 Br61
Valletta (M) 131 Bk109
Vallo della Lucània (I) 128 Bl100
Vallon-Pont-d'Arc (F) 153 Ai92
Vallorbe (CH) 149 An87
Valls (E) 168 Ac98
Valmiera (LV) 194 Cl65
Valmojado (E) 173 Sm100
Valognes (F) 139 Ss81
Valongo (P) 170 Sc98
Valøy (N) 19 Bb51
Valpovo (HR) 227 Br89
Valras-Plage (F) 158 Ag94
Valréas (F) 153 Ak92
Vals (CH) 111 At87
Valtierra (E) 166 Sq96
Valtimo (FIN) 25 Cs53
Valun (HR) 230 Bi91
Valverde (E) 182 Re125
Valverde de Júcar (E) 180 Sq101
Valverde del Camino (E) 183 Sg105
Vamberk (CZ) 212 Bn80
Vamdrup (DK) 83 At70
Vámospércs (H) 225 Cd85
Vanaja (FIN) 34 Co56
Vändra (EST) 189 Cl63
Vändträsk (S) 15 Cc49
Vang (DK) 80 As67
Vännäsby (S) 21 Bu53
Vannes (F) 144 Sp85
Vans, les (F) 153 Ai92
Vansbro (S) 39 Bi59
Vanse (N) 46 Ao64
Vara (S) 49 Bf64
Varakļāni (LV) 195 Co67
Varallo (I) 110 Ar89
Varaždin (HR) 226 Bn88
Varazze (I) 117 As92
Varberg (S) 81 Be66
Varde (DK) 80 Ar69
Vardø (N) 5 Dc40
Varel (D) 88 Ar74
Varėna (LT) 198 Ck72
Varenne, La (F) 145 Ss86
Varennes-sur-Allier (F) 147 Ag88
Vareš (BIH) 232 Br92
Varese (I) 111 As89
Varese Lígure (I) 117 Au92
Vårgårda (S) 49 Bf64
Vargas (E) 165 Sn94
Varize (F) 140 Ad84
Varkaus (FIN) 34 Cq56
Värnamo (S) 52 Bi66
Varniai (LT) 197 Ce69
Varnsdorf (CZ) 211 Bk79
Varpaisjärvi (FIN) 24 Cq54
Várpalota (H) 223 Br86
Varpanen (FIN) 25 Cu54
Varparanta (FIN) 34 Cs57
Vars (F) 150 Aa89
Varzi (I) 117 At91
Varzo (I) 110 Ar88
Varzy (F) 147 Ag86
Vasa = Vaasa (FIN) 32 Cc54
Vasalemma (EST) 189 Ci62
Vassenden (N) 26 An57
Vassy (F) 139 St83
Västanhede (S) 40 Bn60
Västansjö (S) 13 Bm50
Västerås (S) 40 Bn61
Västerfärnebo (S) 40 Bn61
Västerhaninge (S) 51 Bq62
Västervik (S) 50 Bo65
Vasto (I) 125 Bk96
Vasvár (H) 222 Bo86
Vatan (F) 146 Ad86
Vauvert (F) 159 Ai93
Vaxholm (S) 41 Br62
Växjö (S) 53 Bk67
Vechta (D) 88 Ar75
Vecinos (E) 172 Si99
Vecsés (H) 224 Bt86
Vecumnieki (LV) 194 Ck67
Vedelago (I) 113 Be89
Vedersø Klit (DK) 80 Ar68
Veendam (NL) 87 Ao74
Vegadeo (A Veiga) (E) 163 Sf94
Véglie (I) 129 Bq100
Vehkalahti (FIN) 34 Cn57
Vehmaskylä (FIN) 34 Cp56
Vejen (DK) 83 At70
Vejer de la Frontera (E) 184 Si108
Vejle (DK) 80 Au69
Vela Luka (HR) 236 Bo95
Velbert (D) 94 Ap78
Velden (D) 102 Bd81
Velden am Wörther See (A) 114 Bh87
Velehrad (CZ) 218 Bp82
Velenje (SLO) 115 Bl88
Veles (MK) 239 Cd97
Vélez Blanco (E) 186 Sq105
Vélez-Málaga (E) 185 Sm107
Vélez Rubio (E) 186 Sq105
Velika Gorica (HR) 226 Bn89
Velika Kladuša (BIH) 231 Bm90
Velika Plana (SRB) 235 Cc92
Veliki Gradište (SRB) 229 Cd91
Veliki Popović (SRB) 235 Cc92
Veli Lošinj (HR) 230 Bk91
Velká Bíteš (CZ) 218 Bn82
Velká Bystřice (CZ) 212 Bp81
Vel'ké Kapušany (SK) 221 Ce83
Velké Meziříčí (CZ) 218 Bn82
Vel'ký Krtíš (SK) 219 Bt84
Vel'ký Meder (SK) 219 Bq85
Velletri (I) 124 Bf97
Velling (DK) 80 Ar68
Vellinge (S) 85 Bg70
Velsen (NL) 86 Ak76
Venafro (I) 126 Bi98
Venarey-les-Laumes (F) 148 Ai85
Venasque (F) 153 Al92
Vence (F) 161 Ap93
Vendas Novas (P) 176 Sd103
Vendôme (F) 146 Ac85
Vendrell, El (E) 169 Ad98
Venetmäki (FIN) 24 Co54
Venézia (I) 113 Be90
Venlo (NL) 93 An78
Vennesla (N) 47 Aq64
Venosa (I) 128 Bm99
Venta (LT) 193 Cf68
Venta de Baños (E) 165 Sm97
Ventas con Peña Aguilera, Las (E) 179 Sm101
Ventimìglia (I) 116 Aq93
Ventspils (LV) 192 Cc66
Venzone (I) 113 Bg88
Vepsä (FIN) 24 Cn51
Vera (E) 186 Sr106
Verbània (I) 111 As89
Vercelli (I) 110 Ar90
Verden (Aller) (D) 89 At75
Verdun (F) 142 Al82
Verdun-sur-Garonne (F) 157 Ac93
Verín (E) 163 Sf97
Vernet, Le (F) 154 An92
Verneuil-sur-Avre (F) 140 Ab83
Vernon (F) 140 Ac82
Verolanuova (I) 111 Ba90
Véroli (I) 126 Bg97
Verona (I) 112 Bb90
Verrès (I) 110 Aq89
Vers (F) 149 An88
Versailles (F) 140 Ae83
Vertou (F) 145 Ss86
Verviers (B) 93 Am79
Vervins (F) 135 Ah81
Vesala (FIN) 17 Cs48
Vescovato (F) 161 At96
Veselí nad Lužnicí (CZ) 217 Bk82
Vesoul (F) 149 An85
Vestby (N) 38 Bb61
Vestbygd (N) 46 Ao64
Vesterby (DK) 80 Au66
Vester Nebel (DK) 80 As69
Vesterø Havn (DK) 81 Bb66
Vestfossen (N) 37 Au61
Veszprém (H) 223 Bq86
Vésztő (H) 225 Cc87
Vetlanda (S) 53 Bl66
Vetralla (I) 124 Be96
Vettasjärvi (S) 9 Cd46
Veurne = Furnes (B) 92 Af78
Vevey (CH) 149 Ao88
Veynes (F) 153 Am91
Vezdemarbán (E) 172 Sk97
Vézelay (F) 147 Ah86
Vezzani (F) 161 At96
Viana do Alentejo (P) 176 Sd104
Viana do Castelo (P) 170 Sc97
Vianden (L) 99 An81
Vianen (NL) 93 Al77
Viaréggio (I) 117 Ba93
Viborg (DK) 80 At68
Vibo Valéntia (I) 131 Bn103
Viby (DK) 81 Ba68
Viby (S) 49 Bk62
Vic (E) 169 Ae97
Vícchio (I) 118 Bc93
Vicenza (I) 112 Bd89
Vic-Fezensac (F) 157 Aa93
Vichy (F) 147 Ag88
Vickan (S) 48 Be66

© MAIRDUMONT, 73751 Ostfildern
Printed in Germany, 2. Auflage

Anzeigenvermarktung:
MAIRDUMONT MEDIA
fon +49.711.4502.333 fax +49.711.4502.1012
media@mairdumont.com
http://media.mairdumont.com

Das Werk einschließlich aller seiner Teile ist urheberrechtlich geschützt. Jede urheberrechtswidrige Verwertung ist ohne Zustimmung des Verlages unzulässig und strafbar. Das gilt insbesondere für Vervielfältigungen, Übersetzungen, Nachahmungen, Mikroverfilmungen und die Einspeicherung und Verarbeitung in elektronischen Systemen.

Jede Auflage wird stets nach neuesten Unterlagen überarbeitet. Irrtümer können trotzdem nie ganz ausgeschlossen werden. Ihre Informationen nehmen wir jederzeit gern entgegen. Sie erreichen uns über unsere Postanschrift:
MAIRDUMONT, 73751 Ostfildern oder unter der E-Mail-Adresse:
korrekturhinweise@mairdumont.com

This work including all parts underlies the Copyright Act. No part of this work may be reproduced or transmitted in any form or by any means, electronic or mechanical, including recording, or by any information storage and retrieval system now or hereafter invented, without permission in writing of the publisher.

Every edition is always revised to take into account the latest data. Nevertheless, despite every effort, errors can still occur. Should you become aware of such an error, we would be very pleased to receive the respective information from you. You can contact us at any time at our postal address:
MAIRDUMONT, 73751 Ostfildern or by e-mail:
korrekturhinweise@mairdumont.com